Francisco Ferrándiz, Juan Antonio Flores, María García Alonso, Julián López García y Pedro Pitarch (eds.)

MANUEL GUTIÉRREZ ESTÉVEZ
Maestro de etnógrafos (americanistas)

Francisco Ferrándiz, Juan Antonio Flores, María García Alonso, Julián López García y Pedro Pitarch (eds.)

MANUEL GUTIÉRREZ ESTÉVEZ

MAESTRO DE ETNÓGRAFOS (AMERICANISTAS)

Iberoamericana - Vervuert - 2015

De esta edición:

© Iberoamericana, 2015
Amor de Dios, 1 – E-28014 Madrid
Tel.: +34 91 429 35 22
Fax: +34 91 429 53 97

© Vervuert, 2015
Elisabethenstr. 3-9 – D-60594 Frankfurt am Main
Tel.: +49 69 597 46 17
Fax: +49 69 597 87 43

info@iberoamericanalibros.com
www.ibero-americana.net

ISBN 978-84-8489-916-7 (Iberoamericana)
ISBN 978-3-95487-449-1 (Vervuert)

Depósito Legal: M-26470-2015

Impreso en España

Diseño de cubierta: Ruth Vervuert

Ilustración de cubierta: Nuria Ñacle

Este libro está impreso íntegramente en papel ecológico sin cloro.

Índice

DE CONVERSACIONES INDISCIPLINADAS

Saludos, Dr. Manuel Gutiérrez Estévez

Humberto Ak'abal

XOJLINIK RE TZ'INOWIK

Are jampa lik'il ri chaq'ab
xuquje cho,
are jampa si waram kusachuwach
are k'ut jun ka kanaj cho waraj
je ta ri man k'o ta chi q'ijil,
are jampa ri tz'inowik kutz'apij ri uchi'ja
re ri q'eq'umal,
xuquje kememer ri tz'i,
koq' ta chi ri ama' taq ak',
xuquje ri chupil q'aq' kechupik.

K'a te k'u ri'
ku ta jun ri uxojlinik
re ri tzij ri k'o pa uk'ux k'aslemal,
are k'ut ka tzalij pa raqan…

Qas chila
k'a cho uchowil ri tz'inowik
kepe ri na'tasibal re ojer taq q'ij,
re ojer taq junab,
re ojer taq q'ijil…

K'a te kuna' jun
si sataq kech'ikilik
janik' ja sa che lo;
jujun taq na'tasibal ri e k'a
kakijaluj ki', jujun taq chik

ECOS DEL SILENCIO

Cuando la noche es ancha
y profunda,
cuando el sueño desaparece
y uno se queda en vigilia permanente
como si el tiempo ya no fuera,
cuando el silencio cierra las puertas
de las oscuridades,
y enmudecen los perros
y callan los grillos
y las luciérnagas se apagan…

Es entonces
cuando uno escucha el eco
de sus voces interiores,
y retrocede hacia sus ayeres…

Es allí, cuando
desde el fondo de ese silencio
surgen los recuerdos de aquellos días,
de aquellos años,
de aquellos tiempos...

Y de repente
las cosas se ponen de cabeza
y quién sabe por qué;
algunos recuerdos amargos
se tornan dulces, otros

xwi chi retal de sokotajiq,
jujun chik kujorobisaj ri k'aslemal,
ri uk'ux jun katze'nik
kuchap ube katzalij pa raqan...

ya no son más que cicatrices,
y otros le dan frescor al alma,
el corazón sonríe
y emprende el camino de regreso...

¿Cómo entender y contar lo que ellos nos dicen? Apuntes para una biografía intelectual de Manuel Gutiérrez Estévez

Julián López García

Me apresuro a poner énfasis en lo que se dice en el título: las siguientes páginas son apuntes. El género "apuntes" tiene el problema de hacer referencia a algo inacabado, pero también la ventaja de poner a salvo tanto al autor como a quien dicta o, mejor aún, quien refiere, de posibles disonancias, sinsentidos u omisiones por la misma razón. En todo caso, en estos apuntes, aunque predomina cierto tono impresionista, aparecen muchos testimonios "reales", de manera que también se acercará al relato autobiográfico. Esta doble vía subjetiva / objetiva está en relación con la doble fuente de inspiración. Por un lado, las muchas conversaciones con Manuel Gutiérrez, los variados apuntes de mis cuadernos de notas, las palabras que pronunció en múltiples conferencias de donde salían, a veces, notas biográficas —de estas últimas, por ejemplo, las palabras en su despedida oficial de la Facultad de Geografía e Historia— y, especialmente, los apuntes de la charla inaugural del seminario de Escritura Etnográfica, embrión del Grupo de Estudios en Etnología Americana que se constituyó en Trujillo en 1997 y que se tituló precisamente como este texto "¿Cómo entender y contar lo que ellos nos dicen?". Por otro lado, testimonios publicados que me permitirán entrecomillados y trasladarán información con mayor fidelidad a su pensamiento y a su trayectoria: en ese sentido he recurrido a su conversación con Edmundo Magaña en 1990, que se publicó con el título "Manuel Gutiérrez Estévez: los enanos, el poder y el incesto" en el volumen *Los buscadores del Jefe Gruñidor*, editado por él en Chile en 1996, a la entrevista concedida a Lydia González Cuevas y publicada en la revista *AIBR* en 2003, a su *Memoria para la Cátedra de Etnología Americana* de la Universidad Complutense de Madrid (1988) y a las introducciones de diversas publicaciones de los últimos 30 años.

Para aquella sesión constituyente del seminario de Escritura Etnográfica en el Convento de la Coria (Trujillo, Cáceres), Manuel nos propuso a quienes con él formábamos el grupo por entonces (Pedro Pitarch, Juan Antonio Flores, María García, Gerardo Fernández Juárez y yo mismo) debatir sobre el tema "¿Cómo entender y contar lo que ellos nos dicen?"; él mismo abrió la sesión y dio su respuesta particular, al tiempo que aludía a cómo lo había hecho él a lo largo de su trayectoria.

Para Manuel la cuestión metodológica central ha sido la de entender palabras. Y casi todo lo que ha escrito se refiere a palabra ajenas, a materiales verbales inscritos en papeles o relatados en conversación. Desde luego, en la jerarquía del trabajo de campo no ha tenido ninguna duda en privilegiar las palabras sobre lo que vemos. Y eso se debe a dos razones que expuso en aquella charla: porque la conversación (lo que nos dicen) refleja el carácter interactivo del trabajo de campo en mayor medida que la "observación participante" y porque lo que vemos carece de significado, los hechos no hablan por sí solos y necesitan, por tanto, bien nuestras hipótesis (lo que redunda en monólogo) o bien la exégesis de ellos (con lo que se vuelve al decir de ellos).

Según sugirió, aunque siempre le movió el objetivo de entender palabras, intuía dos etapas en su trayectoria: el estructuralismo semiotizado y el eclecticismo de orientación fenomenológica. Como esas referencias terminaban en 1997, yo me atrevería a señalar una nueva etapa que cubre los últimos años de su trayectoria muy personalista, que podría llamar de "pasión centrífuga", una antropología expansiva y panhumanista. Así organizaré el relato, en tres bloques de 13 años.

1. Estructuralismo semiotizado (que no "idiotizado") (1975-1987)

Aunque Lévi-Strauss dice que Mayo del 68 supuso el final de la moda estructuralista y el renacimiento (por demás episódico) del existencialismo materialista sartriano, en España esta moda estructural se prolongó unos cuantos años más, y Manuel Gutiérrez se enganchó a esa prolongación. En cualquier caso, hay que recordar que tal vez para España no cabe hablar de prolongación, sino de actualidad radiante en los años 70 porque en nuestro país se publicó *El pensamiento salvaje* en 1964, la *Antropología estructural* en 1968 y, ese mismo año, *Lo crudo y lo cocido,* el primer volumen de las *Mitológicas*. Para Manuel, como para muchos otros de su generación, estas obras permitieron el seguimiento al materialismo histórico por la adhesión al estructuralismo sin perder sus anhelos de hacer algo "científico". Esto quería decir, sobre todo, el empleo de procedimientos inductivos reproducibles y con un estilo de lenguaje formalizado cuando fuera posible y funcional, sin ambivalencias, en los casos en que la formalización no fuera posible; Manuel pensaba que el progreso del conocimiento antropológico corría paralelo a su formalización, de manera que cada vez habría más campos que describiríamos y analizaríamos con diagramas, fórmulas o términos de significación unívoca. De hecho, su insatisfacción relativa con la obra de Lévi-Strauss tenía que ver con esto. Su inductivismo era solo aparente y, en realidad, había siempre unas hipótesis que guiaban de modo sorprendente y fascinante el análisis. Esto hacía que la reproducción tuviera que convertirse siempre en imitación. Decía sobre esto en su *Memoria de Cátedra:*

> Mis coincidencias en el empleo de determinadas técnicas con algunos semióticos no evitan una divergencia radical en cuanto a los objetivos del análisis (divergencia, por otro lado, que se hace extensiva a Lévi-Strauss). En mi opinión, aunque las estructuras de significación sean inducidas desde la "sintaxis" no son de naturaleza sintáctica, sino semántica. Es decir, significan algo o dicen algo, aunque lo que digan solo podamos conocerlo a través de cómo lo dicen en el nivel profundo. No comparto, pues, el objetivo estructuralista de realizar análisis dirigidos, en última instancia, a establecer, indirectamente, las formas de operación del cerebro humano. Y tampoco comparto el objetivo semiótico de estudiar exclusivamente cómo se construye la significación. Mi objetivo, como etnólogo, es estudiar cómo funciona una determinada cultura sobre la que estoy trabajando y, para ello, no me es suficiente con saber cómo, en su acción social, los individuos de esa cultura construyen la significación, sino, sobre todo, qué significación construyen. Para conocer esto necesito, sin duda, conocer detalladamente los materiales (los elementos simbólicos que me muestra la etnografía) y las relaciones constructivas entre esos materiales (las estructuras de significación que me desvela el análisis), pero esta obra ha de ser culminada, en mi opinión, mediante la tarea de interpretar el significado, eso es, mediante el ejercicio de una semántica cultural (1988: 148-149).

Al pensar en un tema para su tesis doctoral, tenía que descartar el hacerlo con materiales de campo porque no era fácil estar durante un mínimo de 18 meses en otro lugar (y esta era la exigencia ortodoxa que le habían enseñado) y no quería arriesgarse a prolongar durante seis años al menos los periodos trimestrales que, como máximo y siempre con dificultades, podía conseguir del Ministerio de Trabajo donde estaba empleado. El caso es que decidió hacer la tesis sobre materiales verbales no recogidos por él. Tenía que decidir cuáles y qué hacer con ellos. Primero pensó, por influencia de Lévi-Strauss, que estaría bien hacerlo sobre recetas de cocina tratadas como mitos. La hipótesis era que en cada receta encontraría distintas modelizaciones de, por un lado, la oposición naturaleza / cultura y, por otro, de las específicas formas culturales del triángulo culinario (hervido-frito-asado). En definitiva, suponía que el corpus de recetas de una cultura determinada constituye un discurso sensorial mediante el cual se piensa en la gran cuestión, la única verdad. Pero las técnicas levistrosianas le parecían inaplicables por el carácter caprichoso o inspirado que tenían.

Con este dilema entre manos, en 1975 leyó (en realidad, estudió) la semiótica estructural de Greimas. El procedimiento de análisis que allí vio satisfacía sus exigencias de precisión y de inducción y, además, si lo aprendía bien, pensó, era reproducible sin necesidad de tener la erudición de Lévi-Strauss.

Por aquel entonces, la semiótica greimasiana estaba en pañales y se aplicaba a relatos; solo había un brevísimo artículo del propio Greimas analizando una receta de sopa de verduras[1]. Intentó hacer algo parecido con recetas del libro de Ruperto de Nola, pero se desanimó ante la dificultad.

Fue entonces cuando Julio Caro Baroja le propuso trabajar con romances; él acababa de publicar su libro sobre la literatura de cordel y esperaba que Manuel pudiese hacer algo más minucioso sobre romances de ciego o de algún tema específico, de bandoleros o de incesto, según le dijo. Caro Baroja pensaba que Manuel podría trabajar utilizando esa metodología suya de "morfología cultural" que para Manuel, entonces, era una manera poco atractiva de hacer clasificaciones temáticas y comentarlas con relativismo histórico. Pero los materiales le gustaban, y el tema del incesto, como el de la cocina, era claramente levistrosiano.

Decía Manuel en su *Memoria de Cátedra* que respecto al incesto le interesaban "las diferentes clases de relaciones incestuosas, su correspondencia con distintos tipos de penas socialmente infligidas a los incestuosos; el incesto en el parentesco ritual; características o poderes simbólicos atribuidos a los incestuosos y, en especial, la relación del incesto con la sacralidad; personajes míticos incestuosos; el incesto como atributo de la animalidad; el incesto como aproximación indebida (en la relación sexual) de lo naturalmente próximo (los parientes consanguíneos) o socialmente considerados como tal (por afinidad) y su relación con la lógica de la separación en otros ámbitos de la vida social; concepción, sanciones y estructuras simbólicas en relación al bestialismo, considerado como la inversión del incesto, esto es, la aproximación indebida (en la relación sexual) de lo

1. "La soupe ou pistou ou la construction d'un object de valeur", *Documentes de Recherche*, 1979, nº 5, pp. 1-15.

naturalmente más lejano (los animales) o socialmente considerado como tal (los pueblos o razas 'malditos', los excluidos del ámbito de la exogamia debida)" (1988: 156).

Para tratar los romances de incesto, combinó, con excesiva osadía según ha reconocido, a Lévi-Strauss, Greimas y Propp. Así hizo una especie de amalgama técnica en la que usó el modelo actancial de Greimas, y, por tanto, el concepto de función narrativa de Propp, como procedimiento para la segmentación de las secuencias de cada relato. Luego asignó a cada secuencia una caracterización narrativa, como contrato o prueba, y sus respectivas posibilidades contrarias e inversas. Con esto llegaba a expresar, mediante una fórmula con apariencia más de química que de álgebra (aunque de las dos habría), la estructura sintagmática del relato. Como reconoció Manuel, en este punto se había convertido en un greimasiano fiel, aunque herético.

Para ir algo más lejos de la descripción, tenía que inventar algo. Lo que hizo fue, aplicando un principio metodológico levistrosiano a su manera, recomponer las relaciones entre las secuencias según la caracterización sintagmática que les había dado, expresando lógicamente las relaciones entre las secuencias contractuales (positivas, negativas o inversas), por un lado, y las secuencias probatorias, por otro. De esta manera pensaba evitar el asombroso capricho de Lévi-Strauss al agrupar y oponer, de forma sorpresiva, unas secuencias a otras en su análisis pedagógico del mito de Edipo. Hecho esto, disponía de lo que llamaba "una estructura paradigmática" que relacionaba y oponía entre sí secuencias de un relato. A continuación, escogía para cada secuencia una palabra que la sintetizara, que contuviera, por así decir, su significación, y al sustituir la relación entre las secuencias por la relación entre esas palabras o términos sintéticos ya tenía un cuadro de oposiciones típicamente levistrosiano, aunque había llegado a él por un camino mucho más prolijo, pero más científico que el empleado por Lévi-Strauss.

Sus reparos técnicos a Lévi-Strauss y a Greimas y sus adaptaciones de ambos no implicaban, sin embargo, dudas respecto al valor general de esta posición metodológica para entender lo que un texto dice ni, lo que es más llamativo, suponían poner en cuestión las hipótesis sobre lo que tenían que decir. Manuel daba por supuesto que unos textos sobre incesto tenían que hablar sobre autoctonía y, por tanto, cultura, con sus varias concreciones: rituales funerarios, canibalismo, vestido, enfermedad, etc. En definitiva, su estudio sobre los romances de incesto constituyó un esfuerzo gigantesco por probar con técnicas de análisis diferentes que los romances hispánicos decían lo que Lévi-Strauss afirmaba que contaban los mitos sobre el incesto. Como le confesaba a Edmundo Magaña: "Yo he considerado siempre que los romances de tradición oral eran en todo análogos a los mitos, que constituían productos de una naturaleza muy semejante, construidos por una tradición oral ininterrumpida desde hace unos seis a setecientos años y que, por tanto, las representaciones colectivas habían dejado su marca en ellos de un modo semejante al mito. Me preocupó bastante la distinción famosa de Lévi-Strauss en su discusión con Propp sobre la jerarquía entre cuento y mito y en algún momento pensé que los romances debían ser considerados como cuentos y por tanto suponer que su sentido o su nivel de significación eran menos ambiciosos. Pero en mi opinión no era así, por lo menos no en estos romances. Quizá por el tema incestuoso, que ya de por sí lleva la significación hasta un nivel fundamental en la estructuración de la cultura" (1996: 25).

Según contó en aquella charla de Trujillo en 1997, "cómo entender" se convirtió para él en "cómo confirmar" lo que ya sabía. Según confesó, tardó tiempo en darse cuenta de eso. La sensación al terminar el análisis de un texto no era tanto la del descubrimiento como la del reconocimiento. La emoción no era tanto de satisfacción por comprender algo como de asombro porque las piezas encajaban siempre de la misma manera. Claro está que este asombro se convertía en la admiración ante el carácter reglado y finito de todas las producciones del espíritu humano.

Y eso sucedió no solo ante los romances, sino más tarde con textos andinos (sobre Inkarrí y Collari o sobre la Mama Huaca[2]) o con múltiples aspectos de la vida cotidiana y de la realidad social española; en todos los casos, comprobada la pertinencia de aplicarles una perspectiva estructuralista que manifestaba el juego, permanente e inevitable (por tener una base neurofisiológica) de las oposiciones binarias. El uso del concepto de "cuadro semiótico" le sirvió para dar mayor complejidad a las estructuras, pero no para darle mayor flexibilidad.

No solo usó esta metodología de análisis para sus materiales de campo y textuales sino que fue la estrategia analítica para los asuntos que comenzamos a tratar en el seminario de Antropología Americana, "el seminario de Manolo", que inauguró en 1982: el estudio de autobiografías, el análisis del Panteón de Vírgenes extremeñas o el estudio de los mensajes en éxtasis de Amparo Cuevas, la vidente del El Escorial.

Se podría decir que, durante esta etapa, para Manuel "entender" era sinónimo de "analizar" y "analizar" significaba emplear una técnica que podía ser sometida a discusión sobre su consistencia interna y sobre su potencia: entender era una técnica.

---

2. Con materiales de su trabajo de campo en Ingapirca, Ecuador.

Posiblemente, el no tener materiales contextuales e intertextuales suficientes le condujo a incrementar la dureza de las técnicas sobre los materiales textuales. Naturalmente que esto podía ser reivindicado teóricamente y, así como otros muchos, lo hacía él proclamando la irrelevancia del contexto y del intertexto y sosteniendo que —conforme a la famosa frase de Levi-Stauss "no son los hombres quienes hablan a través de los textos, sino los textos los que hablan entre sí a través de los hombres"— podía por tanto prescindir de los hombres (es decir, de los sujetos de la enunciación) y limitarse a tratar los textos como productos al margen del tiempo y del espacio (no totalmente, claro está, porque, si no, se produciría un deslizamiento excesivo hacia el universalismo).

Los efectos de esta posición fueron contradictorios: por un lado, lógicamente, la seguridad personal que proporciona la posesión de una técnica relativamente compleja y de uso minoritario, lo que hacía que pudiese verse a sí mismo como un especialista y como un innovador; pero, por otro lado, se produjo un progresivo agotamiento del asombro en Manuel. Llegó un momento en que, antes de analizar un texto, realmente sabía en líneas generales lo que iba a decir y eso que le iba decir era además siempre muy parecido.

El viraje era previsible a finales de los años 80.

El eclecticismo de orientación fenomenológica (1988-2000)

A comienzos de los años 80 había empezado su trabajo de campo en Yucatán, en un pueblo de Campeche, y comenzó a disponer de abundantes materiales directos de campo. A pesar de que, como dice el propio Manuel, había comenzado a aburrirse del método "técnico", todavía "por pereza", según sus palabras, continuó ejercitando su querida y reconocida imaginación estructural durante un tiempo más y la aplicó, por ejemplo, al intentar entender la leyenda del enano de Uxmal o las oraciones de bendición de mesa maya-yucateca.

Probablemente, además del hastío y del efecto de disponer de materiales contextualizados, hubo otros factores que influyeron en su abandono de las posiciones "tecnológicas" hacia finales de los años 80.

Posiblemente influyeron en la segunda mitad de los años 80 la dirección de dos tesis radicalmente etnográficas (la de Gerardo Fernández, la mía misma), el seguimiento cercano del trabajo de campo etnográfico de Pedro Pitarch en Chiapas, los diálogos e influencias intelectuales en el contexto de la preparación del proyecto de seminarios de "De palabra y obra" (diálogos con Jorge Klor de Alva, Gary Gossen, Manuel Marzal y Miguel León-Portilla) y, como él mismo apuntó en la charla de Trujillo, "las conversaciones con Jaime de Salas, María García y R. Price y la lectura de C. Geertz".

Pero sobre todo, sin duda, fue el trabajo de campo en Yucatán el causante del viraje[3]. En Halachó comenzó a trabajar con un chamán que forma parte de su biografía intelectual, y también de la de muchos de sus alumnos, Plácido Poot. Según ha referido Manuel, en esas conversaciones con Plácido "comenzamos a entendernos haciendo verosímiles los malentendidos. Con palabras, con historias, con cuentos y sucedidos, uno y otro fuimos construyendo, o reconstruyendo, nuestras respectivas figuras. Pero la conversación, toda conversación, no es solo un instrumento (y una metáfora) para elaborar, narrativa e interlocutoriamente, una identidad personal o colectiva; es también un decir sobre algo que está fuera y más allá de las circunstancias del diálogo".[4] Durante cuatro campañas a mediados de los ochenta trabajó con él con el propósito, según le confesó a Edmundo Magaña, de "relacionar las estructuras de significación de la narrativa con las estructuras de significación presentes en el discurso chamánico... Ahora lo que pienso es que el discurso chamánico, considerando como tal a lo que se dice y se hace desde el momento en que el cliente entra en relación interlocutoria con el chamán hasta que cesa esa relación, es realmente un relato que puede ser analizado como tal. La estructura de significación de ese relato está dirigida a reorientar la identidad del paciente... Me interesó también el ver cómo todo el conjunto de aflicciones constituía un código de carácter moral, la validez de la conocida proposición sobre la identificación entre aflicción y pecado. La correspondencia de este sistema de aflicciones con el sistema moral es también sorprendentemente sistemática. Esto me llevó a la ética" (1996: 27-28). Y, finalmente, también a la estética.

Según reconocía Manuel en esa conversación con Edmundo Magaña, tratar los discursos adivinatorios y los chamánicos como si fuesen narraciones no le satisfacía por su relación tan explícita, que ya había señalado Lévi-Strauss, con el psicoanálisis en cuanto al problema de la comprensión del mensaje; desde la eficacia simbólica comenzó a interesarse cada

3. En alguna conversación informal conmigo, Manuel me ha comentado cómo influyó también su trabajo de campo en Guatemala (en 1978 y 1979), interrumpido abruptamente por la violencia. No ha publicado nada sobre ese trabajo entre los quichés, pero, según me confesaba, la relación con aquellos indígenas en un contexto tan complicado le influiría también en ir privilegiando cada vez más las conversaciones frente a los análisis actanciales.

4. "De la conversación yucateca al diálogo cristiano y viceversa", en J. Klor de Alva, Gary H. Gossen, Miguel León-Portilla y Manuel Gutiérrez Estévez (eds.), *De palabra y obra en el Nuevo Mundo* Vol. IV, p. 170.

vez más "por lo que podríamos llamar 'eficacia estética' para hablar de la clase de efecto producido por la contemplación o por la participación o por la interacción con obras o con textos con una pretensión estética marcada. Estoy suponiendo que un efecto semejante de transformación al que nos produce la lectura de algunos de nuestros poetas favoritos o la contemplación de algunos de nuestro cuadros favoritos; que algunos de estos efectos además de ser evidentemente orgánicos, además de ser efectos de captación de sentido y de reordenación de la experiencia, son semejantes a los efectos que causa un chamán cuando está curando" (1996: 28-29).

En definitiva, a partir de partir de finales de los años 80 comenzó a convencerse de que entender lo que ellos nos dicen no es una cuestión de técnica, sino precisamente de entendimiento, esto es, de reflexión pero esta solo podía dar algún fruto si la ejercía de modo indisciplinado (en el sentido literal del término, es decir, fuera de la disciplina). Solo si ponía en juego todo lo que sabía y le interesaba saber —al margen de que perteneciera al dominio de la antropología o al de la psicología, al de la crítica literaria o artística, o al de la filosofía—, podía esperar que lo poco o mucho que lograra entender tuviera algún significado nuevo que añadiera algo a lo que antes sabía. Por eso el propio Manuel ha llamado a esta etapa "ecléctica o indisciplinada". Representa también el abandono de la posición cientifista anterior y su sustitución por una filiación más clara con las humanidades, además del reemplazo del universalismo por, y uso también sus palabras, "un relativismo templado". Todo esto merece algún comentario aclaratorio de acuerdo a lo que fueron sus consideraciones en la charla de Trujillo:

1. A diferencia de lo que pensaba antes, comienza a creer (aunque no con una total convicción) que un texto no habla por sí mismo al vacío, o a la historia o al mundo, sino que es un texto enunciado por alguien y que nos habla a nosotros, que lo escuchamos o leemos. Esto implica considerar todo texto como una interlocución (sea expresa o tácita, real o virtual) y considerar que su comprensión exige hacer explícitas las respectivas estrategias interlocutorias del enunciador y del texto en sí.

   Esto tiene como consecuencia el introducir en la consideración del texto algo muy evanescente y poco formalizable, de lo que no se puede estar muy seguro, —los objetivos, planes e intenciones de los interlocutores—, lo que hace que "entender" se convierta en algo un tanto azaroso.
2. Comenzó a pensar que el plano más relevante de un texto no era su "inconsciente categorial", según los términos de Lévi-Strauss, sino su

"semántica tácita", lo que implica que no se trata tanto de descubrir las categorías abstractas, lógicas, que organizan el texto como los conceptos que construye y transmite. El texto, entonces, no es la apariencia fenoménica de unas categorías establecidas a priori (que serían el verdadero sujeto), sino un mecanismo constructor y transmisor de determinados sentidos o conceptos. Esto hace que en la operación de entender se produzca un desplazamiento del análisis a la exégesis, esto es, de la disección anatómica a la observación procesual (la observación de los procesos de generación o construcción del sentido).

3. El reconocimiento de las estrategias interlocutorias significa aceptar que lo que ellos nos dicen no es solo algo que puede tener múltiples variantes (lo que ya sabíamos por los estudios sobre literatura oral), sino que es algo constitutivamente precario, inestable. Son palabras que han podido pronunciarse o no, y con muy diferentes objetivos e intenciones. O sea, lo que ellos nos dicen no es "palabra de Dios" ni sus discursos terminan con la proclama característica de los indios de western "he dicho". Por ello, no deben ser sacralizadas por nosotros, no podemos tratarlas reverencialmente: no deben ser sometidas a un tratamiento analítico que implique su consideración como palabras fijas, establecidas, escritas. Ha sugerido, en ese sentido, que habría que encontrar una manera de tratar los materiales orales con instrumentos diferentes a los escritos.
4. La precariedad o inconsistencia que es propia de toda conversación permite la incoherencia. Mientras que antes pensaba que era capaz de descubrir orden, coherencia y regla respecto a lo azaroso o caprichoso, que todo producto del espíritu humano estaba sometido a una rígida estructuración interna y que eso mismo era lo que le permitía funcionar, ahora comenzaba a creer que es la flexibilidad, la incoherencia incluso, lo que permite el funcionamiento de la vida social. Y, por eso, las palabras tienen que ser dúctiles, equívocas incluso, para ser capaces de dar razón y sentido a situaciones e intereses muy diversos, ambiguos o contrarios. Esto no es lo mismo que hablar de variedad de contextos y suponer que, en cada contexto, una palabra significa una cosa distinta, sino, más bien, que, en cada contexto, una palabra significa varias cosas distintas y esa pluralidad, esa ambivalencia, se ofrece al oyente, al interlocutor, para que este lo ajuste a su propia estrategia.
5. El lugar de encuentro con ellos ya no está situado en el espacio frío, estelar, de las categorías abstractas, sino en el más particular de las palabras con una dimensión estética y ética. "Lugar de encuentro" no quiere decir acuerdo o coincidencia, pero sí quiere decir pertenencia mutua, copertenencia; esto es, que sus palabras no me son indiferentes

ni las mías lo son para él. "No sé si hay universales categoriales, pero sí creo que hay un espacio problemático para el diálogo intercultural, un espacio cuajado de malentendidos de tal envergadura que hacen imposible la comprensión (en el sentido fuerte del término), pero que posibilitan la comunicación, aunque llena de ruidos e interferencias". Este diálogo es a la vez imposible e inevitable. Reconocerlo así obliga no solo a extremar la atención a lo que se escucha, sino que también hace posible y quizás obligue, al menos legitime el uso de la discusión y de la ironía. Si nos comunicamos algo discutiendo e ironizando incrementamos las posibilidades de entender lo que se comunica, por cuanto abrimos el abanico de las alternativas posibles. Esto hace que entender no sea solo escuchar atentamente y comentar exegéticamente, sino también replicar. Contestando es como se entiende.

Estas cinco características configuran una actitud epistemológica ante el hablar de otros que no produce seguridad alguna, que no es cientifista, que no limita la lectura o la escucha, que carece de autoritarismo tecnológico, que se presenta como si tuviera la blandura que se asimila a debilidad, pero que, en su opinión, no lo es: "Defender la pertinencia de una metodología blanda no significa defender el 'pensamiento débil'". Y desde ese convencimiento solo hay que dar un paso hacia la expansión, tanto en la manera de escribir como en los asuntos que tratar.

La pasión centrífuga y humanista del librepensador (2002)

En estos primeros años del siglo XXI no ha hecho más que acentuarse el sentido expansivo del quehacer antropológico de Manuel Gutiérrez Estévez. Tal como le decía en 2003 a Lydia González Cuevas en la entrevista que le concedió para la revista *AIBR*:

> Comparto con Geertz la afirmación de que lo que a algunos nos condujo a la antropología, y nos ha mantenido toda la vida dedicados a ella, es una pasión centrífuga: cualquier tiempo menos este, cualquier lugar menos aquí. Algunos no sabemos pensar algo medianamente relevante sin someter a nuestras neuronas, por decirlo metafóricamente, a una centrifugación constante. La mayor parte de mis amigos y colegas americanos hacen trabajos sobre culturas que son muy distintas de la suya, aunque sean de su propio país, y eso no ocurre en la misma medida en España, aunque también hay algunos que lo hacen y lo hacen muy bien. En definitiva, a mí me parece, aunque esto sea muy discutible, que la tensión intelectual que se produce

> cuando uno quiere entender algo muy diferente es una tensión mayor y más productiva que la que se produce cuando uno está inserto en cosas que le son *familiares* y toma muchas cosas, demasiadas, por supuestas.[5]

El expansionismo temático va parejo a una preocupación por ampliar los alcances de las maneras de contar.

Para que no se confunda metodología blanda con pensamiento débil, hay que escribir de determinada manera: hay que contar lo que entendemos de ellos con un estilo que muestre nuestro sentido de la responsabilidad moral y nuestra ambición por entender más y mejor. Es decir, un estilo que eluda la tentación posmoderna, en su versión vulgar, de convertirlo todo en juego literario inocente sin posible imputación. Escribir, contar lo que ellos nos dicen cuando se adopta esta posición es, a la vez, más difícil y más fácil que con el modo anterior. Por un lado, hay que olvidar algunas de las convenciones que nos han enseñado sobre la escritura académica. Estas las señalaba Manuel de manera impresionista en la charla de Trujillo: a) "Hay que usar un estilo impersonal y está proscrito el uso de la primera persona del singular y del plural"; b) "El texto que debe desarrollar apodípticamente un argumento, que, por analogía con el argumento de las obras narrativas, debe tener también tres partes: hipótesis, pruebas y conclusiones (que se corresponde con el planteamiento, nudo y desenlace)"; c) "No puede haber inconsistencia, el texto debe estar adscrito a una determinada posición teórica y metodológica que ha de ser explicitada"; d) "La descripción ha de ser coherente, no puede ser contradictoria, puesto que la función de una ciencia social es generar orden y dar razón de las incoherencias aparentes la vida social" y e) "El estilo ha de ser correcto, pero la elegancia es sospechosa, distrae, por lo tanto, hay que usar un lenguaje funcional en el que no haya términos evocadores que impliquen complicidad semántica con el lector.

Frente a esas tesis ortodoxas, en esa misma charla consideró Manuel que son las convenciones estilísticas contrarias las más convenientes, aunque con matices que no son irrelevantes: a) el uso de la primera persona ("yo") hay que medirlo cuidadosamente para evitar el narcisismo o la nadería autobiográfica; b) la minusvaloración de la trama argumentativa no debe llevar a un texto desestructurado del que no se pueda saber de qué habla; c) la falta de adscripción teórica no puede significar indiferencia hacia las implicaciones teóricas del texto ni, necesariamente, eclecticismo absoluto, aunque sí eclecticismo relativo con respecto una determinada gama de posiciones teóricas conectadas entre sí; d) eludir la búsqueda de

---

5. *AIBR, Revista de Antropología Iberoamericana*, N° 29, abril de 2003.

coherencia no debe llevar, por un movimiento contrario, a destacar la incoherencia, aunque no a ocultarla y e) el uso de términos evocadores o metafóricos no tiene que estar reñido con el rigor conceptual y obliga a emplear todas las perífrasis que sean necesarias para acotar lo más posible su sentido.

Esas ideas respecto a la manera de contar abierta las pusimos en práctica en el seminario de Escritura Etnográfica de Trujillo y el resultado de dos años de trabajo fue el libro *Según cuerpos. Ensayo de diccionario para uso etnográfico*. En la introducción de ese texto que escribió Manuel, hace una declaración programática de esta nueva orientación:

> Si todo lenguaje constituye una extensión sistemática del sentido común, ¿cómo escribir con mi lenguaje sobre un sentido común que no es el mío?, ¿cómo escribir para que aquel sentido común ajeno, que parcialmente llegamos a compartir con ellos, pueda, ahora, ser contado sin que parezca un sinsentido? Mal que bien, algo se consigue y llega un momento en que el libro o el artículo salen de nuestras manos, aunque sepamos que lo dicho en él necesitaría, todavía, más correcciones y pulimentos. Pero a esto, a la sensación de ser desbordado por una realidad social ajena a nuestra lengua nativa, uno llega a acostumbrarse. Más difícil es recuperar la soltura de la lengua: después de días y días en que ha sido forzada hasta el límite para dar cabida a una física y a una metafísica ajenas, sucede como si nuestra lengua hubiera perdido elasticidad, como si se hubiera dado de sí y ya no pudiera volver a su estado normal de uso. Al etnógrafo le sucede lo contrario que al poeta; éste también tira de la lengua hacia los límites de lo imposible del decir, pero lo que explora, hasta el vértigo, son los bordes curvados del mundo construido por ella misma, y el resultado es no solo el de ampliar y modificar el mundo, sino también el de agilizar y robustecer, a la vez, a la lengua que lo construye nombrándolo. En cambio, el etnógrafo, con un objetivo imposible, pretende estirar su lengua para que dentro de ella quepa el mundo construido por una lengua diferente. Muchas veces los tirones son tan violentos que el texto resulta ilegible; otras veces, el efecto es que el etnógrafo se queda sin lengua, sin poder volver a hablar con una fluidez natural. Cada palabra le suena a demasiadas cosas distintas; no es que, a resultas del ejercicio, se haya potenciado la multivocidad de las palabras; no es que, en su diccionario mental, haya aumentado el número de las acepciones de cada vocablo. Lo que le sucede es que los vocablos han dejado de estar conformados por acepciones, que han desaparecido los sinónimos, que las categorías sintácticas se han vuelto permeables y que los verbos auxiliares han dejado de cumplir su función. Y, entonces, ya no se sabe hablar con propiedad.
>
> El uso de la jerga académica tiene la función de ocultar este trastorno lingüístico, el de haber perdido las reglas del uso de la propia lengua. Pro-

tegidos por la terminología convencional de la disciplina, ayudados por las normas de estilo de los editores, engañados por la comprensión de los colegas, seguimos escribiendo o hablando como si estuviéramos usando la misma lengua aprendida en la infancia. Pero esto es un remedo que no sirve nada más que para reproducir el discurso disciplinario y que no remite, no ya a aquel mundo que quisimos describir, sino tampoco al mundo en el que vivimos de manera ordinaria. Sucede como si la práctica de la escritura etnográfica nos dejara sin lengua.[6]

La manera de escribir *Según cuerpos* era un ensayo para aliviar ese problema y para demostrar la eficacia de otras maneras de contar. Y también marca el comienzo del acento más radical, hasta salvaje podría decir, de esa pasión centrífuga y esa indisciplina. Si repasamos los textos que Manuel ha escrito en estos primeros años del siglo XXI, lo advertimos sin ningún género de dudas: pasa de su gusto por estudiar la poesía indígena contemporánea al hipertexto, de los sentimientos a la política, del cuerpo a las almas amerindias, de la fotografía al sueño de los sentidos, de los conflictos interculturales a los sistemas éticos y de la teología colonial al sentido de la religiones indígenas contemporáneas. Y sobrevolando siempre argumentos para dar sentido a cierta teoría *neoplantista*, como sugirió en la *laudatio* a Miguel León-Portilla en su doctorado *honoris causa* por la UCM.[7] Resulta muy significativo que el último texto que ha escrito Manuel termine de la siguiente manera, cuestionando las tesis acerca del sincretismo entre los indígenas americanos: "Digo que no creo que haya mezcla, que haya sincretismo, sino que lo que hay es heteroglosia o polifonía, por usar conceptos de Bakhtin. Pero se trata de una heteroglosia no articulada, aunque tampoco desarticulada. Articulada a medias. Y este 'a medias' es lo que hace tan difícil su descripción y comprensión. Creo que nosotros, los letrados occidentales, tendemos a sobrevalorar la sistematicidad ajena (y la propia)".[8] Resulta significativo y elocuente que quien tanto se empeñó buscando sistematicidad centrípeta, podríamos decir, hoy abogue de esa manera por la libertad centrífuga y la polifonía. Pudiera ser, no obstante, que para llegar a esta senda haya sido necesario atravesar aquellas otras.

Agradecía Manuel en su despedida como profesor en la Facultad de Geografía e Historia de la UCM el 25 de junio de 2013 "a quienes des-

---

6. "Introducción" en Manuel Gutiérrez Estévez, Juan Antonio Flores Martos, María García Alonso, Julián López García y Pedro Pitarch, *Según cuerpos. Ensayo de Diccionario para uso etnográfico*, Cicón, Cáceres, 2002.

7. <https://www.ucm.es/data/cont/docs/pdf>.

8. "A vueltas sobre el sincretismo", *Endoxa*, N° 33, 2014.

pués de haber sido asiduos al 'seminario de los martes' son ahora colegas de distintas universidades: a Julián, a Pedro, a Juan Antonio, a María, a Gerardo, a Paco, y a otros. Con ellos he publicado y he creado instituciones efímeras, como casi todas las de este país. Con ellos he pasado momentos inolvidables de risas y de exaltación intelectual. Y como esto, afortunadamente, continúa, no debería todavía agradecerles nada por si acaso lo entienden como un final".

Que no se preocupe. Solo en una mente joven e indisciplinada se podía esperar que hoy, cuarenta años después de haberla defendido, esté dando los últimos pasos para la publicación de su tesis. La esperamos con expectación, y en este caso aún más, por ver cómo articula un relato introductorio que dé sentido, mejor de lo que lo he podido hacer yo en estas páginas, a una transición desde los esquemas actanciales a las aristas caleidoscópicas de las conversaciones y las representaciones.

Bajo magisterio

A título de testimonio

CLAUDIO ESTEVA FABREGAT

Me agrada compartir una ocasión como esta, la de un homenaje a un catedrático emérito como Manuel Gutiérrez Estévez, ahora en actividad reluciente de escritos importantes en el seno de la etnología y por lo tanto, en uno de sus troncos más sólidos, el de la antropología cultural. Y agradezco la oportunidad de referirme, por una parte, a su historia académica, intelectualmente tan prodigiosa, y a verme, por otra parte, tan cercano a él en la amistad y en los recuerdos personales.

Conocí a Manuel Gutiérrez Estévez (MGE) como alumno mío durante los cursos que sobre antropología impartía en el Museo Nacional de Etnología, del que era yo director, en el contexto de la Escuela de Estudios Antropológicos (Madrid, 1966), de la que fui fundador y director. Recuerdo que por entonces mi ambiente social era el propiamente académico, pues además de ser profesor en la Universidad de Madrid (Complutense) de materias antropológicas específicas en la sección de Historia de América de dicha Universidad también lo hacía en la Escuela de Estudios Antropológicos (EEA) como director del programa académico y profesor que me ocupaba de los contenidos del mismo.

El susodicho ambiente académico era, en mi caso y en mis relaciones personales, el propio del americanismo en la Universidad de Madrid, también en el Instituto Fernández de Oviedo, CSIC, el de la EEA y el del Museo de Etnología. Cabe, pues, indicar que mis tiempos de ocupación en materias académicas eran los específicos de *full time*, y en este particular mis conexiones personales, las propias de dicho ambiente, en especial los profesores de las dos instituciones, Manuel Ballesteros Gaibrois, José Alcina Franch, Juan Pérez de Tudela y, en la excepción académica, Julio Caro Baroja. Con este último nos veíamos con la frecuencia de un par de días a la semana y charlábamos de tópicos que informaban la realidad política de este tiempo.

Por entonces, este era el contexto académico que compartíamos como ambiente y, aunque a título de convergencias era muy particular la mía, dicho tiempo incluía la condición de alumno de Manolo en la EEA. Es evidente que recuerdo el hecho de que la participación de Manolo Gutiérrez me interesó mayormente porque como alumno destacaba por su inteligencia, y mientras apuntaba a ingresar en la academia que comenzábamos a construir los recién antropólogos, vivía aquella por la vía de los relatos etnográficos y de los enfoques antropológicos que construíamos directamente en forma de teorías y de enfoques epistemológicos al respecto.

En dicho tiempo de la EEA, y a cuenta de una experiencia académica más bien amplia, el funcionalismo (EE. UU.) y el historicismo (Europa en el folclorismo y en la etnohistoria) dominaban el escenario etnográfico de las representaciones teóricas de la antropología. Aunque estas estaban presentes en el ámbito de las menciones extensivas, sin embargo, y por ejemplo, la influencia de Claude Lévi-Strauss, con su estructuralismo semiológico, hay que reconocer que apenas este icono de la antropología moderna estaba ingresando en el discurso de los tiempos dominantes que parecían corresponderle en un futuro inmediato. Parece evidente que en la EEA estábamos intentando formar antropólogos que, adictos a las cuatro ramas (Etnología, Antropología Física, Arqueología y Lingüística), estuvieran en condiciones de superar la composición restringida de los contenidos del concepto dominante en Europa de antropología vista como antropometría o estudio físico del hombre.

Este último sentido ocupaba los ambientes académicos o facultativos, pero extensivos, de la universidad española. Así, etnología y prehistoria en historia antigua, apenas en estado de percusión extranjera, lingüística en filología y antropología física en biología. De hecho, cada una por separado estaba puesta en carreras cuyos títulos, respectivamente, eran relativos a historia, filología y biología. Manolo, en la EEA, estudió las cuatro ramas del programa que concedía el título que las contenía, el de Antropología, y tiempo después, ya egresado, adoptó la etnología como fundamento de una antropología cultural, cuyo concepto cabe en el contexto boasiano que la une con la idea de las cuatro ramas.

Recuerdo que, en mis aprecios a su inteligencia, lo invité a formar parte del grupo de alumnos de la EEA que llevé conmigo a un trabajo de campo en el Pirineo aragonés, y recuerdo, asimismo, que lo invité a sumar el equipo que dispuse que me acompañara en el estudio de campo etnográfico que, tiempo más tarde, hicimos en Chinchero, Cuzco (Perú). No pudo venir en ambas ocasiones. No podía hacer trabajo de campo porque trabajaba como funcionario en un ministerio de la ciudad de Madrid. Así, estos son testimonios de confirmación de mi alta estima de la persona de Manolo. Su persona la tuve siempre en cuenta a los efectos académicos, y desde mi reconocimiento y admiración por Manolo, los que siempre he tenido por su persona, he seguido su trayectoria como antropólogo en varias de las ocasiones que pude reencontrarlo.

Así, cuando en 1968 marché de Madrid a ocupar la agregaduría de Etnología en la Universidad de Barcelona, recomendé a mi principal colega en la academia universitaria, José Alcina Franch, para que contara con Manolo en las colaboraciones y eventos que organizara, habida cuenta de que este demostraba una indudable competencia y capacidad en el estudio de las sociedades prehispánicas y contemporáneas de Mesoamérica y de los Andes centrales. Su dominio del enfoque semiológico aparece manifiesto en el contexto de los estudios, especialmente en aquellas donde la semiótica y su semántica están presentes en la descripción etnográfica de la interpretación.

Pienso que después de la muerte del profesor Manuel Ballesteros, y también más tarde de la que se dio de José Alcina, se convirtió en el mexicanista más activo y más bien relacionado con la etnografía mexicana. Sus contactos con Mesoamérica le permitieron realizarse en los intercambios que se dieron entre México D.F. (INAH y UNAM) y la Universidad Complutense (UCM). En este sentido, y en mérito que se le reconoce, ha destacado en la propensión analítica de la documentación etnográfica mexicana. También ha sido un organizador de jornadas antropológicas en Madrid y ha creado intercambios estables entre etnohistoriadores mexicanos y los grupos de amplitud académica situados en Madrid. Él mismo ha institucionalizado la "academia golondrina" que, al igual que hacen los migrantes académicos de temporada, se trasladan con cierta profusión a dictar conferencias en los lugares que funcionan como intercambiables en los reconocimientos y avances académicos positivos.

Valga añadir, asimismo, que en mi opinión Manuel Gutiérrez es un etnohistoriador iconográfico, y lo es en el sentido de que su calidad etnográfica lo hace ser relevante en el análisis de aquellos materiales que son conceptos existenciales. De hecho, articula significativamente la semántica de los conceptos, y desde los materiales etnográficos que produce podemos afirmar que sus análisis pertenecen al campo de la fenomenología etnográfica. En este supuesto, los estudios de campo largos ceden lugar a los estudios semióticos, los que construyen carácter dialéctico a la existencia humana, dispuestos conforme a determinismos que subyacen en el hacer social de la cultura estratégica.

Por lo mismo, el equivalente semiótico, situado en la praxis interna de la ideología y sensibilidad de los pueblos para expresarse en su yo profundo, es evidente en las situaciones de sus trabajos de campo, especialmente en los referentes del análisis crítico de los datos etnográficos que ocupan sus interpretaciones culturales, las que suele abordar en sus escritos sobre la realidad profunda de los indígenas americanos.

Es en ese contexto donde la inteligencia de Manolo es indudable en la fundación de una semiología antropológica cuya teoría suele confirmarse en la praxis de la semiótica, abundante en la vida social de la cultura. Esta parece ser una herencia levi-straussiana, y nadie en la universidad española como Manolo la ha cultivado desde la consciencia de que las ciencias antropológicas, en el particular etnográfico de una antropología profunda, en cierto modo rival del psicoanálisis, ha sido capaz de aportar conexiones culturales, hilos cuyo tejido es sociológicamente estructurante. Desde el análisis de las posibilidades de conocimiento, esta clase de representaciones etnográficas, las del empirismo que determina las situaciones del yo cultural, dicho análisis semiótico se aplica, básicamente, a escrutar el interior profundo de los datos del americanismo novohispano.

En este homenaje a MGE, a Manolo en concreto, quiero significar el hecho de que su papel en la interpretación semiótica de los grupos humanos, en especial de los mesoamericanos, es de gran relieve teórico. Ya que en general son pocos los antropólogos cuya etnografía adquiere esta dimensión axiológica, y pienso que en su expresión problemática el semiólogo está presente en los análisis antropológicos, Manolo debe ser considerado un creador de escuela. En el reconocimiento de su gran capacidad e inteligencia para construir teoría e interpretación antropológica, me conduce a significar el deseo de que, por parte de nuestro autor, sean muchos los años de que disponga en el objetivo de intensificar lo que entiendo es Manolo, un icono antropólogo-sobresaliente, necesario a la orientación y refuerzo por siempre de esta inicial escuela aplicada al estudio de la praxis de una etnografía semiótica.

Zapoapán, Jalisco, México, febrero 2015

Mi amigo Manolo Gutiérrez Estévez

Miguel León-Portilla

Hace ya cerca de cuarenta años que conocí a Manolo Gutiérrez Estévez. A partir de entonces ha habido años en que nos hemos visto con mucha frecuencia. Y no solo eso, sino que también hemos emprendido conjuntamente más de un proyecto académico.

Un día me llamó Manolo y me dijo que un amigo suyo, Jaime de Salas, quería que conversáramos sobre un proyecto que podría emprender la fundación que lleva el nombre de su padre, Xavier de Salas, establecida en Trujillo de Extremadura. Nos reunimos Manolo, Jaime y yo. Se acercaba el tan controvertido V Centenario. A Manolo, a Jaime y a mí nos pareció que ese era el momento adecuado para iniciar un ambicioso proyecto. Consistiría este en reunir a un cierto número de distinguidos investigadores, antropólogos, historiadores, lingüistas, sociólogos y de otras profesiones. La idea era celebrar sesiones a modo de simposios sobre temas que tuvieran que ver estrechamente con todo lo que trajo el famoso descubrimiento. Las sesiones se celebrarían a lo largo de cerca de tres años. En el programa de trabajo participaron otros tres: el antropólogo norteamericano Gary Gossen, de la Universidad de Nueva York, en Albany; el medio mexicano, medio norteamericano y medio judío Jorge Klor de Alva, que estaba en la Universidad de California en Santa Cruz; y otro participante fue el jesuita Manuel Marzal, antropólogo que se había formado en México y que había dedicado su vida y su trabajo en el contexto cultural del Perú. Cada simposio tuvo una duración de una semana y se desarrollaron en la sede de la Fundación Xavier de Salas, situada en el antiguo convento de la Coria.

A esa serie de reuniones fueron invitados a Trujillo investigadores de varios países de Europa y América, todos bien conocidos internacionalmente. Para la preparación de cada simposio nos reuníamos en la misma sede de la Fundación Xavier de Salas, hospedados en el magnífico parador que hay en Trujillo. Siempre trabajamos en plan democrático y aunque a veces disentimos y aun iniciamos discusiones un poco acaloradas, siempre terminábamos poniéndonos de acuerdo y refrendando nuestra amistad.

Para esto obtuvimos también el apoyo del Gobierno de la Junta de Extremadura, que presidía en ese entonces Juan Carlos Ibarra, que, por cierto, era filólogo de profesión. Así se obtuvieron recursos que hicieron posible nuestro trabajo.

Manolo, que es la estrella en esto que estoy escribiendo, con gran frecuencia se valía de un enfoque estructuralista que algunos de nosotros cuestionábamos. Pero siempre el equilibrio volvía a reinar. Manolo, con enorme entusiasmo, escribía con fuerza en un pizarrón colocado delante de nosotros para diseñar esquemas y registrar nombres de participantes, que una y otra vez se modificaban hasta encontrar los que nos parecieran a todos mejor.

Evocando esos años, puesto que fueron más de dos, los recuerdo con mucho gusto. Nuestras reuniones preparatorias las veo como diálogos, como los de Platón, y luego los simposios a los que acudía con frecuencia doña Carmen Arteta, la viuda de Xavier de Salas y presidenta de la Fundación, resultaban en extremo interesantes.

Gracias primero a las gestiones de Manolo y luego a otras que realicé yo en México, todos los materiales, revisados por sus autores y precedidos por una introducción, fueron publicados por Siglo XXI de España y por el Fondo de Cultura Económica de México. La verdad es que no conozco muchos otros casos de trabajos académicos como estos.

Las relaciones con Manolo continuaron después, ya que en cada uno de los viajes que hice a España, por lo menos uno al año, en compañía de mi esposa, siempre nos veíamos con Manolo y, a veces, con Ina, su mujer. De mil cosas hemos hablado.

Manolo es hombre muy inteligente, tiene mucha chispa y, a mi parecer, siendo sensato no deja de ser vehemente en ocasiones. Y ya solo recordaré otra feliz experiencia.

La Universidad Complutense de Madrid acordó concederme un doctorado honoris causa. Pedí entonces a Manolo que fuera él quien pronunciara mi laudatio. Aceptó y, como si quisiera cerrar un ciclo, sus palabras recordaron en parte esos encuentros en Trujillo. Y, para mi gozo, Manolo habló de la idea que había concebido yo de enmarcar el dichoso descubrimiento a la luz de la expresión "encuentro de dos mundos". El propósito, como muchas veces lo he repetido, fue tomar en cuenta a los dos participantes, los indios y los españoles. Ese modo de concebir la efemérides la hizo suya el Gobierno de Extremadura, luego, el de toda España y el de otros muchos países de Europa y de América y, por supuesto, de México.

Doy así fin a mis palabras, deseando que, aunque Manolo y yo —en mayor grado— tenemos acumulada mucha juventud, en los años que nos queden de vida sigamos vinculados y, aunque no nos embarquemos ya en ambiciosos proyectos, conversemos, hagamos recuerdos y contemplemos el presente y anticipemos el futuro con mucha salud y no escasa alegría.

México D.F., enero 2015

Desde el seminario de Antropología Americana

En el seminario: *Collegium venatorum*

Juan Antonio Flores Martos

En el autobús, en el metro o en el tren —alguna ventaja tiene vivir en un barrio alejado del centro de Madrid, muchas horas disponibles en los trayectos diarios—, voy leyendo un cuadernillo de lecturas que comentaremos esta tarde en el seminario. El de esta semana tiene más de doscientas páginas, y entre el traqueteo y frenazos antes de llegar a cada estación ando acabando el último de los textos, de título oscuro y contenido incitante —"Nagual, brujo y hechicero en un pueblo quiché", de Benson Saler—. A veces tomo alguna nota o subrayo. Espero poder decir algo atinado al menos de dos de los textos: de este y del de Gonzalo Aguirre Beltrán, "Nagualismo y complejos afines". Los dos más teóricos de Durkheim y Lukes me han gustado menos, o será que la teoría me queda algo lejos y disfruto más con la etnografía y los casos capturados en archivos.

Me gusta llegar pronto y encontrarme con los otros compañeros que también acuden y charlar un rato antes de su comienzo. Este año, fuera del seminario, nos reunimos y hablamos sobre los textos María, Paco, Ana Belén y yo mismo. Es verdad que también acudo a otro seminario, pero a ese le llamo por su nombre completo. Este es "el seminario" —a secas— o "el seminario de Manolo". A lo largo del tiempo irá cambiando de nombre: de seminario de Estudios de Antropología Iberoamericana a seminario de Estudios de Antropología Americana, para pasar a seminario de Estudio Comparativo de Rituales y llegar hasta seminario de Rituales Americanos. Pero poco importa el nombre. Además de seminario, es un curso de doctorado —Hechicería y Chamanismo (perspectivas teóricas y análisis de casos americanos)—, aunque los compañeros matriculados suelen ser menos o un número parejo a los que vamos al seminario. Al salir de una clase de Religiones Indígenas Americanas, Manuel Gutiérrez me invitó a acudir al seminario hace algo más de un año, y desde la primera sesión a la que acudí no dejé de querer más. No imaginaba entonces que durante siete años formaría parte de mi disciplina y goce semanal.

Cuando salgo del metro, camino unos minutos entre la niebla hasta el edificio de la Agencia Española de Cooperación Internacional, cerca de Moncloa. Ni yo ni la mayoría de los compañeros somos conscientes de la singularidad del espacio en que nos reunimos. Es en un aula amplia y luminosa del CEDEAL (Centro Español de Estudios de América Latina), y la gente que compone su estructura nos tiene preparado un cuadernillo de cierto grosor con las fotocopias de los textos que leeremos y comentaremos en la siguiente sesión, y ello sin ningún costo para las veinte o treinta personas que allí nos reunimos. Creo que no fue algo casual que durante años el seminario se celebrara física e institucionalmente fuera de la Universidad Complutense. Años después se trasladaría a un aula del departamento de Antropología y Etnología de América y a una sala del Museo de Etnología.

Las cuatro de la tarde probablemente no sea la mejor hora para celebrarlo, eso al menos revela el rostro de Manolo cuando llega y en algún tramo de su desarrollo. Se adivina un conflicto con algún hábito o querencia arraigada en nuestro conductor de la sesión. Pero esa es la hora posible, y la autodisciplina y disciplinas por imitación reflejan a las claras la importancia del tiempo dedicada a ese encuentro, las horas invertidas en su preparación. El seminario no es solo el tiempo que pasamos sentados en círculo en esa sala, unas dos horas que se pasan volando, fundamentalmente escuchando y tomando notas, y las menos de las veces hablando —"tomamos la escucha", más que "tomamos la palabra"—. Son sobre todo las lecturas sosegadas o ensimismadas en trayectos de acelere urbano, las notas garabateadas sobre las fotocopias o en cuadernos aparte —algunas las pasaré a limpio a lo largo de la semana—. Funciona para nosotros como un taller localizado y deslocalizado al mismo tiempo. Tampoco soy consciente en ese momento de su utilidad, si es o no "formativo", solo siento que me gusta, que deseo que continúe y que yo forme parte en algún modo de él. Años después leeré a un estimulante escritor francés, Roland Barthes, que escribía en un breve texto titulado "En el seminario" sobre el suyo, revelando que este se fundaba sobre una comunidad de lenguaje "deseante" de textos: "Se trata de desear el texto, de poner en circulación un deseo de texto (hay que aceptar este desplazamiento de significado: Sade hablaba de un 'deseo de cabeza')". Nuestro seminario, sin darnos cuenta, funciona como un espacio de deseo.

Desde que empecé a asistir el año anterior y en lo que llevamos de este, la principal ocupación ha sido leer mucho —una media de cuatro o cinco autores semanalmente— y comentarlo. La portada del cuadernillo con el primero de los textos suele llevar un sencillo exlibris de cuidada caligrafía: "Manuel Gutiérrez Estévez". Hemos leído clásicos y nuevos clásicos —Frazer, Malinowski, Durkheim, Mauss, Evans-Pritchard, Levy-Bruhl, Eliade, Lévi-Strauss, Mary Douglas, Turner, Geertz—, pero también mucha etnografía en América Latina, entre ellos los más repetidos son Aguirre Beltrán, Foster, López Austin, Holland, Tranfo, Villa Rojas... Cuando el primer día enfrentamos el programa de lecturas y los textos entregados para comentario y debate de las veinte sesiones, intuimos el trabajo y el goce que tenemos por delante. Nunca he leído y probablemente nunca leeré tanta etnografía de modo regular y disciplinado.

El pasado año hubo algunas exposiciones de investigaciones en curso (de Alicia Re, sobre la canícula en Chan Kom, y de Gerardo Fernández Juárez, sobre mesas rituales aymaras y de un investigador tan reconocido como Manuel Marzal, sobre ritos andinos). Con cada nueva edición del seminario serán más las exposiciones y las oportunidades de escuchar a otros etnógrafos presentando avances o resultados finales de sus investigaciones: Fernando Giobellina (sobre umbanda y candomblé brasileños), Julián López (sobre comidas en Guatemala), Pedro Pitarch (sobre almas entre tzeltales de Chiapas), Paco Ferrándiz (sobre el culto de María Lionza en Venezuela), Jose María Caller (hablando de hispanos en las montañas de Nuevo México), Guido Münch (tratando de rituales de hechicería y el diablo en los Tuxtlas veracruzanos). A día de hoy, todavía no sabes que los dioses te concederán el privilegio y desafío de acabar exponiendo en el seminario algo de valor de un trabajo de campo todavía por hacer.

La figura central en el seminario es Manolo, sus palabras dan comienzo a la sesión y la dan por terminada, aunque también cobra protagonismo el invitado que eventualmente expone su trabajo, tomando el director del seminario esos días el rol de comentarista principal y discutidor de lo expuesto. Cualquiera puede intervenir, con mayor o menor fortuna, pero siempre está Manolo para, con un certero y punzante "no es pertinente", preservar el uso de un precioso tiempo para la reflexión y la crítica atinada a las ideas que circulan en nuestra sala.

Al acabar la sesión, están presentes las ganas de continuar, de seguir hablando de lo ya iniciado o de algo diferente por completo. Siempre hay alguien que dice: "Vamos a tomar unas cervezas". Caminando hacia Moncloa, vamos hablando en diferentes grupos y nos encontramos en el lugar elegido. No siempre acude Manolo, pero siempre estamos en un número variable los otros participantes. Otra cosa distinta son las cenas, una o dos en cada edición del seminario. A ellas nunca falta, y en las conversaciones trenzadas durante la cena y en los cafés o copas de después, entre risas y veras, hablando de literatura y de política, de arte o de amores, también seguimos en el seminario.

Solo escuchando aquí a compañeros como Pedro, Julián, Gerardo, Paco, empecé a imaginarme a mí mismo como superviviente de un trabajo de campo —así de titánica y complicada, por no decir imposible, se me hacía esta tarea a realizar en soledad—, exponiendo en un futuro y recibiendo comentarios, sugerencias y algún correctivo al atreverme a esbozar sesiones del seminario tituladas "Bajtin en Veracruz", o "Sade en los Trópicos".

El lector me permitirá citar de nuevo a ese fértil escritor francés cuando hablaba en ese ensayo corto de la clave del éxito de un seminario: "Lo que importa en un seminario así (el lugar de su éxito) no es la relación de los oyentes con el director, sino la relación de los oyentes entre sí". He disfrutado —y disfruto— de las enseñanzas de Manolo, pero, sobre todo, puedo considerarme afortunado de los aprendizajes, apoyos, confianza y complicidades horizontales establecidas con algunos compañeros y compañeras de seminario, colegas admirados y amigos para mí. Sin duda alguna, yo no sería el antropólogo que soy hoy sin el concurso y la relación con ellos. Al menos para mí y mi propia experiencia en mi forja en este oficio, este es el mayor valor del seminario y, si me apuran, esta es una clave del éxito —enormemente complicada de activar y conseguir— de Manuel Gutiérrez en esta obra suya.

Otras creaciones importantes, y a mi juicio de trascendencia en la vida y obra de Manuel Gutiérrez, han sido el proyecto y los resultados De palabra y obra en el Nuevo Mundo, el Máster de Estudios Amerindios, el Grupo de Estudios de Etnología Americana de Trujillo —en todas estas creaciones yo he podido participar en algún modo—, pero siento que tienen mucho que ver con ese espacio y tarea ensayada y perfeccionada año tras año, ese taller de etnografía de intenso trabajo, que fue su —y nuestro— seminario.

Ahora estoy en mi cuarto de trabajo, en la pequeña ciudad de provincias donde vivo y trabajo, apartado de la capital que me vio nacer y donde me formé. Es la primavera de 2015, y me entretengo unas horas abriendo y revisando dos cajas con algunos programas y juegos de fotocopias de textos que leímos y discutimos en el seminario. La emoción muda por momentos a escalofrío cuando releo varios pasajes de los cuadernos y las cuartillas garabateadas entre 1988 y 1995. Encuentro un recorte de periódico, "Es que soy de Veracruz", un ensayo publicado en un suplemento cultural de un diario español firmado por Enrique Vila-Matas. Relata un viaje a Xalapa, capital del estado de Veracruz (México), para participar en un encuentro de escritores y su posterior estancia en el Puerto de Veracruz, donde describe algunas escenas e imágenes en los Portales, en la plaza central de esta ciudad. Y recuerdo el efecto que su lectura produjo en mí. Después de más de tres años de estar leyendo y preparando una investigación en una ciudad zapoteca del istmo de Tehuantepec —Juchitán—, enfocada a cuestiones de etnogénesis e identidades masculinas, femeninas y transgenéricas, me sentía impulsado a cambiar mi área cultural de trabajo de campo —y pasar de una ciudad indígena zapoteca a una ciudad y puerto urbano mestizo como Veracruz— y el tema de la misma, ahora más enfocado hacia la perspectiva de la antropología del cuerpo. Un día de primavera de 1993, me dirigí al despacho de Manuel Gutiérrez. Me acompañaban, hasta casi paralizarme, el miedo y una total incertidumbre de cuál sería su reacción ante lo que estaba a punto de plantearle. Tras contárselo, recuerdo un rostro de alegría que me decía algo aproximado a esto: "¡Qué alegría me das, Juan Antonio! Vas a hacer un trabajo magnífico, Veracruz es una ciudad deliciosa y además no hay ningún antropólogo español que haya trabajado allí". Desde entonces no he dejado de asombrarme por su inmensa capacidad de imaginación acerca del resultado que apostaba que iba a producir ese trabajo de campo, conjeturado también por mí en un lugar apartado a partir de la lectura de un texto literario. Gracias a esa apuesta de alto riesgo, algunos años después me encontré presentando mis materiales de Veracruz, contando las historias, los mitos urbanos de "locos" y personajes, de travestis, de comparsas de carnaval y de espíritus atormentadores, compartiendo esas piezas en ese lugar, guarida de aprendices y veteranos cazadores de historias, en el seminario.

Talavera de la Reina, abril 2015

Centauros amerindios

Francisco Ferrándiz

Manolo tuvo la culpa. No tengo la menor duda, y no hay tribunal que le absuelva. A mediados y finales de los años ochenta del siglo XX, yo era un joven y entusiasta arqueólogo fascinado por las cerámicas romanas de *terra sigillata*, por las ruinas, en general, y por los mayas en particular. Recién licenciado de la Autónoma, mientras me preparaba para excavar en Yucatán y buscaba financiación para el doctorado, asistí como oyente a dos de las clases que impartías, Manolo, en la Universidad Complutense: Teoría y Método de la Antropología y Etnología de América Central. También, si recuerdas, estuve vinculado al mítico seminario que impartías en el CEDEAL: Hechicería y Chamanismo.

Manolo, he encontrado los apuntes, que en más de quince años de nomadismo (EE. UU., Venezuela, Holanda, México, Bilbao y Cáceres, hasta regresar finalmente a Madrid) han dado casi la vuelta al mundo, cruzando fronteras y océanos, testigos de diferentes geografías, lenguas y acentos, como un tesoro que pertenece a la categoría de objetos imprescindibles. Y, de verdad, en todo este vagabundeo he tenido que dejar atrás infinidad de cosas: en centros de reciclaje de papel en mitad de mudanzas con bebés, como descartes de última hora en embarques de avión con sobrepeso, materiales perdidos irremisiblemente en cajas de cartón que nunca llegué a abrir y ni recuerdo dónde están. Las carpetas azules con gomas que los guardan, las Centauro, están un poco descoloridas, es verdad, el tiempo ha pasado para todos.

¿Qué recuerdo de tus clases? Fascinación. Pero, sobre todo, ese silencio inicial que nos sobrecogía. Entrabas en el aula (y seguro que seguiste entrando durante muchos años), te sentabas en la mesa del profesor y, durante unos minutos —dos, cinco, diez, qué más da, el tiempo se hace de goma en la memoria—, mirabas al infinito y pensabas, reflexionabas, a veces trasteando con tus apuntes, creo que también con tu pipa, eran otros tiempos. Cabe suponer que callabas sobre la clase que ibas a impartir a continuación, aunque tu mente da para varios itinerarios simultáneos. Aunque algunos alumnos conversaban, acostumbrados a las rarezas de cada profesor, otros respetábamos ese silencio magnético como preludio de una clase intensa y sutil. Entonces, de repente, empezabas a hablar, como salido de las profundidades de un sueño.

Allí aprendimos que los estudios sincrónicos de Redfield eran insostenibles y el tiempo no le dio la razón (como en el caso de la presunta secularización que anticipaba para Chan Kom); que Gary Gossen utilizó las categorías generadas por Vladímir Propp sobre el cuento ruso para aplicarlas a los chamulas; que en México, aunque la cultura nacional es mestiza, los amores oficiales se han volcado preferentemente hacia las civilizaciones prehispánicas; que dentro de los procesos de aculturación, en torno a 1973, junto a la llegada de pesticidas, abonos químicos y nuevas variedades de maíz, frijol y especies de ganado, en los dispensarios médicos solo se podía encontrar Alka-Seltzer y sal de Andrews para la resaca (una década después llegarían el Mejoral, el medicamento indígena por excelencia, y los colirios); que la lucha contra el alcoholismo emprendida por nuevos actores religiosos afectaba a la "embriaguez sagrada", una de la principales muestras del poder simbólico indígena (calor / sol / trago / aguardiente); que la lengua pame, hablada sobre todo en San Luis Potosí, tenía en 1980 4718 hablantes y que las migraciones dificultaban la elaboración de censos fiables (casualidades, hace unos años dirigí una tesis a un pame sobre la masculinidad en los procesos migratorios); que frente a las formulaciones clásicas funcionalistas del ritual había una perspectiva estructuralista que te era más afín, donde se desglosaban los niveles de organización de la significación —explícito, implícito y categorial— expresados en cuadrados semióticos donde, por ejemplo, podía haber un sujeto, un antisujeto, un no sujeto y un no antisujeto, organizados a su vez en relaciones mutuas de contrariedad, implicación y contradicción. Y como último argumento del curso, referido a la leyenda del enano de Uxmal y a su manera de encriptar una contradicción insoluble: los esfuerzos narrativos nos son vanos, giran en torno a los conflictos que desequilibran las conciencias. Fin de la asignatura. Está todo apuntado, Manolo. Era tal la erudición volcada en estas clases, el volumen de información tan sutil y perfectamente organizada, con vuelo más empírico o teórico según correspondiera, que yo, al menos, salía de las clases tan callado como tú entrabas, en mi caso tratando de ordenar en mi cabeza apabullada las piezas de un puzle cada vez más complejo.

También aprendimos contigo las claves y trampas de la etnografía y el trabajo de campo. Supimos que es básica la "generosidad intelectual" con las hipótesis o "estado de ánimo" que llevamos al campo; que los antropólogos necesitamos intuir desde el principio el sentido común del lugar, sorteando susceptibilidades; que una ruta de entrada clave en una comunidad indígena es ser objeto de humor y burla; que nunca tendríamos éxito sin construir una rutina coherente desde el punto de vista local, sin pasear, acudir a los lugares comunes, conversar o incluso aprender a perder el tiempo según los ritmos de cotidianeidad propios del lugar; que la empatía era una camino metodológico de ida y vuelta; que el diario de campo era también un lugar de intimidad; que era mejor enfatizar la condición de extranjero que aparentar ser ladino; que el lenguaje mimético puede sustituir con ventajas al lenguaje oral; y que la interacción social es un espejo de caras, donde el reto es acompasar la expresividad. Recuerdo un consejo que nos diste, Manolo, que he utilizado mil veces a lo largo de los años en mis clases de metodología y diseños de investigación, un simple detalle contraintuitivo de una enorme profundidad etnográfica: que nunca miráramos de frente o acariciáramos a un niño si íbamos a una comunidad indígena, porque los extraños tenemos "ojo fuerte" y cualquier enfermedad o desequilibrio en el niño, fuera cual fuera su origen, nos sería atribuido. Una y mil veces me acordé de este detalle —que encapsula la complejidad y genealogía de la mirada antropológica— cuando, estudiando el espiritismo en Venezuela, me llamaban la atención acaloradamente al cruzarme de brazos o piernas, pues cualquier "cruce" corporal interfería con los campos espirituales, la estabilidad de los trances y la eficacia terapéutica.

Ya en el CEDEAL, en tu curso de doctorado, vinieron en cascada todos esos idólatras, sabios, neófitos, brujas y brujos, demonios, curanderos, santos, dioses, almas, espíritus, *'men*, nahuales, burlones transformadores, enanos, santos parlantes, albinos, tonales, cargadores de almas, fantasmas, *h'iloletic*, álter egos, duendes, feligreses, parteras, *yatiris*, bufones, hadas, *loktores*, alunados, chivos expiatorios, magos, comedores de hígados, histriones, hechiceros, chamanes de los cuatro vientos. Cipactli. Pachamama. Kukulkán. Quesalid. Todos esos sortilegios, magias, penitencias, adivinaciones, dramas, mímesis, exorcismos, lecturas de coca, espantos, miedos, envidias, oraciones, aires, tambores sagrados, sustos, orificios, sueños, tabúes, males de ojo, cosmologías, mitos, pasmos, hechicerías, tótems, endogamias, sacrificios, hongos, mesas rituales, confesiones, velorios, eufemismos, milagros, trances, bautismos, contagios, éxtasis, secretos, dogmas, catarsis, caprichos, aflicciones, iniciaciones, diagnosis, culpas, autocuraciones, carnavales, comensalismos, infiernos, panteones, calendarios, sobrenaturalezas, pérdidas de alma, cofradías, pecados. El maná que se escurría entre los dedos. Toda la complejidad de la eficacia simbólica, de las teodiceas, de las estructuras, de la pureza y el peligro, del desorden ritualizado, del equilibrio, de las homologías, de las correlaciones, del pluralismo, del azar, de la liminalidad, de la alteridad, de los actos sociales totales, de las oposiciones binarias, de los mitemas, de las metáforas, de las vicisitudes de las lógicas adivinatorias, de la función estética de la taxonomía, de la retórica mágica, del frío y del calor, de la participación mística, de los sintagmas y paradigmas, de los relatos de aflicción, de la emoción, de los dramas rituales, del valor terapéutico de la risa, de la tensión entre risa y creencia. ¡El pensamiento salvaje resultaba ser solo una nota a pie de página de la obra de Lévy-Bruhl!

Sí, Manolo, la culpa es tuya. Tras pasar por tus clases, tus conversaciones y tus silencios, que más adelante descubrí cómplices; tras recrear sin pausa en mi cabeza (durante años y hasta hoy) todas estas geografías, estos personajes y estas tramas que aún desfilan como saltimbanquis en tus apuntes infinitos, tan familiares como el oxígeno que respiro, como actores inopinados de un códice interminable dibujado en papel amate, religiosamente guardados en carpetas azules descoloridas de la marca Centauro para que no escapen y pueblen el planeta de magia y hechizos; cuando empecé el doctorado yo ya era, irremisiblemente, un proyecto sumamente imperfecto, pero enormemente apasionado, de antropólogo social, para el que la arqueología se había convertido en un lugar remoto. Como el silencio hipnótico de las piedras y la mística de las ruinas que siempre tienes en los labios.

Madrid, mayo 2015

La escalera de caracol

Gerardo Fernández Juárez

Hace tiempo escuché a Manolo defender de una forma apasionada, pero contenida y brillante a la vez, profundamente resuelta e intelectualmente provocadora, como acostumbra, la relevancia de los adentros corporales, su homología en este sentido con los adentros terrenales y su vinculación con el pasado: lo antiguo y lo más valioso de uno mismo y del mundo están dentro del cuerpo y de la tierra en numerosas tradiciones amerindias. Recuerdo así mismo su brillante alusión a Otto Lidenbrock, el sabio maestro de mineralogía protagonista de la incomparable novela de Julio Verne, aquel insospechado *Viaje al centro de la Tierra* plagado de seres antiguos y tesoros remotos.

Si bien Islandia queda un poco alejada de mis coordenadas habituales como para pretender evocar aquel viaje inolvidable, sí que he tenido el privilegio de ahondar cumplidamente en otras profundidades, las que, paso a paso, peldaño a peldaño, permitían adentrarme en un itinerario de apariencia circular en forma de escalera de caracol que ejercía de umbral separador entre "este mundo" y el "mundo de abajo y de adentro", entre *akhapacha* y *manqhapacha,* que dirían los aymaras del Altiplano. Ese mundo de abajo y de adentro, plagado de lo antiguo y lo más valioso de la calle Arturo Soria madrileña, permitía transitar de la residencia habitual de Ina y Manolo al "otro lado del mundo", esa realidad incomparable que peldaño a peldaño iban configurando los repletos anaqueles de su biblioteca particular; recinto propicio a la iniciación ceremonial donde los manuscritos y borradores de tesis y proyectos eran desmenuzados por la precisa intuición y sagacidad intelectual de Manolo, amparado en las aseveraciones de los Malinowski, Geertz, Harris, Lévi-Strauss y tantos otros que se asomaban desde los curtidos lomos de sus encuadernaciones.

La biblioteca de Manolo, como otras célebres, caso de la biblioteca del padre Jorge, (véase *El nombre de la rosa*), gozaba cuando la conocí de todos los atributos propios de un "no lugar" específico, donde las coordenadas sensibles, espacio-temporales, se engranaban de forma distinta al ámbito profano.

La escalera de caracol, en un marcado sentido contrario al habitual, permitía el descenso a ese otro mundo interior señalado por elementos sensibles, compatibles con los estados alterados de conciencia que propician las revelaciones extáticas de los especialistas en ritual, "los que saben". El sentido de la vista, escalón a escalón, se iba nublando, no solo por el fulgor de las obras allí expuestas, sino también por una tenue neblina producida por el empleo de un útil propio de las prácticas chamánicas como es la pipa sagrada: eso sí, bien mordida, desgastada en su embocadura y con una fragancia tenue, embriagadora, que avisaba de la cercanía del sabio. Esa fragancia única correspondía al tabaco Dunhill aromático de lata amarilla (50 gramos), que Manolo solía adquirir en encomiendas de a cinco hasta que se dejó de fabricar, quizá por la dependencia que generaba tanto Manolo como su tabaco entre discípulos y devotos. Así, entre volutas de humo y acuciantes revelaciones sobre el contenido de mi tesis doctoral, el tiempo volaba sobre el altar del sacrificio, un conjunto dotado de un espacio de severo impacto simbólico, dos sillas gemelas y una mesa octogonal sobre la que se diseccionaba el contenido de mis borradores. Las sillas, cómodas, pero propiciando la atención y la alerta, sin el respaldo de cabecera que tiente el sueño; y la mesa, con esa disposición especial que soporta el peso de las reliquias, como son los ochavos octogonales de algunos complejos catedralicios. De hecho, cuando alguna vez abandoné aquel recinto del saber con alguno de los ejemplares de la biblioteca, siempre tuve la sensación de portar alguna vetusta reliquia que debía atender, cuidar y complacer en todos sus deseos.

Algo falta en la descripción etnográfica del espacio chamánico que siempre ha constituido para mí el recuerdo de la biblioteca de Manolo; el atuendo del especialista en ritual es particularmente pertinente al caso, puesto que generalmente atesora algún objeto que le permite canalizar y expresar buena parte de su poder. En el caso de Manolo, además de su pipa y la lata amarilla de tabaco, era desde luego la corbata de lazo o pajarita. La palabra justa, contundente, bien articulada, precisa, inteligente, no procede de la garganta de Manolo, no de sus cuerdas vocales, como en el resto de los humanos, sino de su pajarita. Esos "familiares" de brujas y brujos, diablillos y duendes que se escondían en redomas, anillos y bastones en los siglos áureos, proporcionando capacidades sorprendentes a sus poseedores, han encontrado un acomodo postmoderno en la pajarita de Manolo, de donde emana esa manera sortílega de articular conceptos, ideas y argumentos que nos provocan embeleso y fascinación. Manolo nos "ojea" con la pajarita, signo revelador de la selección mística que el aspirante a chamán sufre en su modelo de iniciación; no es la cruz de Caravaca en el paladar, no es el haber hablado desde el vientre materno, no es el haber sido golpeado por el rayo: la magia manueliana radica, estoy convencido, en su pajarita.

Reconozco que no quedé indemne tras la experiencia extática vivida en su biblioteca, así como en sus clases, talleres, congresos y seminarios durante años. La escalera de caracol que supone ese descenso a las interioridades de lo más valioso de la antropología americanista que para mí ha supuesto la procelosa labor de Manolo a lo largo de su vida académica viene marcada por su gusto por el trabajo bien hecho, por la etnografía cuidadosa e intensa, por el trabajo de campo en contextos amerindios —pero no solo el trabajo de campo, ("saber solo antropología es no saber nada", me espetó un día)—, por el compromiso docente y la extrema generosidad con discípulos y alumnos, cuestiones todas ellas difícilmente compatibles ahora, incluso para un mago como Manuel Gutiérrez Estévez, con las exigencias de esta "nueva universidad" enmarcada en las competencias y habilidades de "eso" conocido como el Plan Bolonia...

Al amigo, al maestro y al *yatiri* ('sabio' en aymara), provocador impenitente de tantos retos intelectuales, solo me queda el mayor de los reconocimientos por haber tenido el privilegio de iniciarme contigo en los fructíferos escalones de tu escalera de caracol.

Toledo, abril 2015

Una casa de vidrio en las arenas

María García Alonso

Decía un pensador inglés que, cuando se nace, la mente es como una pizarra vacía donde las palabras de otros se van escribiendo hasta conformar nuestro pensamiento. Si esto fuera así, tendría que reconocer que, hace más de la mitad de mi vida, Manolo Gutiérrez trazó con su tiza mágica una línea de vivos colores en la superficie de mi conciencia, con tal virtuosismo que todo lo que después se ha escrito allí ha quedado ya teñido por lo que una vez él pensó. Aunque yo sé que, por muy sabio que fuera Locke, hay algo más. Sobre ese algo más que hay en mí, y que reconozco también en él, voy a hablar en estas páginas.

Recuerdo cuando Manolo me leyó por primera vez a Perse. "Puertas abiertas a las arenas, puertas abiertas al destierro". Afuera hacía frío. Siempre que él leía poesía afuera hacía frío, como si los sentimientos de otros surgiendo de su voz entonada produjeran alguna ruptura térmica entre el cálido interior y el exterior incierto. Traspasaba, supongo que de modo consciente, el seguro umbral de lo ordenado y lógico que se afanaba en ese tiempo por desentrañar escondido en categorías gramaticales y estructuras binarias, y abría las puertas a las arenas, sin normas conocidas, sin senderos marcados que guiaran nuestros pies; criaturas forzadas a inventar certezas y transitarlas en soledad. Mi maestro tenía entonces 45 años y yo era un poco mayor de lo que ahora es mi hija.

En esos días de mis veinte años sentía su modo de decir extrañamente cercano, como si viviera en un ensayo de platonismo y él fuera despertando ecos que hubieran precedido a mi nacimiento, a pesar de que sus palabras fueran desconocidas para mí. Hablaba de sueños con praderas llenas de caballos galopando sudorosos en pos de los búfalos; de tormentas que rasgaban el cielo y la tierra; de chamanes que veían transparentar los sastunes y con ello conocían todas las cosas; de hombres y mujeres amerindios que se empeñaban en seguir sus tradiciones en presentes cambiantes y convulsos. Le esperaba en el pasillo que iba a su despacho de la facultad como una colegiala. Y el pasillo era el río de Heráclito, siempre fluyendo.

Ignoro aún qué era lo que yo quería comprender. Solo presentía que todo lo que en mí comenzaba no era más que el retomar de un punto y seguido, acotaciones y rodeos a una idea que no podía expresar y que veía manifestarse en sus síntomas. Arrastraba, pues, una aflicción sin nombre. Y, como aquellos enfermos que permanecían en los cruces de caminos en espera del sabio que diera con la fuente de mi mal, pacientemente le aguardaba en aquel pasillo.

Aflicciones sin nombre

En la Navidad de 1960, el Atlántico se encrespaba en torno a un paquebote que hacía por última vez un recorrido largamente explorado. Tantas veces había sido surcado ese mar en ambas direcciones, de Este a Oeste y viceversa, siguiendo las corrientes propicias, que un observador atento podría haber descubierto las imperceptibles trazas de los motores por el rastro de los combustibles y, antes, el flotar de pedazos de madera o de velamen. El ir y venir de los barcos durante siglos, como diligentes arañas tejiendo infatigables en busca de un apoyo a sus telas, habían hecho casi sólido el camino, de tal modo que los habitantes de uno y otro lado sentían pisar una contigüidad de suelo firme en una ruta por la que trasladar el oro, las huestes, la carne, las sedas y el algodón, contingentes de esclavos y de trabajadores asalariados, la dulce caña del azúcar.

Han pasado más de cincuenta años y todavía mi hermana recuerda el rugido de la tempestad que iba acercando a mi familia a las costas de Galicia, cerrando un círculo plagado de circunvalaciones que se remontan más de un siglo y que seguían una inercia sin fin.

Aquel barco que atracaba en el puerto de La Coruña sería durante mucho tiempo el último transporte de viajeros por mar que uniría los puertos españoles y los cubanos, el símbolo de la ruptura a hachazos con el pasado. A partir de entonces, la voracidad de los mercados emplearía su superficie en otros viajes más rentables y menos peligrosos y alojaría a otros huéspedes que no tuvieran necesidad de esconder su huida camuflando el exilio entre cordiales palabras de reencuentro, pues nadie debía saber que el camino no tendría retorno. Si algún momento es relevante en mi vida, sería este en el que aún yo no existía y que me convirtió en un humilde insecto que quedó atrapado en la telaraña de la memoria que une América con España; que fue alimentado con siniestras y maravillosas historias de matanzas, peligros, bellezas y melancolía infinita y que, a la postre, fue abandonado a su suerte, atontado y hambriento.

> Con las manos más desnudas que cuando nací y los labios más libres, con el oído atento a esos arrecifes de coral donde yace el lamento de otra edad,
>
> Heme aquí restituido a mi orilla natal... No hay más historia que la del alma, no hay más holgura que la del alma.
>
> Con el aquenio, el anófeles, con los rastrojos y las arenas, con las cosas más frágiles, con las cosas más vanas, la cosa simple, esta cosa simple, la cosa simple que está ahí, en el declinar del día... [...]
>
> ¿Pero qué es eso, oh, qué es lo que de pronto falta en todas las cosas?

Manolo nos enseñó que escribir desde España sobre América no era hacerlo desde cualquier otro lugar. No es posible hablar solo de exotismo o de la morbosa relación entre los torturadores y sus víctimas. No es posible hacerlo utilizando únicamente las herramientas y los conceptos que otros antropólogos anglosajones diseñaron, con su propia vivencia de lo exótico y de las relaciones de dominación, para otros lectores también anglosajones. Hablar de América desde España es hablar desde los cuerpos emigrados que esconden almas desterradas, desde la incomprensión manchada de certidumbre, de lo que fue y ya nunca más será: de lo que hay de otro en el nosotros.

Quizás él sabía, como Gabriel Albiac,

> que la vida de verdad está siempre en otro sitio, lo aprendemos pronto. Aprendemos a sospecharlo. Es lo primero que se sabe de esencial en una vida de hombre: que allí donde nos reconocemos, allí no estamos; que allí donde decimos ser, no hay sino sombra que decimos nuestra.

Por eso escogió, y ayudó a otros a escoger, un camino alejado de todos los hogares, donde, despojándose de la historia de su estirpe, podía lavarse los ojos en otras aguas limpias que le permitieran ver como solo se puede ver cuando la mirada viene devuelta desde lejos. Muchos elegimos con él habitar el exilio, vivir en la extrañeza, apostar siempre por el caballo perdedor, orgullosos por la dignidad de la derrota, fascinados por el modo que tenía Manolo de conocer, con la piel y los huesos, con la voluntad y la conciencia, pero también con el inconsciente y el azar casual de unos pensamientos junto a otros.

Así, la mujer que hoy soy fue amasada con su sal y su levadura. Yo puse la harina que traía de casa en un saquito cosido con retazos de ideas, de emociones, de lecturas, de pasado huido, y él me fue modelando con la generosidad de un hombre que se desbordaba como la masa del pan contenida en una artesa, como si precisara de esa trama de madera para no perderse en la inmensidad, tan profunda que si le miraba a los ojos me caía dentro. Ojalá el destino me permita continuar muchos años resbalando por su mirada, disfrutando del don de su amistad bajo el techo de su casa de vidrio en las arenas.

Ares, mayo 2015

El hombre –casi siempre– tranquilo y las pláticas amerindias

Julián López García

Recuerdo perfectamente el adjetivo que empleó, "deliciosa", para referirse a la película que él acababa de ver, *La ruta del tabaco*. Era en los primeros años 80, en una de aquellas clases de Religiones Indígenas Americanas. Trajo a colación esta película para apoyar la idea de una singular dignidad que transmiten todos aquellos que, no ocupando la centralidad política ni social, defienden sus pequeños lotes, sus referentes ideológicos —sus estilos de vida, en fin—, por muy excéntricos o silvestres que les puedan parecer a otros.

Hace poco tiempo volví a escuchar a Manolo hablar de la dignidad de los pueblos indígenas, de cómo se está socavando, de cómo se está aniquilando su mayor patrimonio. Se refería en esta ocasión a los shuar, aquel pueblo hermosamente altanero que él llegó a conocer y que, según iba sabiendo ahora, estaba siendo despojado y achiquitado… Se encendió Manolo mientras hablaba. Verlo encendido, una experiencia que he tenido la fortuna de vivir algunas veces, es algo parecido al disfrute de ver el torrente desbocado. Pero, como el John Wayne de esa otra película deliciosa que John Ford dirigió poco después de *La ruta del tabaco*, *El hombre tranquilo*, son pocos los momentos de furia. Lo habitual es verlo como los arroyos calmos y cristalinos, lo frecuente ha sido ver a Manolo como casi siempre estaba en esa película John Wayne, como un hombre tranquilo.

Me aseguro de que uso bien el adjetivo; tranquilo: "Dícese de la persona que se toma las cosas con tiempo, sin nerviosismos ni agobios, y que no se preocupa por quedar bien o mal ante la opinión de los demás". O sea, que, finalmente, ser tranquilo es ser libre. Desde luego los complementos ayudan. Así, la pipa ayuda a entender la placidez del diálogo; la Montblanc de tinta gruesa, que parece escribir sola y ayuda a entender el sosiego y la magia de la escritura; el reloj de bolsillo que siempre da la sensación de marcar el tiempo de forma más pausada; o, en fin, cómo la pajarita ayuda a pensar en cierto modo de aristocracia atemporal. También algún fetiche: el ojo de cristal de la máscara de Pedro Alvarado —o de Tecún Umán— que le regalé hace más de 25 años, que cayó en algún momento y comenzó habitar en su cartera y que, acariciándolo, le ha ayudado a pensar en cosas varias, cosas del estilo de cómo pulir una piedra.

La tranquilidad, la atmósfera plácida en la que ya el único humo es el sabroso de su pipa, ha imperado en todas las múltiples reuniones que ha convocado, en los debates intelectuales con la academia antropológica, en la magistral provocación docente a sus estudiantes, en los seminarios "indisciplinares" (como le gusta decir, más que interdisciplinares) con filósofos, fotógrafos o psiquiatras; incluso en sus acercamientos a la burocracia académica y política. Es un arte suyo, pero también una actitud; algo que viene de nacimiento, pero también es algo que provoca instituyendo un estilo genuino para la conversación; "el estilo Manolo", podríamos decir: algunos pequeños rituales para hacer plácida la atmósfera (pasearse por la sala, jugar con las pinzas de la pipa, proyectar para todos, mientras hablamos, un carrusel de cuadros desde su ordenador); generar una manera de exposición sin protocolo dejando que cada quien use los tiempos y las formas según su criterio; y provocar un tipo de debate donde las críticas, los cuestionamientos o los apoyos argumentales —orientados casi siempre por Manolo— están teñidos de complicidad intelectual y emotiva. Y, siempre, con el reloj boca abajo. Por eso, quizá, a Manolo no le gustan los congresos, porque no se puede poner en juego ninguno de los requisitos que ha forjado para su estilo de conversatorio.

Como de estos debates y de estas maneras de hablar y estar en conversatorios habrán sido conocedores muchos de los que leerán estas páginas, no quiero insistir sino dedicar unos párrafos a sus maneras de hablar con otros, con aquellos otros que han dado sentido a su carrera, los indígenas de América o los "amerindios", que, sin ser un término patrimonial suyo, sin duda es Manolo responsable de su uso generalizado.

Desde luego fueron muchos los contextos en los que habló con ellos allí: en Yucatán y Guatemala, en la Amazonía ecuatoriana y peruana, en el altiplano peruano y ecuatoriano... Quienes fuimos sus estudiantes imaginamos a partir de relatos y anécdotas sus maneras de hablar con ellos. Hemos conocido por distintas sendas sus conversaciones allí con, por ejemplo, Honorato Tenesaca, un quechua de los Andes ecuatorianos; a Shakaima, un shuar de la cuenca amazónica en el Pastaza; o a Plácido Poot, un maya yucateco de México. Y conocimos conversaciones extrañas que mantuvo con ellos: cómo durante su primer trabajo de campo en América, en el año 1974, una noche se rompió el silencio con un prolongadísimo alarido. Cuando al día siguiente le preguntó a Honorato, este le dijo: "Ese es un alma en pena, *doctorsito*". Le enseñó así que hay cosas y cosas, y que el oficio consiste en distinguirlas y entenderlas. Por la misma época, Shakaima, a través de un joven shuar que sabía castellano, le hizo la pregunta que más le interesaba: "¿En qué árbol maduran los metales?". Le enseñó así a no ignorar la gravedad de nuestras diferencias y de su poder. Bastante tiempo después, y durante varios años y muchas horas, Plácido Poot le fue enseñando cosas muy importantes sobre la forma, sobre el valor estético y moral de la conversación, sobre la retórica como virtud social. Quizá fueron ellos quienes hace 40 años le enseñaron a ser un hombre tranquilo —y furioso a veces—, o quizá lo traía de nación.

Pero en algún momento consideró que su deseo de darles voz debía encaminarse a dársela aquí, en España, y sin que él fuese intérprete. Se empeñó para que hablasen aquí como quisiesen, como supiesen, con la misma libertad que ha dado al habla de tantos investigadores. Y esos indígenas que trajo se integraron en el clima especial que envuelve el humo de su pipa. Manolo desde un principio organizó sus presencias para darles voz en espacios no marginales y en eventos que no implicasen una voz indígena colonizada por ciertos poderes políticos o por ciertos activismos ávidos e insensibles. Darles voz en ámbitos de libertad y dignidad. Eso quiere decir que del mismo modo que apoya, incluso encendiéndose, las maneras diversas de ser indígena, puede hacer notar su disgusto cuando ve a muchos indígenas aquí y allí fascinados por cantos de sirena occidentales.

Gracias a esas llegadas de indígenas he tenido la suerte de disfrutar de un tipo de diálogo protagonizado por Manolo que no conocía: lo había visto hablando tranquilamente con estudiantes que se familiarizaban con él con suma rapidez, con todo tipo de intelectuales y políticos que quedaban encantados con sus manera y su fondo..., pero hasta entonces no lo había visto hablando con indios. Como en otras situaciones de interlocución, hay en Manolo algo admirable: el respeto a los interlocutores lejos de la de corrección política y fiel a su estilo; ese respeto a los indígenas hace que con la misma tranquilidad, con la misma libertad, hable con ellos y con nosotros.

Sin duda la oportunidad de traerlos fue posible desde su posición de director del Aula Bartolomé de las Casas de la Casa de América de Madrid, una de cuyas actividades fueron los seminarios llamados Diálogos Amerindios: así pudo invitar desde productores indígenas de café a chamanes, desde mujeres activistas a poetas... Resulta llamativo, anonada a veces, ver con qué pasmosa naturalidad, con qué tranquilidad —en ese sentido de libertad— habla de poesía con Humberto Akabal o con Natalio Hernández, atento a las explicaciones y sugiriendo o cuestionando como siempre ha hecho Manolo, tratándolos como iguales. Igualmente, cómo hablando con Tarcila Rivera Zea consigue un ambiente de complicidad emocional que nos puede trasladar a todos, por ejemplo, a los años duros de la guerra en Ayacucho. Un traslado más que retórico, pues ese modo de dialogar consigue que se pueda hablar desde lo más profundo del intelecto, a veces, y desde lo más profundo del corazón, otras.

Una nueva ocasión de darles voz en España se presentó años después, gracias al programa de visitantes de la Fundación Carolina, que permitió la llegada de 50 diputados indígenas. En esos encuentros con diputados, que organicé junto a Manolo, tuve también ocasión de verlo hablar con indígenas de manera informal.

Así pude seguir un diálogo, sin impostura, sobre "aparatos para mirar en la oscuridad". Este fue el tema de una fascinante conversación entre una diputada aymara boliviana y Manolo en un viaje en autobús desde Madrid a Mérida. Según la diputada, sus "hermanas ashaninkas" le habían pedido ese aparato y preguntaba a Manolo dónde lo podría conseguir, y a partir de ahí se inició una conversación alucinante sobre las utilidades de mirar en la oscuridad. En otra ocasión hablaban con interés recíproco otra diputada quechua peruana y Manolo sobre hongos alucinógenos; hablaban de cómo algo tan chiquito puede provocar esas visiones tan increíbles: Hilaria reía y Manuel la seguía con complicidad. La diputada Hilaria Shupa le preguntaba a Manolo si la risa, cuando se ingieren hongos, tendría el mismo valor que la risa "cuando uno está sano", y Manolo, mientras movía su pipa, contestaba que todas las risas tienen valor, aunque diferente, y ella pensaba lo mismo: no es que la risa o el enfado en la borrachera no se deba tomar en cuenta, sino que hay que tomarlos en una cuenta diferente…

En otra ocasión, varias diputadas indígenas que habían dormido en la hospedería de Guadalupe nos confesaron al despertar que no habían podido dormir, que se levantaron a media noche para rezar porque veían como gente en su habitación. Ese fue otro de los diálogos fascinantes: Manolo quería saber cómo eran esos fantasmas y ellas los describían con precisión: eran como los monjes que habíamos visto pintados en el claustro. Nuevamente sin impostura y moviendo las tijeras para limpiar su pipa, Manolo volvía a preguntar y también respondía a sus preguntas de por qué nosotros, que teníamos habitación al lado, no habíamos visto a los fantasmas. Porque Manolo pregunta y responde con el mismo respeto y desparpajo: igual que contagia, se deja contagiar. En una de las primeras visitas al monasterio de Guadalupe con otros diputados indígenas, esperábamos para rodear la hornacina donde está la Virgen. Manolo y una diputada indígena nicaragüense, sandinista para más señas, hablaban sobre la Virgen, comentaban detalles sobre su rostro, su corona… Pasaron santiguándose una y otro… Ella comenzó a llorar al salir y Manolo la acompañó con un sentimiento real, sin impostura.

Pero la marca de hombre tranquilo la viví expresamente en la primera de aquellas visitas de diputados. Entre los actos programados había un almuerzo protocolario con patrones de la Fundación y con representantes políticos, algún secretario de Estado y una directora general, entre otros. Tres de los diputados habían estado conociendo la noche madrileña y, sin dormir, habían acudido al restaurante a las 11 de la mañana, tres horas antes de la fijada. Allí, según me confesó el dueño del local, pidieron una botella de vino "cosecha 2003", una botella de *whisky* y una hielera, y también una cajetilla de cigarros. Me llamaron del restaurante a la una de la tarde, cuando yo ya los estaba buscando por todos lados: estaban allí. La tranquilidad me duró hasta que los vi: un cenicero lleno de colillas con ceniza sobre el mantel, varios vasos medio vacíos de vino y *whisky*, uno de los diputados dormido sobre la mesa… Todo eso no solo a mi vista, también a la vista de los patrones de la Fundación y de los representantes políticos. Yo me quería meter debajo de la tierra. Le pregunté a Manolo que qué hacíamos: "Nada", me dijo. Fue comentando a los patrones, con naturalidad, cómo son algunos tipos de borrachera indígena y que lo mejor es dejar que se expresen… Manolo fue a hablar con ellos removiendo la boca de pipa con las pinzas y les dijo que podrían hablar como estaba previsto en el protocolo de presentaciones. Hablaban de más cosas, incluso reían; yo de lejos imaginaba hasta incidentes diplomáticos. No puedo repetir lo que dijeron esos diputados en aquella presentación —alguno con el vaso en la mano, otro con el cigarrillo en la boca—, lo cierto es que dijeron lo que quisieron… Pero, como si el humo de su pipa tuviese poder narcótico, se ganó la confianza y comprensión de unos anfitriones alucinados y de unos diputados borrachos fuera de contexto. La tensión devino en risa. El estilo de la conversación tranquila, una vez más, ganaba.

Almodóvar del Campo, mayo 2015

La palabra y el gesto

Pedro Pitarch

Lo que mejor me recuerda a Manolo es *Marca de agua*, el breve libro que Joseph Brodsky dedicó a Venecia. Lo leí mucho después de que los dos —Manolo y yo— pasáramos algunos días en la ciudad dando un curso en la Universidad Ca' Foscari, en su sede de la isla de San Servolo, en mitad de la laguna. Sobre todo recorrimos la ciudad, evitando el centro ocupado por las muchedumbres y paseando por el resto de callejuelas, *campi*, puentes y barrios, que se encontraban asombrosamente solitarios, pese a que estábamos en plena temporada turística. De aquellos días retengo dos imágenes, dos instantáneas de Manolo que para mí sobresalen por encima de las demás y que —aunque no sepa exactamente por qué— resumen su persona. En la primera, Manolo está sentado en la cubierta del *vaporetto* que nos lleva a la isla de Torcello, con el fondo de la laguna envuelta en el siroco húmedo del verano adelantado. Unos asientos atrás, un joven turista con aspecto de europeo septentrional se dedica durante el trayecto a dibujar un boceto. Entre todas las posibilidades del viaje, lo que elige esbozar es justamente a Manolo: su perfil, su sombrero, la solapa de su chaqueta, su pipa apagada... Una escena de otra época, o mejor, como Venecia misma, fuera de época. Brodsky: "Constituidos en parte por agua, servimos a la belleza del mismo modo. Al rozar el agua, esta ciudad mejora la apariencia del tiempo, embellece el futuro. Ese es el papel de esta ciudad en el universo. Porque la ciudad permanece y nosotros nos movemos. Porque nosotros partimos y la belleza queda. Porque nosotros vamos hacia el futuro, en tanto que la ciudad es eterno presente". Quizá por eso Venecia y Manolo para mí están tan unidos, porque la ciudad en cierto modo resume el signo del esteta. Y quizá también el paso del tiempo, del nuestro.

Desde luego, Manolo es un destacado pensador y un magnífico maestro, pero yo creo que, por encima de todo, es un esteta. Este es el ideal que rige su actividad académica y magisterial, y, en general, toda su vida. Es la actitud y sensibilidad de aquel para quien todo aquello que es deseable, es decir, verdaderamente importante (ningún valor en la renuncia aquí, pues), se encuentra en la superficie y en el detalle, no en las profundidades. Ahora que lo pienso, es una pequeña ironía que, cuando estábamos planificando la escritura de un libro experimental que se llamó *Según cuerpos. Diccionario de uso etnográfico* (el título, claro, es suyo), adjudicamos por sorteo los títulos de los cinco capítulos que cada uno de nosotros debía desarrollar, todos relacionados con el cuerpo humano, y a Manolo le tocó precisamente "Interioridades". Aunque el libro no tenía propiamente argumento, Manolo dedicó la mayor parte de su texto a resaltar la importancia de la interioridad, de lo oculto, como fuente de atracción. Mas, a decir verdad, su modo de mirar la interioridad se fija en los aspectos superficiales, por así decir, la forma del fondo. Lo que le importa de lo "importante" es lo aparentemente, solo aparentemente, "accesorio". Con razón a Manolo le gusta tanto la frase —atribuida a muchos, entre ellos a Flaubert y a Warburg— de "el buen dios está en los detalles".

Le interesa el arte, y también la moda y la gastronomía. Para Manolo, estas últimas no son, por supuesto, actividades frívolas, sino algo serio, lo más serio que quepa imaginar. Como Mallarmé, podía haber dirigido una revista de moda o quizá una culinaria, o ambas. Desde luego le cautivan las modelos y la buena comida. Como quiera que sea, se ha dedicado a la antropología, y esta también la ha practicado como un esteta. Aunque ha abrazado varias corrientes teóricas sucesivamente, algunas por bastante tiempo —como el estructuralismo de Lévi-Strauss— y otras más brevemente —como el postmodernismo etnográfico (lo más seguro es que esto último no lo quiera reconocer)—, pienso que la consistencia teórica es para él una preocupación menor ("La consistencia —escribió Oscar Wilde, expresando el sentimiento del esteta— es el último refugio de los sin imaginación"). Si es que esta distinción tiene sentido, lo que le atrae es la forma, no la substancia. Sus juicios más severos son, sobre todo, juicios sobre el gusto. Quizá uno de sus trabajos más genuinos —en el sentido de que mejor expresa sus intereses— sea un breve ensayo publicado en *Revista de Occidente*, titulado "El estilo de la civilización amerindia". Lo que define, o, mejor, hace reconocible las culturas indígenas americanas es no una supuesta substancia, sino un cierto estilo de pensar y hacer las cosas. Este no es desde luego el primer trabajo que caracteriza la cultura como un "estilo de vida", pero la ventaja que parece encontrar Manolo en la idea de estilo es que es aquello que permite precisamente la imprecisión: el estilo tiene "unas fronteras difusas y consiente variaciones múltiples" y la "percepción impresionista le hace resistente a los análisis positivistas y prolijos".

Lo prolijo es indeseable. Manolo no practica las formas largas de escritura ni mucho menos los tratados. Sobre todo últimamente, sus escritos tienden a ser breves y con interpolaciones y fragmentos variados, por ejemplo, de correspondencia. En general, son trabajos sin un argumento sostenido de principio a fin: más bien bocetos, iluminaciones, que una pintura acabada. Tiende a rehuir el aparato que caracteriza la escritura académica y su pesantez: la demostración, la citas, las definiciones, la bibliografía... Ninguna sombra de lo completo. No hay manera de convencerle de que publique una selección de sus escritos, de otro modo dispersos, aunque no debemos perder la esperanza.

Tal vez por ello, donde Manolo brilla incomparable es en la presentación y el lenguaje oral: la lección, la entrevista, el coloquio, la conferencia; es aquí donde se encuentra en su elemento, donde verdaderamente logra expresarse. Esta es la versión corporal de la persona que los indígenas mayas llaman *winkilel*, algo así como un "cuerpo-presencia": un cuerpo para ver y, sobre todo, para ser visto. El gesto, el vestido, la entonación, el movimiento de las manos. Pese a lo que pudiera parecer, es justamente lo contrario de interpretar un papel, de "impersonar". "Impersonar" es un acto de mímesis, la exageración de algunos rasgos a expensas de otros, una suerte de abstracción que facilita el mantenimiento de las convenciones sociales. El proceso inverso consiste en "expersonar", un esfuerzo dirigido a desarrollar la originalidad, la singularidad de lo existente, una actitud que tiende a desestabilizar las convenciones sociales. Se trata de una especie de pérdida de la personalidad que es, por así decir, la realización más elevada de la individualidad. Tal vez fuera eso lo que le atrajo del mundo indígena americano. Unas poblaciones en las que el imperativo de la contención corporal y el cultivo del gesto representan el logro personal, estético y moral, más estimado. (Aunque Manolo estuvo a punto de hacer trabajo de campo en el norte de África, la verdad es que no le imagino entrevistando en un bazar o en un mercado de camellos. Quizá la cultura japonesa tradicional es donde más hubiera disfrutado, pero, por algún motivo, tampoco le imagino aprendiendo japonés).

Quienes hemos tenido la suerte de asistir a sus clases difícilmente podemos olvidar su estilo de enseñanza: un ejercicio donde toda la atención se obtiene mediante la seducción. Esto es algo que siempre me ha llamado la atención: no hay coerción en ellas ni ninguno de los resortes que caracterizan el ejercicio del poder escolar. Ni siquiera el peso del argumento juega un papel decisivo. Su estilo de enseñanza es permisivo, dirigido a persuadir mediante el dato, el gesto, la empatía, el incidente expresivo, la anécdota personal (solo de vez en cuando un toque de atención al estudiante demasiado extraviado en su intervención). La clase o el seminario se convierten así en un escenario donde uno puede permanecer relajado, indefenso, atento sin esfuerzo. Se necesita una gran seguridad en uno mismo para poder hacer esto. Su temperamento es hiperbólico, formalista, nunca estridente, nunca vulgar, intelectualmente generoso, con una aguda conciencia de sí, radicalmente individualista, apasionado y a la vez indiferente (espero que todos estos adjetivos le interesen, aunque solo sea porque hablan de él). Y si bien estoy procurando evitar que la primera persona del singular proyecte su desagradable sombra sobre estas líneas, no puedo dejar de decir que le considero mi maestro. Ojalá mi retrato —mi boceto— se encuentre a la altura de su exigencia, esto es, de su gusto, pues, incapaz de devolverle todo lo que de él he recibido, al menos trato de retribuir en la misma divisa.

Manolo demuestra un enorme apetito por saber, mas no se trata de acumular un conocimiento útil, con algún propósito, sino de conocer por el gusto de conocer, el conocimiento guiado por la curiosidad: el conocimiento como actividad intransitiva. La importancia de este tipo de ejercicio reside precisamente en que no sirve para ningún fin inmediato, en su naturaleza improductiva. Esto es algo que es fácil experimentar en sus clases y seminarios: el pensamiento y la especulación como un fin en sí mismo: una atmósfera provisional y precariamente ganada al utilitarismo, la urgencia y la inmediatez de la vida académica contemporánea. Su magisterio es la imagen de la sentencia palmaria de Lévi-Strauss, la cual debiera estar grabada en el frontón de cada facultad: "La sociedad debe todo a la universidad, pero la universidad no debe nada a la sociedad". Manolo defiende sus opiniones, que son evidentemente sus gustos, con una cierta vehemencia, aunque es una vehemencia sostenida con ligereza, a veces más para permitir —como en el ejercicio clásico de la retórica— la conversación y el argumento. De hecho, con la suave seguridad con la que sostiene una idea o una opinión puede sostener algo muy distinto y hasta opuesto poco tiempo después. Lo que proyecta su presencia, su "expersonación", es ligereza.

Brodsky de nuevo: "Es como si el espacio, consciente aquí, más que en ningún otro sitio, de su inferioridad respecto del tiempo, le respondiera con la única propiedad que el tiempo no posee: con la belleza". La segunda imagen vívida de Manolo en Venecia pertenece a nuestra visita al cementerio de la isla de San Michele, justamente el lugar donde había sido enterrado dos años antes Brodsky, aunque yo no tenía ni idea de ello. Al desembarcar del *vaporetto*, unas palomas han ensuciado la chaqueta blanca de Manolo —"ratas voladoras", murmura—. Para ser el cementerio un destino tan turístico, está prácticamente solitario, y no paseamos por la sección de las familias venecianas, sino de los muertos extranjeros ilustres. Sin buscarla expresamente, nos encontramos con la tumba de Stravinski. Manolo toma prestada una flor mustia que se encuentra en el suelo, la deposita sobre la lápida del compositor y permanece sin moverse un buen rato en silencio.

Río de Janeiro, abril de 2015

Bordado santanderino

Guiomar Alonso

Hermoso bordado que ilumina el muro con sus aires decimonónicos en hilos de seda blanco pastel y trazos amarillos. Frufrú de las enaguas de la nana y el placer de pensar el mundo. Silencio y calma en el despacho de Manolo, bajo la amable mirada del bordado santanderino. Reino de las palabras, al que acuden numerosas para tomar forma y encontrar expresión. Se acumulan en viejos libros, aunque cada vez más en las tripas digitales de una gran pantalla.

El mago de las palabras, hechicero erudito y excéntrico, las saca de paseo, las ordena y, sin temor a los alambicados giros del pensamiento, las coloca en orden cuasi matemático, poético, ¡zas! Fogonazo barroco que dibuja los contornos del mundo con intensa y prístina claridad. Libertad última de destripar la complejidad y hacer existir retazos de realidad vestidos de palabras. Ahí se quedan los marcos teóricos, las citas y la bibliografía. Son muchos los años de pensar el mundo y los humanos y darle nuevos sentidos desde este reino secreto presidido por el bordado santanderino. Bien sea sobre sus homólogos yucatecos *h'men*, bien sea sobre el cuerpo y sus narrativas, las emociones, la construcción del yo, del otro y de las identidades, alteridades, lo que entra y sale del cuerpo de hombres y mujeres, somos varias generaciones tocadas por la belleza de sus palabras.

Manolo nos ha enseñado a pensar, a entender y, lejos de lógicas freudianas, a entendernos. Estamos marcados por su don secreto de ver el mundo más allá de lo obvio, por la estética de su análisis. La magia con la que Manolo maneja las palabras convierte su tremenda erudición, construida con tesón a lo largo de tantos años, en un hermoso romance que hechiza una clase de universitarios desavisados o los asistentes de una ponencia en Galicia sobre eso que la UNESCO llama "patrimonio inmaterial". Su capacidad de seducción, sus gestos, mímica, onomatopeya, son singulares, únicos, irrepetibles, hermosos, tanto como el bordado de seda. La complejidad de su pensamiento y de su escritura se ha tejido bajo las esmeraldas de Alcina Franc, Villa Madero, Trujillo, Villahayas y los pinos de Arturo Soria, al hierro de las espadas de los mosqueteros Alba, Gossen y Portilla, la infinita complicidad de Ina, una variada panoplia de tocados, sombreros y gorras y, en estos últimos años, los proyectos compartidos con el grupo de estudios de etnología americana.

Hace poco tiempo me contaba, con ligero deje de tristeza, que el Departamento de Etnología y Antropología de América desaparecía, y que ello coincidía en su propia biografía con su salida de la universidad. Siempre he apreciado su distancia crítica con los avatares de lo cotidiano y de la vida pública. Imponderables, pero secundarios, como los brazos cuando se duerme. Necesarios, pero molestos, pero en el fondo inútiles, pues soñar es lo que importa, aunque para ello hagan falta brazos y dormir. Muchas son las obligaciones de la vida en sociedad, y siempre he admirado la ligereza de Manolo para despacharlas, prestando poca atención a las lógicas y ambiciones convencionales. Brillante, iconoclasta, deliberadamente fuera de cuadro, buscando el sueño y el ensueño del bordado de la niñez santanderina entremezclada con la pasión americana y una pizca de austeridad castellana. ¿Quién si no se fijaría como tarea de vida arrancar un bosque de la tierra?

Con el paso de los años, se decanta por su estrategia de evitar una buena parte de las convenciones académicas y las obligaciones propias de la vida pública. Lecturas infinitas bajo el bordado, eclécticas, sin seguir los caminos ceremoniosos de cómo se considera que se construye el conocimiento. Investigación concebida como intercambios desde la igualdad, buscando lo nuevo, el placer de creer que comprendes —sientes a través la belleza formal— el pulso del mundo y no la reproducción maltusiana de inmensos aglomerados de citas, referencias metodológicas, nuevos (supuestos) postulados teóricos y cuantos más ISBN posibles, que parecen ser los constitutivos de los rituales del conocimiento. Quizás debido a mi propia opción profesional de salir del circuito académico y pasar de las palabras a la acción, la manera Estévez de hacer investigación, construir y transmitir conocimiento me resulta particularmente hermosa.

Discípula algo rebelde, cuestioné hace ya muchos años la utilidad del ejercicio investigador, la vanidad de esas conversaciones y las limitaciones de ese extraordinario saber para transformar una realidad que cada vez se me aparecía más injusta. Sentir con los sujetos cuyo comportamiento y palabras se describe, analiza, interpreta y se gana uno la vida escribiendo y publicando me resultaba egoísta, insatisfactorio y, de nuevo, injusto.

Todavía hoy Manolo se sonríe con socarronería ante mi empeño, ya menos juvenil, de cambiar el mundo. Sin embargo, hubo un año intenso y divertido en el que nos entusiasmó con un proyecto para torcer el curso de la historia. Corría 1990, punto álgido de la entrada de España en la modernidad. Muchos se atareaban en celebrar el V Centenario del Descubrimiento de América, AVE, vías rápidas, monedas en oro, exposiciones universales, juegos olímpicos... En este contexto de exuberancia, Manolo recibió el encargo de pensar, pero sobre todo de producir y entregar, una nueva manera de contar las relaciones entre España y las Américas. Se trataba de asegurar que el Museo de América abriera sus puertas en octubre de 1992, tras ocho años de obras. Un museo deslumbrante, en la avenida de los Reyes Católicos, con piezas únicas del pasado americano y, ante todo, que reflejara esos 500 años de viaje de ida y vuelta. Un encargo un poco pirata, clandestino, pero bien real y dotado de fondos, que nos llevó a crear un comité internacional al que asociamos museos americanos para pensar juntos esta nueva narrativa Richard y Sally Price, del Museo de Historia Natural de Nueva York, Miguel León-Portilla, del Museo Nacional de México, y otros. Dejé el doctorado en Albany, volví a Madrid, y empezamos a negociar acuerdos para el intercambio, reproducción y préstamo de piezas. El hilo conductor del futuro museo se desplegaba con una fluidez pasmosa, como si no hubiera hecho otra cosa en su vida que contar historias y hacer museos. Un genio de la museografía, nueva generación de los escenógrafos de exposiciones, sacaba del sombrero propuestas para representar esta narrativa de formas sobre la historia de América y España. Intensos y productivos meses que se vieron truncados con un manifiesto de protesta contra el uso por parte de la aviación norteamericana de las bases militares españolas en una incursión guerrera. Todos saltamos por los aires y el museo no se abrió en octubre del 92. Ahí se acabó el sueño. De nuevo, ligera tristeza, rabia domesticada y vagas evocaciones de escribir un libro de lo que pudo ser y no fue. Manolo jugaba con esa idea, pero regar árboles y convocar palabras bajo el bordado Santanderino con escapadas a Trujillo volvieron a ser el centro de interés. La aventura del Museo de América se quedó en eso, en un intento truncado de influenciar el curso de los acontecimientos, iterando la futilidad de los esfuerzos ligados a la cosa pública. Truncados también fueron los esfuerzos por consignar el sueño. El libro del museo que pudo ser y no fue; no se llegó a escribir, como tantos otros artículos o historias. Pero, como diría Manolo, eso no tiene importancia. Lo que importa es el estilo, la compasión y la elegancia. Ética del placer de pensar el mundo bajo el bordado santanderino.

París, abril 2015

Por encuentros en campos y tarimas

Sobre huacas, guardianes y ventanas

Carmen Bernand

Desde aquel día ya lejano, en que a Manolo y a mí se nos apareció la huaca de Santa Cruz de la Sierra, en Extremadura, no volví a ver ninguna hasta 2012, un año particularmente difícil para mí. Fue en Sérifos, donde desembarqué al final del verano, huyendo de Atenas, devastada por la crisis. Siempre me gustó trepar por las rocas, quizás una reminiscencia de una vida anterior en que fui cabra. Ese atavismo me llevó al Kastro, desde donde partía un sendero de tránsito difícil que subía hasta una capilla lejana, al borde de una cuchilla. No pude resistir a la invitación que me ofrecía esa traza, a pesar de la resolana; anduve bastante hasta alcanzar el pequeño santuario abandonado y blanco. Desde allí un nuevo paisaje apareció, mineral y desolado, "agrio", es decir, "salvaje" en griego, y no me animé a seguir. La excursión solitaria terminó bien, porque regresé al Kastro, y mal, porque me produjo un malestar que necesitó algunos productos farmacéuticos e infusiones de hierbas locales. Claro, no se podía ir al santuario de Profitis Ilías fuera de las fechas canónicas. Replegué velas, metí violín en bolsa, llamándome a sosiego, y me dediqué a la playa.

Pero quizás no se necesite subir por las "temeridades", como decían los campesinos de Pindilig, para descubrir huacas e intersticios extraños que pueden conducirnos a otros caminos. Esto también lo aprendí con Manolo en Nueva York, hace mucho tiempo (los años 90), cuando Salomón, presente en un aviso, nos llevó hasta Weber (Max), es decir, a un edificio del West End abandonado pero no destruido, donde un sillón majestuoso, pero desgastado, parecía esperarnos. Recordando los paseos con Manolo, propongo otros posibles que merecerían, por su banalidad extraña, despertar nuevas vocaciones antropológicas.

Llegué bastante malhumorada a la Rue Aux Ours —ojo, que no se trata de *osos*, sino de una deformación de *oies*, es decir, 'ocas'— una mañana parisina fría y gris, en pos de una dirección sacada de Internet, concerniente a un curso de "concientización", obligatorio y caro, para poder recuperar cuatro puntos perdidos de mi permiso de automovilista. Entré en lo que parecía un hotel francés banal y más bien mediocre. El portero me indicó con un gesto brusco unas escaleras estrechas, porque para los del curso no había ascensor. Empecé a subir —el síndrome de la cabra se despertó—, pero, después de la primera planta, un recodo me llevó a un templo egipcio. Cambiaron las gradas: se ensancharon y se revistieron de mármol, pasando entre columnas y estatuas —recuerdo el Horus majestuoso—, un trayecto desconcertante hasta la cuarta planta, donde por fin encontré la sala de "concientización". Debo reconocer que ese recorrido egipcio me quitó la bronca de los puntos. Mis otros compañeros de infortunio no habían notado nada extraño en ese edificio, salvo uno, de pelo blanco, que me dijo en voz baja: "Nous sommes entrés dans une secte". Gracias a los dioses venerables, recuperé mis puntos y no me aburrí. A los egipcios volví a encontrarlos en Buenos Aires, en 2014, nada menos que en Barracas, barrio obrero empobrecido, pintados sobre el muro de un depósito de "colectivos" por un artista desconocido, que había plasmado en ese lugar desangelado un fresco magnífico en homenaje a Isis, Osiris y Einstein, encarnado en la fórmula de la relatividad.

En Vouziers, un pueblo de las Ardennes, los egipcios son desconocidos, *inconnus au bataillon*, y tampoco los autóctonos saben explicar la presencia del energúmeno chamánico tallado junto a la puerta de una iglesia del siglo XV. Claro está que es muy difícil verlo, porque la luz es mala y los contornos de la talla se desdibujan. No sé si el danzante es una especie de fauno o un sacerdote celta incrustado en la piedra, pero me siento muy honorada de que haya querido aparecerse ante mí aquella mañana en que una luz inesperada me lo reveló. Cerca de allí, en la pequeña Vendresse, la hermosa iglesia de cantería blanca solo se abre para las grandes celebraciones católicas del país más laico del mundo, pero pocos son los que advierten que el templo está dedicado al culto del Ser Supremo instaurado por Robespierre. Hoy, tanto uno como otro son tan insólitos como los egipcios. En París, otro culto que anuncia la laicidad es la casa de Auguste Comte en el número 6 de la Rue Payen, que sigue siendo el templo de la *religion de l'humanité*, cuya divisa es "el amor como principio, el orden como base y el progreso como meta", pero ya es difícil admirar el fresco circular del primer piso con los héroes de la humanidad desde Arquímedes hasta el fundador del positivismo, porque el guardián brasileño se ha marchado o se ha muerto. Un desconocido, o más probablemente una mujer, había dejado un ramo de rosas el día en que pasé por allí.

Los cementerios, como es sabido, son siempre lugares interesantes. Qué decir de Highgate, al norte de Londres, adonde fui en busca de la tumba de Marx, pero me equivoqué de entrada y caí en manos de tres mamahuacas flacas y caballunas que pertenecían a una asociación que se ocupaba de la memoria de los muertos antiguos. "Estos —me dijeron— ya no tienen parientes, y la gente se ha vuelto muy inculta. Nosotras estamos aquí para cuidarlos y recordarlos". Ellas se decían las guardianas de la necrópolis, y me llevaron por túmulos y monumentos, contándome la vida de cada uno de esos seres. Me propusieron integrar el grupo y cobardemente pretexté otras obligaciones. En la Chacarita de Buenos Aires no había tales mamahuacas (o no supe verlas), porque la ciudad del más allá no las necesitaba: tenía cuadras perfectas, con números o nombres, con placitas vacías cuyos bancos invitaban a improbables tertulias, templos budistas, panteones barrocos, minaretes y campanarios, y, más aún, una orquesta de músicos de tango célebres esculpidos en granito, dispuestos a tocar algunos compases antes de la madrugada.

Salónica, como es sabido, albergó una comunidad importante de sefarditas que hablaban "ispanyol" y que fueron diezmados por los nazis durante la ocupación de Grecia en la Segunda Guerra Mundial. Muy pocos sobrevivieron a la matanza, y los guardianes del museo actual ya no hablan ladino. En 2006 tuve la oportunidad de visitar esa ciudad y de pasearme por el barrio turco donde también habían vivido esos sefarditas, cuyas casas, cerradas con múltiples candados, no fueron destruidas ni habitadas por otros. En una de esas callejas, una casa me intrigó. Las ventanas de la fachada estaban llenas de polvo, pero en una de ellas alguien había escrito el comienzo de un mensaje (¿qué mensaje?) en letras griegas y desde el interior. Restableciendo el orden de los caracteres, salía la palabra "Aris": ¿Un nombre propio? ¿Alguien que no tuvo tiempo de terminar el mensaje? "Aris" me obsesionó, al punto que me fui al Museo de la Fotografía, donde descubrí que ya en 1950 esa inscripción estaba allí. ¿Cómo no ver en ella un intento de dejar constancia de algo? Supongo que esos indicios también habrían inspirado a Manolo, yo nunca he resuelto el enigma y quizás ya sea tarde. No sé si la crisis habrá respetado el silencio de los sefarditas y sus casas vacías. A miles de kilómetros de Salónica, en los altos de Valparaíso, alguien ha dispuesto pegado a la pared un candelabro hebraico, apoyado en un caballito de totora y acompañado de varias ruedas verdes, rojas y azules.

Otra ventana menos dramática que la de Aris fue la que vi desde la terraza de la casa de Marta Dujovne, que Manolo conoció en España, en noviembre de 2014. Había estado fotografiando la noche y las luces de colores que parecían libélulas cuando la descubrí, mirando hacia la calle Gutiérrez. Era la única iluminada de todo el edificio y atrajo mi atención, porque las piernas de la persona invisible que estaba allí parada no se movían ni se movieron. ¿Estarán allí cuando regrese? Aún de día, el Grand Central de Nueva York es un lugar donde las almas pueden perderse y confundirse. Tras el mármol, el bronce y las lámparas, se entrevén andenes negros, sucios y misteriosos que se tragan a miles de individuos cansados, entre los cuales se distinguen indios mixtecas imperturbables y fatalistas. Cuando ya es tarde, los vagabundos vociferantes y drogados siguen habitando los corredores que llevan al *subway*, pero también al Oyster Bar. Porque, como lo afirma una placa de la Library Street, "the Universe is made of stories not of atoms".

"Affaire à suivre", como decimos de este lado de los Pirineos.

París, mayo 2015

La fascinación maravillosa

Carlos Thiebaut

Siempre tuve admiración, un sí es no es envidiosa, hacia los antropólogos. Rodando los años, Montaigne y Manolo me han ayudado a perfilarla y, quizá, a tornar esa pequeña envidia, si no en emulación, al menos en una callada fascinación de la que sigo aprendiendo. El antropólogo contempla la condición humana en su particularidad fascinante, como un objeto de maravilla ("¡Es maravilloso!" suele apostillar con frecuencia Manolo tras relatar algún sucedido de sus correrías o algún sorprendente suceso o relato de su amigo Plácido Poot). Que algo nos maraville no indica solo que nos ha sorprendido, sino también que ha iluminado —o lo está haciendo al relatarlo y al constatar su asombroso carácter— una parte de nuestra existencia.

La experiencia cotidiana, la de la vida ordinaria, está hecha de cadencias de normas y de expectativas sobre las que reposa inconscientemente nuestro sentido de la realidad. Todo eso lo teorizó adecuadamente la fenomenología o la filosofía del lenguaje de tono wittgensteiniano. A veces esas cadencias se refieren a los pequeños actos diarios —en los que, no obstante, nos revelamos por entero, como señaló Montaigne— y otras reflejan nuestras más hondas convicciones como personas, como sucede con el repudio moral de la crueldad. Pero, a poco que atendamos, esas cadencias están huecas o tienen vacíos y en un golpe de la fortuna, siempre sorpresiva, se nos deshacen nuestros mundos. Eso, como en el caso que he mencionado de la crueldad, puede ser terrible y no es necesario ahora abundar en ello.

No me interesan tanto —y es a lo que iban mis palabras iniciales— las ocasiones en las que la suspensión de lo cotidiano abren los abismos del sentido quebradizo de la vida, sino más aquellas en las que descubrimos, por el contrario, otros sentidos o significados. Siempre necesitamos de alguna manera —y no es fácil llegar a aprenderlo— vernos desde fuera de nosotros mismos, aunque solo sea por evitar la trampa de que el peso o las querencias de nuestra mirada nos hagan ciegos al mundo. Por ello, casi cada acto de la vida puede ser ocasión para una consideración, una percepción o una experiencia que la ilumine y, de esta manera, las cadencias de lo ordinario y los momentos de suspensión de lo que damos por supuesto, eso que llamaba "nuestras querencias", son el haz y el envés del vivir o, al menos, del vivir de alguna manera interesante. Sócrates lo llamó "la vida examinada".

Mi admiración hacia los antropólogos desde que empecé a leerlos en los años estudiantiles tal vez nacía de que, de alguna manera que siempre me intrigó, eran capaces de hacer "teoría" o "método" de ese examen que puede suspender o dar sentido a la vida ordinaria. Aunque haya muchas formas de teoría y no menos de metodología, había en ellos, y a pesar de todo ello, una perspectiva, la de la particularidad de aquel objeto de estudio que tuvieran entre manos, que cumplía, para mí, el papel del envés de mis propios afanes, en exceso normativos, abstractos y racionales (y no es, tampoco, que renuncie a estas mis querencias, pero quizá haya aprendido a verlas de otra manera). La particularidad, y, sobre todo, la particularidad no esperada, tiene ese carácter de inesperada interrupción de las sabidas cadencias de lo cotidiano que, si resuena adecuadamente en nuestra mente, produce esa resonancia de lo maravilloso.

Montaigne y Manolo me han ido explicando el poder redentor —redentor, esto es, de las brumas de la abstracción normativa y racional— de esa particularidad que puede felizmente maravillarnos, y todavía sigo desenvolviendo la pregunta de cómo ello puede ser así. Montaigne lo hizo, al final, explicando de qué manera cada ser humano porta la forma entera de la condición humana, lo que, creo, viene a querer decir, primero, que cada ser humano es merecedor de cuidadosa atención y que, segundo, cada experiencia y cada persona es insustituible a la hora de cavilar sobre nuestra condición.

Manolo me lo ha explicado de otra manera a lo largo de estos años. Este curso pasado lo invité a un seminario de nuestro máster para que nos hablara de la experiencia del antropólogo, de cómo vivía él sus extrañezas y sus extrañamientos al estudiar las formas de vidas de los otros, de cómo declinaba lo que aquí estoy llamando "el maravillarse" o el cómo no perderse a uno mismo en mundos tan anchos y ajenos. Lo que quiero recuperar de aquella su montañista exploración de sí es una especial reflexión sobre la particularidad. Habló de su amistad con don Plácido Poot y lo que creo venía a decir es que la amistad es esa extraña y maravillosa relación que puede hacernos compartir algo sustancial con alguien por muchos océanos que parezcan separarnos, y lo hacen. Lo que objetivamente —o subjetivamente, digamos desde Soria— no podríamos comprender, y en cierto sentido aún no comprendemos, esa peculiar relación que es la amistad es capaz de hacérnoslo cercano. Montaigne, que se sabía todas las teorías aristotélicas y epicúreas de la amistad —y nos las analiza—, concluía, no obstante, con su realidad inexplicable, y cuando tuvo que relatar cómo había sido posible la suya con Étienne de La Boétie concluyó diciendo que lo había sido "porque él era él y yo era yo".

Que la amistad sea, entonces, particular y sorprendente, lugar y motivo de maravillas es, en sí mismo, fascinante. Y yo, en mis torpezas, me pregunto, entre fascinado y un sí es no es envidioso, cómo podrán los antropólogos —o Manolo— ir haciendo amigos por el mundo para comprender, es decir, para compartir —o al revés— todos esos enveses de la vida que descubren lo que esta tiene de maravilloso.

Madrid, abril 2015

Manolo y la Fundación Xavier de Salas

Jaime de Salas

En el caso del profesor Manuel Gutiérrez Estévez, podría escribir como el amigo o como el colega compañero de la Universidad Complutense, pero me parece más oportuno adoptar la perspectiva de quien desde el comienzo de nuestra relación es responsable de una fundación cultural en Trujillo (Cáceres), la fundación Xavier de Salas, donde su aportación ha sido fundamental en el desarrollo de la misma. Pero realmente lo que estoy evocando pertenece a la experiencia vivida y, por ello, a partir de ahora me referiré a él como "Manolo".

Dentro del mundo de las fundaciones, la nuestra, pues los dos pertenecemos a su patronato, es una de las más pequeñas. Mirando hacia atrás para llegar al momento en que empecé a tratar con Manolo, el problema que tenía la fundación, en 1985, ante todo era la ausencia de una definición precisa de sus actividades. La intención de mis padres era clara: donar el edifico —un convento de clarisas terminado en el siglo XV, que habían restaurado a lo largo de los años anteriores— a una fundación que lo administrase. Este proyecto ya se había plasmado en la constitución jurídica de la fundación en 1981, pero en 1985 necesitábamos encontrar los programas y las personas capaces de llevarlo a la realidad. Y, en este sentido, la presencia de Manolo fue fundamental. Recuerdo que previamente, y con el afán de ilustrarnos a nosotros mismos, mi madre y yo organizamos en Trujillo una reunión sobre el papel de una fundación cultural en la sociedad del momento. Convocamos a amigos y conocidos, además de personas de posición en la política cultural del entorno regional. Fueron jornadas interesantes, incluso emotivas, pero no concluyeron en ninguna orientación real sobre lo que podíamos y teníamos que hacer, pues esto requería lo más difícil, la implicación real de personas en nuestro proyecto.

Tuvimos la enorme suerte de que una amiga común pensó en Manolo, y recuerdo que acudí con ella un sábado de invierno por la tarde, probablemente en 1984, a la casa del matrimonio por vez primera. A ello siguió una primera visita a Trujillo y a Guadalupe en la siguiente primavera. Muy pocos docentes tienen la formación profesional, la experiencia administrativa y la capacidad de gestión para actuar fuera de los cauces establecidos en el mundo académico, y uno de ellos era justamente Manolo.

Pero, además, era también una cuestión generacional. Una nueva generación se encontraba en un contexto institucional donde se podía innovar. En aquella sociedad española, se dieron oportunidades que ni antes ni después se han dado, y desde la fundación fue posible gracias a Manolo aprovechar esa coyuntura. Fue el momento en que mi generación llegaba a los cuarenta años y se abría ante nosotros un mundo de grandes posibilidades. La presencia de mi madre fue fundamental para el mantenimiento del proyecto en esos años, pero la dirección de las actividades de la fundación tenía que recaer en una generación más joven, dispuesta a dirigir programas que tuvieran sentido desde el proyecto profesional concreto.

La aportación de Manolo fue significativa en la medida en que con él las actividades de la fundación se concentraron en estudios americanistas. Aunque nuestro perfil viene determinado por su localización en una ciudad monumental como Trujillo y por realizar sus actividades en un convento medieval, el contenido de nuestras actividades más académicas a partir de entonces se ha relacionado con Iberoamérica. Detrás de este programa han venido otros también: Músicas para el Encuentro de Dos Mundos, de Jorge de Persia, y COIBART (programa de cooperación para el desarrollo de la artesanía iberoamericana), de Rafael Rivas, y actualmente casi todos los programas de la fundación implican una referencia al mundo americano.

Desde el punto de vista académico, la aportación más importante de Manolo ha sido el proyecto De Palabra y Obra. Diseñado para las celebraciones del quinto centenario, dio pie a varios congresos en Trujillo, en París y en Albany, Estados Unidos, además de seis volúmenes de trabajos. Muchos de los participantes en este homenaje han ido a Trujillo, invitados por Manolo. Sin embargo, desde el punto de vista de la vida de la fundación, tuvo la misma importancia la apertura de nuestro museo didáctico en 1986. Su dirección también se debió a Manolo. Poco después llegaron los vídeos y parecía que los paneles quedarían en desuso, pero aún hoy cumplen su función, aunque en los últimos años también hemos dado entrada a la artesanía.

Cuando se montó el museo, la fundación tenía otro problema de aceptación por parte de la ciudad de Trujillo. No se entendía bien qué es lo que se pretendía, e incluso el proyecto de la fundación daba pie a cierto distanciamiento. Por ello, el museo didáctico fue nuestra primera iniciativa pensada para superar ese vacío. El edificio se convirtió, con el museo, en un monumento que se podía visitar, abierto, por tanto, a propios y a extraños. En un primer momento, la fundación adquirió el apoyo del Centro de Iniciativas Turísticas, algunos de cuyos socios actuaron como voluntarios en el museo, y empezamos una relación real con la ciudad. Después se ha visto reforzada con los programas de acogida de estudiantes de universidades de Estados Unidos, con la creación de la universidad popular y otras actividades que se han sumado a la colaboración con el Centro de Iniciativas Turísticas. En sus casi 30 años de vida, habrá tenido más de 200 000 visitantes y aún hoy se mantiene junto a una muestra de artesanía iberoamericana, dando al visitante del convento de la Coria una información básica sobre la relación de Extremadura y América.

A lo largo de este tiempo ha habido una amistad que ha crecido, mientras que la fundación ha pasado a promover otros programas y actividades. Ha sido un tiempo fructífero desde muchos puntos de vista. No tengo espacio para enumerar todo lo que se ha hecho en el marco de esta relación que hemos mantenido los dos a través de los años ni para hacer justicia a los muchos colaboradores de Manolo que de muchas maneras distintas han secundado esta aportación. ¿Anécdotas? Muchas. Quizá la más importante fue el momento en que Manolo convenció a las autoridades extremeñas en 1989 para que apoyaran el programa De Palabra y Obra en solitario. Inicialmente estaba también implicada la Agencia Española de Cooperación, pero, una mañana, en la misma Agencia se nos comunicó la decisión de retirarse del proyecto. La clarividencia y capacidad de decisión salvó la iniciativa que tanta trascendencia tuvo para nosotros.

Trujillo, mayo 2015

La conversación y la risa

Néstor García Canclini

1

Entre las muchas definiciones de la antropología habría una que no recuerdo haber leído ni escuchado. Es la que caracterizaría a los antropólogos como gente que se fascina estudiando a otros con los que no está de acuerdo. La fascinación —con una tribu, un movimiento social, unos mitos en los que no se cree— me hace preguntar si hay algo propio de este modo de hacer ciencia social llamado antropología que lleve a elegir lo que no compartimos.

Se ha dicho a menudo que los antropólogos se interesan por otras sociedades a causa de que rechazan la propia o se especializan en sectores discriminados de la suya para pensar, de modo más radical, lo que quisieran cambiar, sin dejarse confundir por lo que su educación les inculcó como natural. Puede ser, en algunos casos. Pero, más allá de la intención crítica —o junto con ella—, hay atracciones que provienen de aquello lejano, y por eso elegimos *esa* cultura con la que discrepamos y no tantas otras con las que tampoco coincidimos.

Sin entrar en móviles psicologizantes, puede servir para aclararlo ocuparse de casos particulares. ¿Qué me ha hecho admirar la manera de hacer antropología de Manuel Gutiérrez Estévez? Cuando nos escribimos o nos encontramos, él me da su texto sobre las interioridades de los indígenas en los Andes y lo que cuentan las gentes de Yucatán sobre lo que sucedió hace siglos; yo le entrego mi libro, que busca reelaborar los enfoques de la diferencia en los marcos actuales de la desigualdad y las conexiones virtuales. Él me ha invitado a Trujillo, donde reunió varios años a expertos en culturas aborígenes de América, y aceptó que yo llevara un texto sobre negociación de las identidades en la globalizada etapa de la postpolítica. Él me cuenta en un correo que acaba de presentar en Amberes un avance de su estudio sobre la sentimentalidad en la poesía indígena y que sigue dando vueltas en torno a las devociones del catolicismo popular en Extremadura; le contesto que podremos vernos en mi próximo viaje a España y que me encantaría que visitáramos juntos la feria de arte contemporáneo madrileña; él responde titulando su correo: "A ARCO, A ARCO".

2

Quizá una clave de cómo se encuentran estas búsquedas paralelas se halle en lo que Manolo aclaró, desde el comienzo de su ponencia, cuando lo invité a un taller sobre conflictos interculturales realizado en el Centro Cultural de España en México. Se trataba de hablar sobre los cruces entre géneros en la literatura contemporánea, las artes visuales mundializadas y los mercados comunicacionales entre Estados Unidos, Europa y América Latina. Nos previno de que él no se dedicaría a esos conflictos, sino a "los malestares intraculturales que son generados" por ellos. Aunque lo atribuyó, en parte, a la "dificultad o timidez para tratar cuestiones generales", explicó dos razones que le hacían dar ese giro. Una era que en el pensamiento occidental el conflicto se ve como ruptura de la armonía, lo excepcional que interrumpe el orden; el conflicto es "el acontecimiento" por antonomasia y "son los acontecimientos los que permiten periodizar el transcurso temporal y, por lo tanto, medir el tiempo", someter el transcurso a ciertos hitos. La segunda era que el conflicto "reúne las características de espectacularidad y de emotividad que la industria mediática necesita para la atracción de sus clientelas". Por tanto, "es mejor, para el funcionamiento de nuestra cabeza, promover una cierta inapetencia hacia los conflictos", aclarando que no era indiferencia, pero sí "alguna protección para que el empacho cerebral no nos produzca un colapso reflexivo".

Sentí que no había sido solo por amistad que aceptó la invitación cuando luego examinó las versiones apocalípticas del deterioro ecológico, la dificultad de construir una ética laica con validez supracultural más allá de fundamentalismos y relativismos. Esos casos lo habían incitado a decir algo distinto sobre los conflictos contemporáneos al no analizarlos en su apariencia, sino desde "los malestares con la cultura de cada quien".

3

Encuentro dos vías mediante las cuales Gutiérrez Estévez hace antropología de los malestares o malentendidos intra e interculturales. Una está explícita en la historia de Plácido, el peculiar relato de la vida de Jesús que construye un indígena maya y cristiano. El evangelio de Plácido, procedente de un libanés, comerciante de tejidos en el pueblo yucateco de Halachó que viajó a Palestina, incluye tanto el universo figurativo y conceptual de su religión como de su etnia. Ni sincretismo ni "resistencia cultural" que preservaría, con tácticas de simulación, un legado prehispánico. La reconstrucción hecha por Plácido de la historia sagrada combina varias estrategias de interlocución: una polémica con sus vecinos protestantes, una afirmación identitaria de sí mismo como "mestizo" y una estrategia conjuntiva en relación al antropólogo, "como involuntario representante del canon". Al suponer al antropólogo también cristiano y contarle de "nuestro Jesús", busca autorizarse ante sus vecinos gracias a la interlocución con quien tiene formación académica y conoce "muchos lugares del mundo". ¿Qué hace el interlocutor, por ejemplo, cuando Plácido sustituye la matanza de niños inocentes que hizo Herodes por una matanza de monjas? Entiende que el narrador traslada la escena a uno de los palacios de las ruinas mayas de Uxmal, el llamado "cuadrángulo de las monjas", y asocia con las historias y los mitos de los maya-quichés narrados en el *Popol-Vuh.* El antropólogo evoca los *Diálogos* doctrinarios de Abelardo, de Bodino, de Juan de Valdés y otros diálogos formales, institucionalizados, que procuraron establecer un discurso coherente para evangelizar. Pero percibe que el relato de Plácido lo sitúa en una *conversación,* en la que se busca comentar una información relevante "por su significado en la ordenación conceptual del mundo". Formar parte de esa interlocución, de esa complicidad, implica hacerse cargo del sentido de la conversación: "Haciendo verosímiles los malentendidos, fue como nos entendimos". Al abrirse a esa conversación, crea espacios para la interculturalidad, para "encontrarnos", pero, al mismo tiempo, "ese espacio es el de mi propio desencuentro. Construyo un espacio que es, simultáneamente, el del encuentro con él y el del desencuentro conmigo: una fractura en mi conciencia y una parte de mí (agnóstica, irónica) se enfrenta y se rebela contra una parte de mí (culturalmente cristiana, nostálgica)". ¿Es posible ser relativista? Sí, cuando la conversación se refiere a la tradición cultural maya y el antropólogo sabe que le es ajena. "Pero cuando él habla de lo que es propio y que considera común, no solo realiza un asalto desde la periferia al centro, no solo disputa con mi representación del canon, sino que perturba y desbarata mi estrategia identitaria"; "Ya no puedo hablar de lo que sé, de lo que creo o dejo de creer"; "Reducido a no saber lo que pienso, es como he podido decir algo sobre lo que él pensaba".

La otra vía se manifestó en el debate posterior a la mesa sobre conflictos interculturales del CCEM. Salió el tema de las caricaturas de Mahoma que suscitaron ataques islámicos. "¿Por qué tuvimos que comportarnos a la defensiva? —preguntaba Gutiérrez Estévez—. ¿Por qué no podemos publicar en la misma página las caricaturas de Mahoma y las caricaturas de nuestros dioses? En nuestras culturas latinas, el principal signo de una relación amistosa es poder reír del otro, del amigo y, claro está, aceptando que él lo haga de nosotros... Esto no nos lo permite ni el relativismo ni los modos establecidos y consolidados de una tolerancia arranciada, y de ahí la perplejidad y el malestar".

Dos vías, entonces. La conversación abierta, cómplice, en la que el antropólogo suspende sus preguntas irónicas, agnósticas, a fin de hacer verosímiles los malentendidos para que la comunicación intercultural sea una búsqueda conjunta "en la ordenación conceptual del mundo". El segundo camino es construir "un espíritu laico transcultural, en el que no sea contradictorio el respeto a las otras culturas y a la nuestra".

¿Qué haces cuando quienes dicen tener derechos por su adscripción identitaria niegan —violentamente— los derechos de los individuos o de las culturas en las que sostenemos nuestra condición de sujetos de derechos con independencia de cualquier adscripción? No tuve una respuesta en aquel taller de México, no la tuvimos, y los ataques más recientes en París a Charlie Hebdo muestran que la intensificación de contradicciones interculturales nos deja oscilando, cada vez peor, entre la conversación, la pelea y la risa. Manuel Gutiérrez Estévez es uno de los antropólogos que —en su investigación de campo, en la organización de conversaciones académicas y en los intercambios personales— ha venido auscultando con más perspicacia los malestares que nos producen estas contradicciones y las insuficientes estrategias con que las encaramos.

Se me ocurre una modificación de la imagen de la tarea antropológica que coloqué al principio. El antropólogo es el que se pone en la conversación con otros en una situación en la que todas sus certezas pueden relativizarse, al punto de no estar de acuerdo consigo mismo.

4

¿Dichosos los que ejercitamos la ironía? Recuerdo bien cuando le dije, en una cena de arroces en Madrid, que mis abuelos paternos eran de Mieza, una aldea cercana a Salamanca, desde donde se ve Portugal. Se asombró de que nunca hubiera ido: "Yo te acompaño", agregó, convencido de que lo haríamos. Dos años después me invitaron al Congreso Iberoamericano de las Lenguas en Salamanca, nos pusimos de acuerdo para que me alcanzara allí y le conté que en Internet había descubierto que en Mieza, al día siguiente del congreso, el 8 de septiembre se celebran las fiestas patronales en honor a la Virgen del Árbol.

Se adhirió con entusiasmo y me advirtió: "Lo que me gusta un poco menos es que sea la fiesta, porque entonces habrá más gente y no veremos al pueblo en su intimidad cotidiana. Pero también tiene muchas ventajas. Para ellos será más emocionante que un miezano ancestral como tú llegue para rezar la salve a la Virgen del Árbol".

Días después del viaje al pueblo de mis abuelos, sin saber ni él ni yo que estaríamos en Nueva York, nos cruzamos en esa ciudad. Me escribió luego: "¿Te das cuenta? Nos encontramos en Mieza, en la raya, en la frontera y paseando por lo alto de un desfiladero profundo (Este-Oeste, arriba-abajo), y luego, a la semana justa, en el High Line de Chelsea: al Oeste, pero en la costa este, y otra vez arriba, hablando de lo de abajo (de las galerías y los artistas). Esto es lo que da de sí la práctica de la exégesis del simbolismo; poca cosa, en verdad".

México D.F., marzo 2015

Bibliografía

Manuel Gutiérrez Estévez (1995): "De la conversación yucateca al diálogo cristiano y viceversa", en Klor de Alva, Jorge; Gossen, Gary H.; Portilla, Miguel de León; Gutiérrez Estévez (eds.), *De palabra y obra en el Nuevo Mundo. 4. Tramas de la identidad.* Madrid: Siglo XXI.

Manuel Gutiérrez Estévez (2002): "Interioridades", en Gutiérrez Estévez, Manuel; Flores Martos, Juan Antonio; García Alonso, María, *et. al.*, *Según cuerpos. Ensayo de diccionario de uso etnográfico*. Cáceres/Badajoz: Cicón Ediciones-Fundación de Xavier Salas-Consejería de Cultura de la Junta de Extremadura.

Manuel Gutiérrez Estévez (2004): "El amor a la patria y a la tribu. Las retóricas de la memoria incómoda", en *Revista de Antropología*, vol. 47, n.º 2, São Paulo.

Manuel Gutiérrez Estévez (2007), "La antropología y los conflictos interculturales", en García Canclini, Néstor (coord.), *Conflictos interculturales*. Barcelona: Gedisa.

Un amigo y colega entrañable

Juan Ossio A.

Si la memoria no me falla, era marzo de 1967 cuando conocí a Manuel Gutiérrez Estévez, mi querido Manolo. Hacía dos meses había llegado a Europa desde Lima luego de una travesía de 21 días en un barco mercante que transportaba hierro desde el puerto de Marcona (en el departamento de Ica) hasta Génova. Mi destino final era Sevilla, donde pasaría una temporada investigando en el Archivo de Indias, gracias a una beca del Instituto de Cultura Hispánica, hasta que se iniciaran en octubre mis estudios de postgrado en Antropología en la Universidad de Oxford.

Esas eran mis expectativas, pero primero tenía que obtener una beca de la UNESCO, cuya respuesta a mi postulación se mantenía en silencio, al igual que la aceptación en dicha universidad.

Llegado a Génova, mi primer paso fue viajar a París para indagar ante la delegación peruana afincada en la UNESCO sobre el estado de mi gestión. Reconfortado por los buenos augurios que me dieron, enrumbé hacia Sevilla, donde me instalé en la casa de un pintor ubicada en la calle Bailén.

Encaminada con firmeza mi estadía en Sevilla, a fines de marzo decidí viajar a Inglaterra para asegurar mi aceptación en la universidad oxoniense y reforzar con esta gestión mi anhelo de acceder a la beca de la UNESCO. Siendo Madrid un paso obligado en mi travesía, y dado que no la conocía, decidí permanecer en esta ciudad unos días e indagar por los centros académicos donde se impartía enseñanza en antropología.

Habiéndoseme sugerido un local cerca de la estación de Atocha donde existía un postgrado en esta especialidad, al día siguiente de mi llegada decidí hacer una incursión. Se trataba de la Escuela de Estudios Antropológicos de la Universidad Complutense. Recuerdo que visité el local donde funcionaba cuando los estudiantes estaban, en las pocas aulas que existían, atendiendo a sus clases. Buscando información, uno de los primeros en atenderme muy gentilmente fue Claudio Esteva Fabregat, a quien ya conocía desde el Cuzco cuando por 1966 era parte de la expedición española a Chincheros dirigida por don Manuel Ballesteros Gaibrois. Él me familiarizó con los nombres de los profesores que dictaban. Quedé deslumbrado cuando me señaló que uno de ellos era el mismo Ballesteros, a quien lo tenía en un pedestal por sus estudios sobre las crónicas de los siglos XVI y XVII, pero, sobre todo, por su obra sobre Fray Martín de Murúa.

Al profesor Fabregat le hablé de mi proyecto de estudiar en Oxford, e, iluminándosele el rostro, me dijo que él conocía a la persona que me podría servir de puente en mis gestiones. Sin más trámites, me llevó ante Carmelo Lisón Tolosana, que estaba de paso por Madrid, pues a la sazón radicaba en Oxford, donde hacía su doctorado y se desempeñaba como asistente en el Instituto de Antropología de dicha universidad. En un gesto que nunca olvidaré, Carmelo me escuchó atentamente y me dijo que él ya estaba por retornar y que, apenas visitase el mencionado Instituto, lo buscase, que él me presentaría a las personas indicadas, particularmente a Peter Lienhardt, que se ocupaba de la admisión de nuevos estudiantes.

Mientras conversábamos, ya los estudiantes habían terminado su clase y fui presentado a varios de ellos, entre los cuales se contaba Manolo. Esta fue la primera vez que lo vi y me causó una grata impresión por su locuacidad y espíritu colaborativo.

El tiempo pasó y, a partir de la década de los 80, aquel primer encuentro que habíamos tenido en el vecindario de Atocha dio paso a una inquebrantable amistad y a la gestación de sólidos vínculos académicos que se fueron cimentando en numerosos eventos que él, con sus extraordinarias dotes organizativas, plasmó en diferentes ciudades de España. Segovia, Trujillo de Extremadura y Madrid fueron algunas de ellas. En esta última incluso me privilegió invitándome hasta por cinco años consecutivos a dictar un curso sobre parentesco y organización social en las culturas andinas contemporáneas. 2006 fue mi último año, pues con la crisis económica que se iniciaba en la Península poco a poco lo que tanto éxito alcanzó se fue debilitando.

Ahora me queda tan solo el recuerdo de una de mis experiencias académicas más fructíferas y de haber podido disfrutar los gratos momentos de las tres semanas que pasaba en Madrid alojado en la Residencia de Estudiantes; las conversaciones con los otros huéspedes, como mi colega Marcio da Silva, también invitado por aquel postgrado para hablar lo mismo que yo, pero referido a las culturas amazónicas; las caminatas hasta la Casa de América, donde impartía mis clases; y, sobre todo, la grata compañía de Manolo a lo largo de aquellos cinco años, que me permitió conocer mejor su visión de la antropología, así como los encantos históricos y culinarios de la capital española.

Aparte de la empatía inicial cuando recién nos conocimos, lo que nos fue uniendo a lo largo del tiempo fue nuestra pasión por una antropología que atendía más a temas culturales que a temas de infraestructura. Ambos coincidimos en nuestra admiración por Lévi-Strauss y el círculo de antropólogos que le dio prestancia al estructuralismo y por todos aquellos que enriquecieron el conocimiento de los mitos y los rituales. Sin embargo, nos diferenciamos un tanto. En mi caso, por mi apego a la antropología social británica liderada por Evans-Pritchardt y en el suyo, por su acercamiento al postmodernismo.

Nuestra principal coincidencia fue el interés que desarrollamos por conocer las culturas americanas pasadas y presentes, pero aquí él fue más allá, pues, mientras yo tendí a circunscribirme al ámbito andino, él se repartió entre esta área y aquella asociada con las culturas mesoamericanas. Hoy, bajo el estímulo de las inolvidables conferencias que organizó y de los libros que salieron de ellas, trato de seguir sus pasos ampliando mis horizontes comparativos, incluyendo no solo Mesoamérica, sino las culturas de la Amazonía.

No podía ser de otra manera ante el estímulo recibido por los distintos trabajos que presentó y publicó y por la variedad y gran calidad de los distintos expositores, que eran incapaces de resistirse al poder de convocatoria de mi amigo. Era verdaderamente un lujo poder departir con gente de la talla de Miguel León-Portilla, Roberto Da Matta, Georges Baudot, Gary Gossen, Néstor García Canclini, Rolena Adorno, Klor de Alva, Evon Vogt, David Maybury Lewis, Michael Taussig, Óscar Arce Quintanilla, Barbara Tedlock, Carmen Bernand, Marcio Ferreira da Silva, Carlos Brandao y, entre los peruanos, Manuel Marzal, Franklin Pease, Alejandro Ortiz, Jorge Flores Ochoa y muchos otros más que sería largo de enumerar.

Haber podido atraer a los eventos que organizó a tales maestros de la antropología es un elocuente testimonio del gran respeto intelectual que ha sabido ganar mi amigo gracias a la calidad de una obra muy prolífica que se inicia en década de los 70, poco después de terminar sus estudios de postgrado. A la par de la excelencia de las ponencias e intervenciones que me tocó escucharle, se puede verificar el valor de sus ideas en los numerosos artículos y libros que ha publicado de manera regular hasta hace muy poco tiempo.

Grabadas en mi memoria han quedado sus disquisiciones pioneras sobre el mito de Inkarrí, donde, dejando de lado sus matices mesiánicos, enfatiza la vertiente del intercambio asimétrico que destacan ciertas versiones cuzqueñas que contraponen a este héroe mítico con Qollarí. Aunque creo que se excedió un poco al alejar este tema del mesianismo andino, debo admitir que me ha sido extraordinariamente útil para mis investigaciones sobre la recreación de la unidad social de las comunidades andinas en base a la combinación del dualismo diamétrico y concéntrico a partir de determinadas festividades, que algunas veces se centran en la limpieza de las acequias y otras en la veneración de determinados santos o montañas que figuran como patrones de determinadas localidades.

Aquí no acaban sus estímulos. También me han resultado impactantes sus trabajos sobre el nacionalismo, particularmente aquel que estudia en relación a los himnos de distintos países latinoamericanos, o sus reflexiones sobre la alteridad o la religiosidad que rodea a la comida yucateca.

Pero mi admiración no termina en todo lo que llevo dicho hasta el momento. No puedo concluir estas líneas sin dejar de mencionar su gran poder de comunicación con sus estudiantes. Pocos veces he visto alguien que fuese tan apreciado por sus discípulos, la mayor parte de los cuales destacaban su capacidad de entrega y gran generosidad.

Creo que tenían mucha razón en las cualidades que resaltaban, pero a ellas yo agregaría un gran humanismo y, por encima de todo, un gran espíritu liberal, como aquel que iluminó a don Julio Caro Baroja, por quien ambos sentimos una gran admiración.

Una jubilación es un acto formal que otorga al académico más libertad para volcar en libros y artículos la larga experiencia como docente e investigador. Conociendo a Manolo y su apego al saber, estoy seguro de que esta nueva etapa que se le abre le deparará nuevas oportunidades para consolidar y sistematizar lo que con tanta pasión y brío supo asimilar en los diferentes temas en que se involucró. Todavía tiene mucho camino que recorrer y lo hará con un paso más firme que seguro redundará en obras de mayor envergadura de las que nos tiene acostumbrados.

Lima, junio 2015

Los regalos de Manuel Gutiérrez Estévez

Alejandro Ortiz

Conocí a Manuel gracias a una invitación suya para formar parte del seminario Literatura Oral en América que se llevaría a cabo en el Palacio de la Magdalena entre el 4 y el 8 de julio de 1983. Para mí fue un gran reto elegir y desarrollar una exposición sobre el asunto, pues no estaba acostumbrado a que se me diese tanta libertad: la literatura oral amerindia tiene mil voces y trata de casi todo. Podía elegir sin cortapisas. Ese fue el primer regalo que me hizo Manuel. En el seminario participaron unos colegas que dieron nuevo horizonte e impulso a mis estudios posteriores: Claudio Esteva, James Taggart, Fermín del Pino. En esa ocasión, y en el mismo palacio, empecé a cultivar un diálogo intelectual y una amistad con Rogelio Rubio Hernández y Manuel que han perdurado y enriquecido a través de los años hasta el presente. Tal es el segundo regalo que recibí de él.

En los posteriores seminarios y cursos a los cuales asistí por iniciativa suya, mi trabajo sobre la mitología amerindia se desplazó hacia un interés por las configuraciones ideológicas subyacentes a esos relatos, al curso y sentido que brinda a sus usuarios, los contadores y los escuchas tradicionales de esas historias que se repiten y transforman sin agotarse ni cesar. Más allá de la palabra americana, ¿qué soterradas concepciones animan al individuo de raigambre amerindia? ¿Cómo se percibe a sí mismo y a sus prójimos? ¿Asume la ideología de la modernidad? Y, si es así, ¿es una adhesión superficial? ¿De qué manera es moderno? ¿Hasta qué punto se siente persona o, más bien, parte de una familia que lo define y trasciende? Con tales preguntas, alentadas por Manuel, participé en los seminarios y cursos a los que me invitó.

Por él formé parte del simposio Interethnic Encounters and Cultural Developments in the New World que se llevó a cabo en la State University of New York at Albany, en el otoño de 1988. Luego fue en Trujillo de Extremadura, en 1990, recuerdo que mi intervención se titulaba “El mito y la configuración del otro en los Andes". En 1996 estuve en el seminario de Filosofía y Antropología que también organizó en Trujillo. Finalmente, desde el año 2000 hasta el 2006, di clases en el Máster de Estudios Amerindios, cuyo responsable era Manuel. Estos cursos se daban en la Casa de América. Lo que he publicado desde 1983 en gran parte se lo debo a él, a esos seminarios y cursos, a sus propuestas, atinadas preguntas y sugerencias.

Las reuniones han cesado para mí. Cuando voy a París a ver la familia, aprovecho la ocasión y paso por Madrid para visitar a Manuel. En el encuentro, en la conversación que la anima, revivo la antropología y el gusto estimulante del diálogo claro y sosegado.

En Lima, si extraño los afanes de los seminarios de Manuel y la presencia del amigo, tengo el remedio: abro uno de sus artículos y me deleito con la prosa elegante y las ingeniosas reflexiones del autor. De este modo, la distancia es abolida, vuelvo a interpelarlo y encuentro la respuesta entre las líneas del mismo texto o en otro de sus numerosos trabajos.

No hace mucho que Manuel me sacó de la indolencia. Me pidió que si le podía enviar algo sobre los sentimientos amorosos de los andinos para una publicación colectiva que preparaba. En mi archivo encontré unas canciones de amor en quechua con traducciones libres del novelista y antropólogo José María Arguedas y unas mías más literales, pero, claro, menos bellas. Le pareció bien el tema con los comentarios que agregué. No cejó hasta que le envié un artículo aceptable para su publicación. Y este es otro regalo que me brinda, el hacerme trabajar.

Lima, abril de 2015

De Madrid al cielo ajeno

ANTONIO PÉREZ

Es posible que Manuel Gutiérrez Estévez y servidor nos encontráramos por primera vez cuando ambos éramos estudiantes en una Facultad de Ciencias Políticas y Sociología que todavía no se llamaba exactamente así. Su edificio, sito en pleno centro de Madrid y apodado "el viejo caserón de San Bernardo", no estaba en el histórico campus del extrarradio y este tampoco se llamaba, como ahora, Complutense sino Universidad Central, siendo lo de *Central* una redundancia, puesto que no había otras universidades en Madrid.

Es posible pero no probable, porque Manolo pertenecía a una promoción dos o tres cursos más avanzada que la mía. En aquellos tiempos, la hiperjerarquización propia del franquismo permeaba incluso a los estudiantes, de manera que los bisoños veíamos a los veteranos como sabios tutelares —a veces adustos, a veces compasivos—. Para compensar, creo que muchos estudiantes, tanto nuevos como viejos, considerábamos a aquellos fascistas disfrazados de profesores como súcubos inferiores. Cincuenta años después, mi evaluación sobre la maldad congénita y la presumida ignorancia de los "profes" ha cambiado porque los hodiernos así me lo han enseñado, pero mi creencia en la superior sabiduría de Manolo sigue siendo la misma.

Sin embargo, como cabría esperar —hoy, pero no ayer— en un polo de Politología, la escasa familiaridad entre aquellas promociones estudiantiles se rompía cuando llegaba la conspiración política. Pese a la obligada clandestinidad, dentro de la minoría de "concienciados" se sabía de qué pie teórico cojeaba cada uno e incluso a qué grupúsculo o partido político pertenecía. En aquella facultad, se contaban con los dedos de una mano los adscritos al PSOE de entonces: los finados Juanjo Bajo y Enrique Curiel, un puñadito más... y Manolo. Muchos nos hemos preguntado cómo es posible que una persona con la capacidad del joven Gutiérrez no haya llegado a ser ministro —por lo menos— cuando su partido ha tomado el poder. Las respuestas pueden ser para todos los gustos. La mía es que la antropología ha tenido "la culpa", extremo que considero como laudatorio tanto para esa ciencia social como para nuestro homenajeado.

Sea como fuere, además de la política también contaban otras vivencias —por usar el término orteguiano de la época—. Por ejemplo, la geografía de origen, la clase social, las preferencias culturales y, por supuesto, la relación instituida con el sexo débil, luego bello sexo y ahora género a secas. En esto último, Manolo también pertenecía a un sector minoritario, puesto que era uno de los pocos estudiantes "con novia formal" —así lo expresa en sus memorias el poeta Martínez Sarrión—. Vista la perduración de su "formalidad", es como para quejarse de que nunca se haya equivocado. Ni siquiera en esa calzada por la que tantos y tantos hemos caminado a trompicones.

Sea como fuere, no conocí a Manolo hasta bastantes años después, cuando él todavía estaba a caballo entre su trabajo diario en una oficina administrativa y el americanismo académico. A principios de la década de 1980, nuestras respectivas simpatías político-partidistas estaban muy alejadas. Y lo siguen estando, por lo que cabe preguntarse: ¿qué es lo que nos ha unido durante varias décadas y qué es lo que hoy nos une? Dejando aparte por obvia a la antropología, contesto recurriendo a sus mismas palabras.

En cuanto a nuestra pertenencia emocional a las grandes multitudes, enfrentado a la disyuntiva entre lo gringo y lo ibérico a la que te obligan algunas anacrónicas fichas burocráticas, Manolo prefiere lo segundo y lo proclama empuñando la manopla de hierro en guante de seda que suele reservar para cuestiones teóricas menos subjetivas: "Porque ser, o ser llamado, *hispanic* me congrega junto con otras gentes a las que aprecio mucho, mientras que declararme *white* me podría asociar confusamente con los *wasp* (blanco, anglosajón, protestante), y eso es una cosa que me agrada bastante menos" ("Recreaciones poscoloniales de la identidad", 2008). Entiendo que esta toma de posición no interfiere para nada con lo científico, un ámbito en el que Manolo se mueve con gusto y familiaridad entre las fuentes anglosajonas y las mediterráneas y en el que, si acaso, diferimos levemente porque yo estoy secuestrado —incluso desde antes de haber hecho *fieldwork* en inglés y en *pidgin*— por el empirismo dominante en las primeras, aunque mi primera formación sea francesa.

Nuestras respectivas peripecias encuentran un segundo campo de "afinidad electiva" —Goethe y los anarquistas *dixit*— en la repugnancia o solo desconfianza con la que nos hemos acercado al uso comercial de lo indígena. Incrustado por casualidad o por necesidad en un viaje de empresa a los jíbaro, Manolo se lamentaba de la "indestructible convicción de superioridad" con la que los "civilizados" miran la figura del "indio", cuya consecuencia en aquella excursión fue que "durante mucho tiempo después, estuve sintiendo la vergüenza y la humillación que me fueron devueltas, como en reciprocidad ritual, por aquellos a quienes hice fotografiar" ("Exotismo y etnografía: las fotos de allí", 1991).

[Por cierto, si se me perdona el intimismo, añadiré que, en ese ensayo, Manolo publica las primeras declaraciones de mi hijo cuando narra: "Un niño de cuatro años, hijo de un amigo, al ver las fotos de los yanomami amazónicos hechas por su padre, y para hacer méritos, exclamó: 'A mí los indios no me dan asco, ¿verdad papá?'". Con el tiempo, aquel niño hizo una tesina inmejorablemente dirigida por... Bueno, ya se lo suponen].

Hay otros campos en los que me gustaría imitar a Manolo, aunque sepa que nunca conseguiré ni siquiera acercarme. Me refiero, por ejemplo, a su esmero en el uso del lenguaje castellano. Cuando me apresto a leerle, parto de la tranquilidad que me da el saber que no encontraré ofensas a la sintaxis ni retorcimientos del léxico, sino todo lo contrario: un castellano rico y preciso que no solo es señal indeleble de rigor silogístico, sino que también se agradece especialmente en medio de tanta imitación epistémica y metodológica de lo gringo, así este sea macarrónico. Solo un rendido amante del castellano como él osa encabezar una de sus compilaciones con el "abigarrado" título de *Sustentos, aflicciones y postrimerías de los indios de América* (2000), para mí equivalente en valor nutricio a la quijotesca enumeración "duelos y quebrantos los sábados, lantejas los viernes...". Etc.

Por lo demás, supongo que la pulcritud de su lenguaje tiene algo que ver con su antigua (1983) investigación sobre "Delgadina", un romance tan famoso como incómodo por escabroso. Por no salir de la especulación caprichosa, añadiría que también puede influir su anclaje en Soria, provincia donde es fama que el pueblo todavía habla con propiedad, lo cual me demostró un pastor quien, viendo cómo los urbanitas nos acercábamos demasiado a sus ovejas, nos gritaba: "No me las hostiguís que aluego se soliviantan".

Por ello, Manolo suele verse obligado a señalar las incongruencias, préstamos absurdos y otras lacras que afectan al devenir de la lengua castellana. De ahí que, en el último trabajo que le he leído, señale con una sorna apenas perceptible la propensión modernista a utilizar innecesariamente nuevos términos, por ejemplo, "re-semantización (la manera en la que, ahora, nos referimos a lo que antes llamábamos re-interpretación)" y, si me apuran incluso otros como "globalización, antes colonización", etc. ("Otra vez sobre el sincretismo", 2014)

Aunque sea alterar el orden expositivo, la cita de este ensayo me regala el pretexto para subrayar un rasgo notorio y permanente de su obra antropológica, a saber, su énfasis en la etnografía. En este caso, comienza su argumentación por donde siempre lo ha hecho: por "lo real observado". A partir de la conversa con un maya yucateco o, mejor dicho, *mayero* de Campeche, desgrana una amplia panoplia de evidencias con las que desenmaraña el malentendido que suele sobrevolar la aparentemente cristalina noción de sincretismo. *Chapeau* con sombrero campechano.

El escrutinio de sus obras más tempraneras nos revela la serena continuidad de otro de sus rasgos habituales: Manolo nunca ha caído en la manía juvenil de citar caprichosamente a los padres de la disciplina antropológica o de cualquiera otra. Más aún, cuando antes o después lo ha hecho, siempre nos ha abierto nuevas ventanas interpretativas. El esfuerzo es más que meritorio si recordamos que siempre ha manejado una enorme bibliografía, que incluye desde clásicos de Occidente hasta literatos universales, pasando por relatos de lo inconsciente y exégetas de lo amerindio. Obviamente, para un antropólogo la superficialidad es un peligro rampante cuando recurre a textos tan variopintos puesto que, a fin de cuentas, la antropología será la más rica y, si se quiere, hasta la más comprehensiva de las ciencias sociales —así de magnífica la vemos sus feligreses—, pero no es la única que escribe. Ítem más, en público siempre he visto a Manolo argumentar sobre hechos y teorías, nunca sobre nombres personales, así fueran los propios de los maestros Indiscutibles.

Pero entremos en los hechos biográficos más palmarios, aunque no siempre sean los más merecedores de encomio. Siendo Manolo un pensador tan concienzudo, pero que ha trabajado muchos años en tiempos de escasez no solo económica y, para mayor inri, en dos continentes, ¿cómo ha podido desarrollar esos fortísimos vínculos gracias a los cuales ha construido una estupenda red de comunicaciones allende la estrecha frontera española? Yo no me lo explico, pero haberla tejido, "hayla".

Nunca se reconocerá lo suficiente esta faceta de Manolo, y menos ahora que tendemos a olvidar que hubo una era preinternética, pero lo cierto es que, gracias a su esfuerzo, hemos conocido en persona no solo a una plétora de indígenas amerindios y a los antropólogos no españoles que trabajaban con o sobre ellos, sino también a los antropólogos forasteros que han trabajado en España, como es el caso de Taggart, a quien menciono por citar a uno solo… o, francamente, porque escribió sobre mi pueblo natal un artículo que Manolo incluyó en su compilación *Mito y ritual en América* (1988), dicho sea para que el natural deslumbre que provoca esa *opus major* que es *De palabra y obra en el Nuevo Mundo* (1992-1995) no nos haga olvidar otras obras menores en extensión, pero iguales en profundidad.

Menos conocida es la faceta indigenista de Manolo y, para mí, es especialmente grato subrayarla aunque solo fuera porque en su práctica es en la que más hemos coincidido. Visto desde lejos, comprendo que pocos sospechan que el autor de una obra tan rigurosamente académica es el mismo activista que baja al barro del indigenismo cotidiano cuando se requieren sus servicios. Pero así es, y lo demostró prestando su entusiasta apoyo a la re-fundación de la sección española de Survival International, organización indigenista especializada en los pueblos indígenas menos "integrados". Survival trabaja por los indígenas más alejados de la llamada "civilización" —o menos destruidos o con élites menos cooptadas—, y reconózcase que este es un terreno especialmente áspero y resbaladizo, donde la derrota está asegurada y la promoción académica, fuera de lugar. Pese a ello, Manolo fue personalidad clave desde las primeras reuniones conspiratorias (noviembre 1984) que dieron lugar a la susodicha sección, reuniones en las que —debo subrayarlo— no participaron ni ayudaron algunos colegas suyos dizque izquierdistas, más tarde iluminados como intrépidos indigenistas. Gracias a los buenos oficios de Manolo, las primeras siete reuniones survivalianas se celebraron en el departamento de Antropología y Etnología de América, lugar que, además, llegó a ser su primera sede. Y Manolo tuvo la santa osadía de arriesgarse a ocupar el ingrato cargo de vicepresidente.

Recuérdese que no estamos hablando de una gran organización semigubernamental. Hablamos de un tiempo en el que apenas existían las ONG (Greenpeace tenía 14 000 socios en España y 200 000 en Holanda) y en Madrid el minúsculo indigenismo universitario se limitaba conceptualmente al folclorismo paternalista y prácticamente a un estrambótico rito anual. En cuanto a la fuerza del indigenismo popular, baste acudir a una anécdota: dos años después de la constitución de Survival España, se celebró en un enorme cine madrileño el estreno mundial de la película *La misión,* de Roland Joffe. Para tan magna ocasión, conseguimos que el programa de mano incluyera "¿Condenados al exterminio?", un modesto tríptico de propaganda de Survival. En Londres, la sede central utilizó la misma estrategia y logró cientos de nuevos socios. Pues bien, los colegas londinenses no podían creer que, en un cine con mayor aforo, nosotros no hubiéramos conseguido ni uno. Literalmente.

Decíamos antes que Manolo ocupó en Survival un cargo ingrato. Expliquémoslo: los problemas de la nueva (micro)organización no vinieron desde fuera, sino desde dentro. Nunca nos hicimos ilusiones sobre el ardor indigenófilo del pueblo español, pero tampoco sospechamos que nos caería encima una gavilla de pillines voluntaristas con un ego superior a sus entendederas —aviso a los navegantes en el piélago de Manitú—. Manolo sobrevivió políticamente a estos primeros avatares del indigenismo hispano contemporáneo y hasta salvó su alma sin un rasguño. Es más, años después de aquel primer Survival, llegó a mantener una jugosa correspondencia con pensadores indígenas como, por ejemplo, el andino Javier Lajo (2004), un lujo que todavía no está al alcance de cualquier indigenista europeo, no digamos de cualquier antropólogo.

Asimismo, sobrevivió a las polémicas coyunturales características del Quinto Centenario con tanta destreza —y necesariamente suerte— como para lograr que la entonces recién inaugurada Casa de América abriera en Madrid un espacio público para los amerindios. No le debió resultar fácil negociar con aquella otra gavilla, esta de iluminados estroboscópicos, pero el resultado fue no solo el llamativo premio Bartolomé de Las Casas, sino también la discreta aula homónima que, bajo su dirección y hasta que fue prematuramente estrangulada con corbatas de seda como cordeles, se convirtió en un referente universal de lo amerindio y también en el más concienzudo altavoz para los líderes indígenas. Nunca Madrid había llegado tan alto.

Finalmente, lamento no haber gozado del privilegio de coincidir con Manolo en alguna estancia exclusivamente amerindia. Quizá hubiéramos sonreído al comprobar que no había tanto trecho entre el viejo caserón de San Bernardo, con sus estudiantes cantando coplas clandestinas, y aquellas ceremonias amerindias donde también cantaban o recitaban decires de un mundo prohibido. Tolerante como siempre fue con mis manías y, peor aún, con mis chapuzas, estoy seguro de haber desperdiciado el mejor aprendizaje y el recuerdo más placentero. Asimismo, aprovecho esta ocasión para pedirle perdón porque, como seguramente ha percibido, quizá no le haya citado lo necesario ni lo suficiente. Valga en mi descargo que no escribo apenas, pero conste en acta que lo llevo siempre en el caletre como el Crítico, implacable pero piadoso, que observa a su discípulo —y sin embargo amigo— menos aventajado.

Valencia de Alcántara, abril 2015

Ante De palabra y obra

Homenaje a Manolo

Gary H. Gossen

Me da sumo gusto saludar a mi querido colega internacional Manolo Gutiérrez Estévez. A Manolo lo conozco desde hace más de treinta años, en el contexto de muchas colaboraciones académicas internacionales y varios intercambios de alumnos graduados y de nosotros mismos como profesores visitantes en nuestras respectivas universidades. Uno de aquellos estudiantes graduados que llegó a estudiar conmigo es el distinguido co-compilador del presente volumen, Pedro Pitarch. Manolo y yo nos conocimos por cortesía de una alumna argentina, llamada Liliana Goldin, ahora distinguida profesora en EE. UU., que fue también alumna mía en la Universidad Estatal de Nueva York, en Albany. Ella se encontraba en aquel entonces en España con motivo de estudiar con Manolo etnología americana en la Universidad Complutense de Madrid. Liliana le hizo saber a Manolo los temas de mi investigación en Mesoamérica y le sugirió que convendría que nos conociéramos, ya que compartíamos muchos afanes de investigación y orientaciones teóricas. Lo demás es historia. Entre cartas y llamadas telefónicas nos dimos cuenta que, por mucho que el Atlántico nos separara, teníamos a fin de cuentas una visión fraternal de nuestra profesión. Así se lanzó nuestra relación académica y afectiva, que abarca ya varias décadas.

Sin duda, nuestra colaboración académica es a la que le doy más importancia para mi propio desarrollo profesional, y quizás también la que sea más reconocida a nivel internacional. Me refiero al proyecto De palabra y obra en el Nuevo Mundo. Este proyecto de colaboración internacional, celebrado en congresos académicos de España y América, rindió la publicación de cinco volúmenes de aportaciones escritas por más de sesenta especialistas en la historia y cultura de las Américas. Los arquitectos de este gran proyecto éramos Manolo y yo; Jorge Klor de Alva, mi colega de Albany; Miguel León-Portilla, de la Universidad Autónoma de México; y Manuel Marzal, de la Universidad Pontificia de Lima. Concebimos la idea de lanzar este proyecto de investigación a mediados de la década de 1980 con el fin de repensar y reformular el concepto de sincretismo en la antropología e historia de América como evento conmemorativo dedicado al Quinto Centenario del Encuentro. Los principales financiadores de este proyecto eran la Junta del Gobierno de Extremadura y la entidad nacional española que se encargaba de organizar proyectos y eventos dedicados a este fin. Entraron también como entusiasmados patrones de nuestro proyecto la Fundacion Xavier de Salas de Trujillo, España, y la Universidad Estatal de Nueva York, en Albany.

Para no darle muchas vueltas a lo académico y teórico, baste con decir que nuestro proyecto De palabra y obra en el Nuevo Mundo partió de la primera premisa compartida entre nosotros cinco: que el concepto de sincretismo religioso, tratándose de un proceso que había ocurrido y seguía ocurriendo en el Nuevo Mundo después de quinientos años, estaba caducado y con necesidad de repensarse y reformularse. El objeto de nuestra crítica era que el sincretismo, clásicamente formulado para referirse a las formas híbridas que resultan de situaciones asimétricas de encuentro histórico, le daba demasiada voz formativa al vencedor europeo y relativamente poco énfasis a las voces del vencido indígena y del esclavo africano. Dicho en forma breve, planteamos como reto la investigación de la problemática del concepto de sincretismo en tantos contextos históricos y etnográficos de Norteamérica, el Caribe, Centroamérica y Sudamérica como nos fuera posible reunir. En mi opinión, el fruto de nuestra colaboración, publicado en cinco tomos sobre este tema, aporta el mayor estudio empírico del concepto de sincretismo habido en todo el siglo XX. Y fue Manolo quien hizo la gran labor de "vender" nuestro proyecto a las entidades españolas que al fin lo apoyaron con tanto entusiasmo y generosidad.

Puede ser de interés para quienes lean este libro saber que el título "De palabra y obra en el Nuevo Mundo" que dimos a nuestro proyecto de investigación no se logró ni se fijó a la ligera. Tras muchos días de debate y de sondeos y disparates diversos, los cinco llegamos al acuerdo de este título del proyecto mediante una epifanía que todos reconocimos en el momento que se apareció. Estas palabras, "de palabra y obra", salen directamente del texto católico del acto de contrición que antecede el sacramento de confesión: "Padre, he pecado de pensamiento, palabra y obra". Se nos hacía éticamente y moralmente apropiado que nuestro proyecto de investigación, montado por nosotros, la clase europea vencedora en el drama del encuentro, tuviera un elemento de confesión y de penitencia por las intervenciones violentas de nuestros antepasados europeos en las vidas de millones de amerindios y africanos en el Nuevo Mundo. Para pedirle prestado a don Miguel León-Portilla el lenguaje de su magnífico libro *La visión de los vencidos*, que ofrece un compendio de textos en náhuatl que tratan de la conquista desde la propia perspectiva indígena, pudiera decirse que intentamos con nuestro proyecto ampliar la visión de los vencidos para incluir muchas otras partes del Nuevo Mundo.

Para concluir, quisiera apuntar a nivel muy personal el cariño profundo que le tengo a Manolo. Él es sin duda el colega internacional con el que comparto más idiosincrasias subjetivas. Es como si fuéramos compañeros de colegio. En primer lugar, tenemos la misma edad, ambos nacimos en 1942. Nuestra amistad es tan natural y cómoda que una vez me hizo burla y me regañó por lo cursi del nudo de mi corbata. Me dijo que el nudo que usaba era de colegiales, no de profesores. Me enseñó cómo anudar mi corbata de manera más sofisticada, y así la anudo desde aquel entonces. Nuestra formación académica siguió líneas paralelas aun cuando todavía no nos conocíamos. Por ejemplo, en las investigaciones juveniles de los dos, aun sin habernos conocido, había una fascinación por el romancero hispánico, en particular por el romance que más difusión y popularidad tiene en España y en la diáspora española: "Delgadina", niña "como la plata", que era deseada por el rey moro, su padre. Nuestro interés por este tema de incesto bien picante sugiere que ambos sufríamos de ansias lascivas adolescentes. También compartíamos una temprana, y luego cuestionada, locura para el estructuralismo francés. Ahora ambos estamos más cómodos con la incertidumbre y duda, que son características del posmodernismo.

Nuestra simpatía académica permitía que otros aspectos de nuestra relación se manifestaran fraternalmente. Por ejemplo, Manolo llegó a ser mi más exigente tutor de la lengua castellana. Hasta la fecha, no titubea en corregirme por faltas gramaticales y uso de modismos. Esto lo aprecio enormemente, puesto que lo hace siempre con cariño y con buen sentido del humor. Nuestra amistad también abarca aspectos vacilones, con matices de picaresca adolescente. Me acuerdo de una vez, cenando en el comedor del Parador de Trujillo donde estábamos alojados. En la mesa de al lado se encontraba una pareja consumida en miradas y palabras románticas que nos llegaban a la vista y al oído. El señor tenía aspecto de rico empresario portugués, de unos cincuenta años de edad; su amiga era una española elegante que tenía la mitad de su edad. En plan de diversión, le pedí a Manolo que inventara una historia sobre lo que pasaba en la mesa de al lado. Manolo, con gusto, cumplió con mi invitación e inventó un relato de telenovela de cómo el rico portugués conoció a la española en una parada de la carretera de Lisboa a Madrid y de cómo se montó ese amor de temporada. Mi risa grosera al escuchar la historia inventada de Manolo aparentemente llegó a la atención de los enamorados y, de repente, dejaron de hablar y salieron bruscamente del comedor, echándonos miradas de las que matan. Quizá el relato de Manolo hubiera dicho la verdad.

Así es Manolo: pícaro, vacilón, erudito y fiel amigo. No tengo mejor amigo en el mundo académico. Me es un gran honor saludarlo en esta ocasión.

Deep Spring, California, abril 2015

Hacer las Américas: Manuel Gutiérrez Estévez y sus proyectos indianos

Jorge Klor de Alva

Empiezo con lo obvio: desde fines del siglo XV aparecen aventureros españoles que se marchan a las Indias soñando con riquezas. Tanto Lope de Vega como Calderón de la Barca nos cuentan que los pocos bienaventurados —los que regresando enriquecidos verdaderamente habían "hecho América"— con frecuencia fueron marcados peyorativamente como "indianos". Así era de esperarse de los celosos menos afortunados que se quedaron en casa. Casi por definición, la tarea del buen antropólogo es ser indiano: él, que no se queda en casa y regresa con el tesoro que es el saber sobre mundos de otros. En ese sentido, Manuel Gutiérrez Estévez —nuestro amigo Manolo— es un *uber* antropólogo. Siempre el viajero —física, intelectual y espiritualmente— Manolo ha hecho América como pocos antropólogos europeos lo han logrado, regresando a casa cada vez más enriquecido por sus indagaciones en el extranjero. Y, como los bienhechores indianos del pasado, invariablemente regresa dispuesto a compartir con otros los grandes tesoros americanos mediante sus muchos ensayos, libros y ponencias o sus hazañas académicas y cívicas.

Mucho se encuentra en sus múltiples escritos, que hay que celebrar por su originalidad y perspicacia, pero en este breve ensayo me centro en dos de sus grandes proyectos indianos: uno, De palabra y obra en el Nuevo Mundo, logrado a lo largo de muchos años, y el otro, la planificación del Instituto de las Américas / Museo de América, que, por razones ajenas (la guerra del Golfo), desafortunadamente quedó interrumpido.

De palabra y obra en el Nuevo Mundo

De palabra y obra en el Nuevo Mundo es el feliz título de un conjunto de reuniones, simposios, congresos, proyectos de investigación, publicaciones y eventos realizados en torno al trascendente año de 1992 —recordado lapidariamente como el Quinto Centenario del Encuentro entre Dos Mundos—. Esta fue una realización compleja que, incluyendo varias publicaciones, duró más de una década. Y todo empezó por y con Manolo.

En 1986 el antropólogo estadounidense Gary Gossen —conocido por sus valiosos análisis del mundo maya tzotzil —me presentó a Manolo. Desde nuestro primer encuentro encontramos que teníamos mucho en común y mucho en desacuerdo. Y, por lo tanto, teníamos una buena razón para comenzar un diálogo que ha durado casi 30 años.

Gracias a la iniciativa de Manolo, en esas primeras conversaciones los tres comenzamos a platicar sobre con qué queríamos contribuir a la conmemoración del Quinto Centenario. Estábamos de acuerdo que para hacer algo en conjunto sobre ese tema sería imprescindible la incorporación de nuestro amigo en común el célebre historiador mexicano Miguel León-Portilla. Pero aún con don Miguel nos quedábamos cortos, siendo los cuatro especialistas en Mesoamérica. Por ende, Manolo sugirió que deberíamos añadir también al bien conocido antropólogo de la religión sudamericana el extremeño-*cum*-peruano Manuel Marzal. Así fue que, por iniciativa de Manolo y gracias a la ayuda del Comité Conjunto Hispano-Norteamericano para la Cooperación Cultural y Educativa, en octubre de 1986 logramos reunirnos todos en España. En esa inicial reunión, transformados en el núcleo organizador de lo que llegó a llamarse el proyecto De palabra y obra en el Nuevo Mundo, comenzamos a planear un ambicioso proyecto de investigaciones y simposios.

Y ambicioso lo era de verdad. Durante siete años —de 1986 a 1992—, De Palabra y Obra llegó a incluir a 68 investigadores representando 18 países, 55 de los cuales escribieron 86 estudios originales que fueron presentados y debatidos en cinco congresos, tres en España y dos en Estados Unidos. Los resultados de estos estudios, que cubren con ejemplos antropológicos e históricos 500 años de interacción cultural y social a lo largo de las Américas, se publicaron entre 1992 y 1995 en cuatro tomos, sumando casi 2250 páginas. Páginas preparadas por nada menos que nuestro amigo y colega Manolo, quien, al igual que el resto del grupo coordinador, fue responsable de cinco ensayos.

Como si todo esto y sus responsabilidades como catedrático de Antropología de América en la Universidad Complutense de Madrid no fueran suficientes para absorber todo el tiempo de Manolo, gracias a su diplomacia y a su peso intelectual logró recibir el apoyo económico y moral de la Comisión Nacional del Quinto Centenario de España. Doña Pina López-Gay, su vicepresidenta, se encargó personalmente de poner en las manos de Manolo los recursos que nos permitieron hacer los siguientes viajes y reuniones necesarios para poder transformar nuestras ideas preliminares en un verdadero proyecto. Ya formado el esquema inicial de De Palabra y Obra, Manolo, con la asistencia de doña Carmen Ortueta de Salas, presidenta de la Fundación Xavier de Salas, y su secretario don Jaime de Salas, logró abrir la puerta a la Junta de Extremadura. En esos tiempos, la Junta estaba encabezada por su presidente, el Excmo. Sr. don Juan Carlos Rodríguez Ibarra, y su vicepresidente, el Excmo. Sr. don Antonio Ventura. Ellos, a través de su programa Extremadura En-clave 92 —dirigido por don Luis Ángel Ruiz de Gopegui—, apoyaron generosamente el proyecto año tras año, haciéndolo parte de su propio programa de conmemoración intelectual y cultural.

Pero nuestro proyecto, primeramente soñado por Manolo, requería aún más recursos. Gracias a Miguel León-Portilla, también se logró el apoyo de la comisión mexicana para el Quinto Centenario del Encuentro de Dos Mundos, y, con la ayuda de Gary Gossen y el que esto escribe, varios otros patrocinadores se encontraron en Estados Unidos. Todo esto hizo posible a los cinco organizadores reunirnos una, dos y hasta tres veces al año entre 1986 y 1992. Y claro debe estar que cuando nos reuníamos en España la mayoría de los encuentros se celebraban en el convento de La Coria, en Trujillo, Cáceres, sede de la Fundación Xavier de Salas, cuya inagotable hospitalidad es un grato recuerdo de todos los que formamos parte de este trascendente proyecto.

Las contribuciones de Manolo a De Palabra y Obra fueron mucho más allá de hacer el proyecto posible. En cinco ensayos perspicaces, Manolo presentó una serie de perspectivas desconocidas en lo que concierne a los cinco temas claves que enmarcaron las investigaciones que fueron emprendidas.

Para el primer congreso, Civilization and Barbarism: Reciprocal Images, realizado en Albany, Nueva York, en octubre de 1988 y publicado en el primer tomo titulado *Imágenes interétnicas* (1992), nuestro amigo indiano escribió un estudio titulado "Mayas y 'mayeros': Los antepasados como otros". Basta decir que logra allí dar ejemplos sutilmente analizados de las múltiples (y cambiantes) maneras en las que mayas yucatecos contemporáneos se ven a sí mismos, vislumbran los "otros" entre ellos e imaginan sus antepasados, abriendo con esto novedosas conexiones en su sistema de creencias, tanto entre ellos como en su cosmogonía e historia.

En el segundo congreso, celebrado en Trujillo, Cáceres, en diciembre 1988, cuyos resultados se publicaron en el segundo tomo *Encuentros interétnicos* (1992), Manolo presentó un trabajo cognitivamente ligado al primero, examinando la "alteridad étnica y conciencia moral" vía el "juicio final de los mayas yucatecos". En este estudio avanza su interés por las relaciones e imágenes interétnicas en la conciencia moral de la comunidad maya yucateca.

Para el tercer congreso, hecho en Trujillo, Cáceres, en enero 1990, y publicado en un tercer tomo titulado *La formación de otro* (1993), Manolo amplía su análisis escribiendo sobre "Mayas, españoles, moros y judíos en baile de máscaras. Morfología y retórica de la alteridad". Con esta compleja mixtura de etnias en juego, introduce el autor el conjunto caleidoscópico —ahora "borroso"— que es la cambiante representación de la alteridad en momentos preñados de símbolos en conflicto.

En el cuarto congreso, celebrado en noviembre 1992 en Albany, Nueva York, el cual se publicó en el cuarto tomo, *Tramas de la identidad* (1995), Manolo presentó un ensayo erudito sobre sus conversaciones sobre el cristianismo con don Plácido Poot, un importante "informante" maya yucateco. Habiendo yo estudiado durante décadas el dialogo sobre religión entre nahuas ("aztecas") y españoles en el México colonial, este sondeo, que Manolo tituló "De la conversación yucateca al diálogo cristiano y viceversa", me parece uno de los grandes logros de su erudición y sensibilidad etnológica. ¿Qué profundo hubiera sido nuestro conocimiento de los antiguos mexicanos si el gran fraile Bernardino de Sahagún hubiera podido tener en el siglo XVI las herramientas que Manolo empleó para darnos a entender lo que es un diálogo interétnico libre de dogmatismos culturales?

Baste anotar que este ensayo es un importante complemento a otro que Manolo escribió para un seminario que organizó en 1987 en la Universidad Internacional Menéndez Pelayo, al cual varios participantes en De Palabra y Obra fueron invitados a presentar estudios sobre "Biografías y confesiones de los indios de América.". En ese escrito, "Significación de la narrativa biográfica entre los mayas yucatecos", publicado en un número de *Arbor* (1988) editado por Manolo el siguiente año, exploró varios relatos indígenas que le permitieron analizar las maneras en que sus informantes construyen su identidad personal al emplear varias estrategias retóricas.

En diciembre 1992, un mes después del cuarto congreso, se realizó en Trujillo, Cáceres, el último de la serie. En esta reunión de clausura, nombrada "Entre el acontecimiento y la significación: el discurso sobre la cultura en el Nuevo Mundo", Manolo de nuevo amplió su temática con una ponencia sobre la mitología amerindia. Pero, no contento con todo lo logrado por De Palabra y Obra, dos años después, ahora como el responsable académico del Aula Bartolomé de las Casas en la Casa de América de Madrid, Manolo una vez más reunió a varios integrantes del proyecto para celebrar el seminario sobre "La identidad étnica en el diálogo intercultural," seguido el siguiente año por otro seminario bajo el epígrafe de "Las identidades étnicas amerindias en un mundo global". Los resultados fueron publicados en 1997 en *Identidades étnicas*, con Manolo de nuevo como compilador.

Instituto de las Américas / Museo de América

Seis meses después del tercer congreso de De Palabra y Obra, Manolo —con el apoyo de doña Estrella de Diego Otero, entonces directora de Museos Estatales— reunió un equipo en Segovia para ayudarle a planear cómo dar una nueva vida al Museo de América en Madrid. Este equipo, encabezado por el incansable Manolo, fue originalmente compuesto por él, Miguel León-Portilla, Gary Gossen y yo. En poco tiempo, nuestra comisión asesora fue ampliada con la participación de los renombrados antropólogos Michael Coe, de Yale University; Johannes Wilbert, de la University of California, Los Ángeles; y Jorge Flores Ochoa, del Instituto de Estudios Peruanos. Durante los seis días de esta primera reunión, también se sumaron doña María Concepción García Saiz (entonces jefa de la Sección Colonial y hoy la directora del Museo de América), Alfredo Jiménez, Pedro García-Ramos y Juan Macua, de Macua & García-Ramos, organización madrileña responsable del diseño de los futuros espacios y galerías.

El objetivo que Manolo se había propuesto era transformar el museo existente —dedicado desde su fundación en 1941 al servicio de la conservación de las colecciones que custodia— en un instituto / museo moderno, compuesto de un centro de estudios avanzados, utilizando nuevas tecnologías de exposición y empleando novedosas herramientas teóricas y analíticas para re-conceptualizar la arqueología, la historia y la etnología de las Américas. Es decir, la meta era confeccionar en un museo / instituto representaciones multidimensionales de lo que se estaba explorando conceptualmente en las ponencias y debates de De Palabra y Obra.

Esta labor de bienhechor indiano —trayendo de las Américas sus riquezas y haciéndolas accesible al pueblo— se ajustaba perfectamente bien a Manolo. Bajo su dirección, la comisión asesora comenzó a perfilar nuevas galerías que irían más allá de la simple exposición de colecciones organizadas bajo las rúbricas tradicionales de lo "antiguo", lo "colonial," y lo "contemporáneo. En su lugar, se imaginó exhibiciones con nombres descriptivos como "Ciencia y cultura" "Registros de comunicación" y "Cuerpo, espacio y destino".

En las siguientes reuniones, en Madrid y Toledo, se continuó la planificación tomando en cuenta no solo las galerías, sino también la totalidad del imaginado museo / instituto: desde la organización de los empleados y las minucias financieras hasta el contenido de la cafetería. El reto que representaba este proyecto fue resumido por Miguel León-Portilla con una simple frase: "Es más fácil hacer una película o un libro que un museo". Así es, y así fue. Pero en todo esto nos asombró Manolo por su practicidad, su excelente sentido administrativo y su compromiso con acercar la calidad al pueblo. Todas estas artes poco practicadas por intelectuales de su rango.

Pero, desafortunadamente, para este sueño de Manolo, en febrero de 1991, un mes después de la última reunión de la comisión asesora, 18 altos cargos del Ministerio de Cultura firmaron un público manifiesto en contra de la intervención española en la Guerra del Golfo —posición en conflicto con la sostenida por el entonces ministro de Cultura—. Entre los 18 que firmaron este manifiesto se encontraba la directora de Museos Estatales, doña Estrella de Diego, firme amiga de la iniciativa cultural que representaba el Instituto de las Américas / Museo de América. Por esto fueron rápidamente cesados en sus cargos los 18 y con eso murió esa gran hazaña indiana de Manolo.

En fin, como buen indiano, Manolo ha llevado a España muchas de las riquezas americanas. Al igual, ha contribuido mucho a darnos a conocer a nosotros los americanos tanto por sus estudios antropológicos como por darle al pueblo español una visión más realista de la complejidad que ha sido y es nuestro siempre cambiante mundo. Y, en lo personal, acabo con una confesión: nadie mejor que Manolo me ha podido enseñar los misterios de la fascinante cultura española —católica, musulmana, laica y universal—.

Bibliografía

Manuel Gutiérrez Estévez (1988, noviembre-diciembre), "Significación de la narrativa biográfica entre los mayas yucatecos", en Manuel Gutiérrez Estévez (ed.), *Arbor, Biografías y confesiones de los indios de América*, Nº 515-516, Tomo CXXXI, Madrid.

Manuel Gutiérrez Estévez (1992), "Mayas y 'mayeros': Los antepasados como otros", en Miguel León-Portilla, Manuel Gutiérrez Estévez,

Gary H. Gossen, J. Jorge Klor de Alva (eds.), *De palabra y obra en el Nuevo Mundo. 1. Imágenes interétnicas*, Madrid/Cáceres: Siglo XXI/Junta de Extremadura.

Manuel Gutiérrez Estévez (1992), "Alteridad étnica y conciencia moral. El juicio final de los mayas yucatecos", en Manuel Gutiérrez Estévez, Miguel León-Portilla, Gary H. Gossen, J. Jorge Klor de Alva (eds.), *De palabra y obra en el Nuevo Mundo. 2. Encuentros interétnicos*, Madrid/Cáceres: Siglo XXI/Junta de Extremadura.

Manuel Gutiérrez Estévez (1993), "Mayas, españoles, moros y judíos en baile de máscaras. Morfología y retórica de la alteridad", en Gary H. Gossen, J. Jorge Klor de Alva, Manuel Gutiérrez Estévez, Miguel León-Portilla (eds.), *De palabra y obra en el Nuevo Mundo. 3. La formación del otro*, Madrid/Cáceres: Siglo XXI/Junta de Extremadura.

Manuel Gutiérrez Estévez (1995), "De la conversación yucateca al diálogo cristiano y viceversa", en J. Jorge Klor de Alva, Gary H. Gossen, Miguel León-Portilla, Manuel Gutiérrez Estévez (eds.), *De palabra y obra en el Nuevo Mundo. 4. Tramas de la identidad*, Madrid/Cáceres: Siglo XXI/Junta de Extremadura.

Manuel Gutiérrez Estévez (1997), "Introducción", en Manuel Gutiérrez Estévez (ed.), *Identidades étnicas*, volumen 1, colección Diálogos Amerindios, Madrid: Casa de América.

Investigadores Participantes en De palabra y obra en el Nuevo Mundo

Acosta-Belén, Edna, State University of New York-Albany
Adorno, Rolena, Princeton University
Albó, Xavier, Centro de Investigación y Promoción del Campesinado, Bolivia
Arias, Arturo, San Francisco State University, California
Arrom, José Juan, Yale University
Axtell, James, College of William and Mary
Báez-Jorge, Félix, Universidad Veracruzana
Baudot, Georges, Université de Toulouse-Le Mirail
Bernand, Carmen, Université de París-Nanterre
Bengoa, José, SUR, Santiago de Chile
Brandes, Stanley, University of California, Berkeley
Cañedo-Argüelles, Teresa, Universidad Complutense, Madrid
Cardoso de Oliveira, Roberto, Universidade Estadual de Campinas

Carneiro da Cunha, Manuel, Asociación Brasileira de Antropologia
Crocker, Christopher, University of Virginia
Da Matta, Roberto, Notre Dame University, Indiana
De la Peña, Guillermo, Centro de Investigaciones y Estudios Superiores en Antropología Social, México
Del Río, Ignacio, Universidad Nacional Autónoma de México
Deloria, Jr., Vine, University of Arizona
Flores Ochoa, Jorge A., Universidad de San Antonio Abad, Cuzco
García Canclini, Néstor, Universidad Autónoma Metropolitana, México
García-Gual, Carlos, Universidad Complutense, Madrid
González, Nancy L., University of Maryland
Gossen, Gary H., State University of New York-Albany
Grünberg, Georg, Universidad de Viena
Gutiérrez Estévez, Manuel, Universidad Complutense, Madrid
Hanks, William F., University of Chicago
Junqueira, Carmen, Universidad Católica de São Paulo
Klor de Alva, J. Jorge, Princeton University / University of California-Berkeley
León-Portilla, Miguel, Universidad Nacional Autónoma de México
Lomnitz, Larissa A., Universidad Nacional Autónoma de México
Magaña, Edmundo, CEDLA, Ámsterdam
Marzal, Manuel M., Universidad Católica, Lima
Maybury-Lewis, David, Harvard University
Meade, Teresa, Union College, Schenectady, New York
Moya Pons, Frank, University of Florida
Muriá, José María, Estudios Jaliscienses, Guadalajara, México
Mason, Peter, Ámsterdam
Maurer Ávalos, Eugenio, Centro de Estudios Educativos, México
Nash, June, City University of New York
Ortiz Rescaniere, Alejandro, Universidad Católica, Lima
Ossio, Juan M., Universidad Católica, Lima
Pease G. Y., Franklin, Universidad Católica, Lima
Price, Richard, Anses d'Arlet, Martinique
Price, Sally, Anses d'Arlet, Martinique
Regueiro Elam, Helen, State University of New York-Albany
Rodrigues Brandão, Carlos, Universidad de Campinas
Roe, Peter G., University of Delaware
Silverblatt, Irene, University of Connecticut
Sweet, David, University of California-Santa Cruz
Szemiński, Jan, Universidad Hebrea, Jerusalén

Tedlock, Barbara, State University of New York-Buffalo
Tedlock, Dennis, State University of New York-Buffalo
Taussig, Michael, New York University
Vogt, Evon Z., Harvard University

Washington, mayo 2015

Las muchas caras y los muchos talentos de Manolo

Jan Szemiński

Hace años, cuando trabajé en Ayacucho, conocí a otro Manuel, Manuel Marzal, antropólogo, cura, jesuita, profesor de la Pontificia Universidad Católica de Lima, quien más tarde participó en un proyecto, De palabra y obra en el Nuevo Mundo, organizado por Manuel Gutiérrez Estévez. En fin, fui invitado a participar en el proyecto y así conocí a otros Manolos participantes en el mismo, encabezados por Manolo.

Desde el comienzo, Manolo me ha parecido un hombre de muchas caras y muchos talentos. Ya en Trujillo me sorprendió su manejo perfecto de un grupo de mujeres jóvenes, bellas y peligrosas, cuyo trabajo resolvía muchísimos problemas del seminario. Fue la cara de un organizador, un verdadero gentilhombre, quien sabía hacernos trabajar a todos.

Durante las conversaciones, de Manolo me encantó el tamaño de su insaciable curiosidad. Desde los mayas y quechuas hasta los judíos de Salónica y la historia de Villasayas, en Soria. Su curiosidad lo convirtió en un banco de datos —por ejemplo, sobre la provincia de Soria y Castilla la Vieja— y en un guía excelente por las tierras amadas.

Además, sus curiosidades lo llevaron a experiencias inesperadas en un intelectual urbano, lector de revistas del corazón (una fuente respetable para muchos temas de sociedad moderna), conocedor de tabacos y de cocina castellana. Así, por ejemplo, degollaba puercos, que después junto con su mujer convertía en diversas carnes y productos de consumo conservadas y comidas en su casa de Villasayas. Yo, que no he degollado ni una gallina, me lo imagino con dificultad: Manolo, con su pipa y birrete, degollando un puerco. Es más fácil verlo con ojos de indio, como a un *pishtaco*, degollador de indios, con la intención de verificar si de verdad el unto de indios cura a los españoles. Así llego a otro rasgo de Manolo: la capacidad de verificar sus propias convicciones con su propio trabajo.

En diversas oportunidades Manolo me ha enseñado lo que es España.

Cuando regresábamos todos del seminario de Trujillo, en el camino vi cómo unos pastores a caballo, vestidos como debe vestirse un pastor a caballo, conducían una manada de vacas. Pregunté a Manolo si acaso estaban filmando una pelicula histórica y oí la respuesta: "Así se debe conducir las vacas, y así deben estar vestidos los pastores". Solo después vi una tienda, cerca de la Plaza Mayor en Madrid, que vendía hábitos de Santiago y otros componentes del vestido de un caballero de Santiago o de otras órdenes, y comencé a entender la función del vestido en España, tan diferente de la que tiene en países pobres o en países jóvenes.

Una vez hablábamos del catolicismo y de la función de la religión en España —en aquel momento gobernaba el PSOE y había un proceso de cambios rápidos de actitudes hacia otros, mujeres incluidas—. Pregunté: "¿Hoy es posible un español que no sea católico?". Después de considerarlo un tiempo, contestó que no. "Puede vivir en España, pero seguirá forastero a pesar de los papeles". Por supuesto, hablábamos de sentimientos populares y no de declaraciones de intelectuales, quienes consiguieron para los judíos sefardíes el derecho de repatriarse a España.

En otra oportunidad, me explicó que, según las creencias de cada región del norte de España, más al sur vivían puros moros. Y oí tales explicaciones en Asturias, en León y en Castilla la Vieja. "Más al sur comienzan las tierras donde hoy se subraya la herencia andalusí". Como buen antropólogo que siempre quiere conservar sociedades dignas de estudio, opinó que "deberíamos dejar a los moros granadinos en paz" para mayor riqueza cultural de España.

Junto con tal actitud, le encantan los cuentos sobre el amor de los emigrados y exilados a la patria. Le gustó mi cuento sobre un documento que había encontrado yo en el Archivo Nacional de Registros Históricos en Varsovia. En el documento, fechado en el año 1903, los judíos sefarditas de Odessa pidieron al rey Alfonso XIII el permiso de regresar a la patria, declarándose españoles en el exilio. Desafortunadamente, no encontré la respuesta.

Manolo es un antropólogo convicto y confeso.

Cuando lo conocí, ya me ocupaba desde hace tiempo de aprovechar la tradición oral como una fuente histórica. Manolo insistió en que la mirara como un modo usado por miembros de una cultura oral para explicar su presente y no para hablar sobre el pasado, ya que el pasado ya no importa, sino solamente como explicación de lo presente. Me tomó una decena de años verificar esta aseveración en el caso de la tradición oral incaica. El resultado confirmó la aseveración de Manolo con un añadido: que la tradición oral guarda informaciones del pasado que explican lo presente, pero también guarda informaciones del pasado necesarias para explicar las informaciones del pasado necesarias para explicar lo presente. Es decir, un hecho de tradición oral que explica lo presente puede venir cargado de informaciones adicionales sobre otros hechos de tradición oral, necesarios para su entendimiento.

El amor es parte de la curiosidad intelectual de Manolo. Cuando hablábamos del amor, Manolo afirmó que el amor es un invento tardío, romántico y del siglo XIX, típico de clases altas. Tampoco se sabe cómo existía o existe en otras culturas. Quizás, como siempre, quiso hacer su afirmación más tajante de lo que pensaba, ya que afirmó que, a su parecer, entre el campesinado no puede existir el amor, sino un cálculo económico (amor a la chacra) e interés en mano de obra (sana y trabajadora). En nuestras conversaciones omitimos el problema de las clases bajas urbanas, a las cuales los socialistas del siglo XIX asignaban el don del amor, ya que por proletarios no tenían nada más. Todo esto me ha llevado a buscar datos sobre los sentimientos en la cultura de los incas. Encontré muchas palabras que describen sentimientos según las glosas que les atribuyeron los lingüistas españoles de los siglos XVI y XVII. Todos eran curas, en su mayoría jesuitas, y la lengua les interesaba para predicar y convertir, pero no para hablar de sentimientos. Como resultado, tengo una lista de palabras. Para el amor encontré cuatro raíces diferentes, y, aparte de afirmar que al parecer los incas distinguían por lo menos cuatro sentimientos identificados por los jesuitas con amor, no tengo idea de en qué consistió la diferencia. Así sigo endeudado con Manolo, quien me provocó a investigar algo, pero bien puede ser que me falten fuentes para hacerlo.

Un cuento es otro problema intelectual que irresistiblemente atrae a Manolo. ¿Cómo se cuenta? ¿Cómo comienza un cuento? ¿Cuánto dura y cómo se divulga? Manolo me llevó una vez a Berlanga del Duero, no muy lejana de su querida Villasayas. Allí, colgado en la pared, estaba el cocodrilo americano (*Crocodylus acutus*), de cuya boca salían todavía pajas secas de Panamá del siglo XVI. A Berlanga lo trajo fray Tomás de Berlanga, quien había sido el primer obispo de Panamá. Manolo miró el cocodrilo y preguntó qué decían de ese espécimen los habitantes de Berlanga al verlo. De cualquier manera, lo han respetado tanto que lo han preservado hasta nuestros días. Así llegamos al grano: hay un hecho, en este caso un objeto, que viene de otro mundo, ya que Panamá para los de Berlanga en el siglo XVI se encontraba fuera de los límites del mundo conocido. ¿Cómo lo interpretaron los del lugar? Así comienza un camino perseguido por muchos entre nosotros, el de encontrar las interpretaciones creadas por el otro.

Es imposible hablar de Manolo sin mencionar la alteridad. Manolo no solo es antropólogo, sino que también es un "alterólogo" lo más profesional posible, un apóstol de la "alterología". Sus trabajos, y los trabajos que provocó, obligaron a muchos, y entre ellos a mí, a mirar la organización interna de los estereotipos del otro. La imagen del otro es una inversión de la imagen que tenemos de nosotros mismos. Si a nosotros, los polacos, nos gustan los chistes finos, los chistes contados por los alemanes tienen que ser groseros. Si nosotros los judíos siempre preguntamos y contestamos con una pregunta a una pregunta del otro, entonces los que no preguntan tienen un defecto, no reflexionan. Si España es la mejor, ¿qué pueden valer otros países?

Pero con la alterología "manoliana" me ha ocurrido algo horrible. La imagen del otro sirve para crear un estereotipo del otro. El estereotipo del otro es obviamente una generalización falsa, pero muy útil en práctica. En el país donde vivo, cada grupo étnico de inmigrantes (todos judíos en teoría y en la práctica identificados por su país de origen) tiene un apodo o una descripción estereotipada. Y si uno se relaciona con el otro sin tomar en cuenta la descripción y el apodo, comete errores fundamentales y sufre accidentes desagradables. Si te dicen que "en la cabeza de un kurdo no entra nada", trata de convencer a tu vecino, inmigrante del Kurdistán iraquí, de que haga o no haga algo. Tal intento fracasa siempre. Así que debo preguntar:

"¡Manolo! Sabemos ya que es posible investigar al otro hasta hacerle una vivisección, pero ¿es posible entenderlo?".

Tel Aviv, abril 2015

Manolo's Musée Imaginaire

Richard Price / Sally Price

What wonderful memories, working with Manolo as he put together plans for the new Museo de América! Such excitement and anticipation! Jaime Brihuega, professor of contemporary art, had already served four years as sub–minister of culture, with special responsibility for cultural patrimony, historical preservation, archives, and museums, when he called Manolo into his office in July, 1989. "How would you feel about directing a renewed Museo de América?" he asked. "But I hate museums," protested Manolo. "They bore me to death!" "That's exactly why," said Brihuega, "I want to persuade you to take it on."

Brihuega wanted this to be his "model project," his ministry's "flagship for change" and hoped, with Manolo's collaboration, to "revolutionize the museum world." Manolo formed a Coordinating Committee from his international academic network (largely non-Spaniards). And the developing, intellectually daring plans got a further shot in the arm when Brihuega's art historical colleague, Estrella de Diego, was appointed Head of State Museums under his subministry's authority, and threw her full energies into its support. "You name it, you've got it," she told Manolo.

This was to be no ordinary museum. Manolo stressed that it would, in fact, be "an antimuseum militantly nonauthoritarian and nondidactic, designed to inspire doubt and to encourage multiple readings." He wanted something "really incomprehensible, a logic that didn't sit still," a museum that would "incite interaction, trigger intellectual games between complicitous adults." "When visitors leave," he told us, "they should feel entertained and stimulated, as if they'd just finished a good novel." U.S. educated de Diego, acutely conscious of the weight of traditionalism and orthodoxy in Spanish museums, seconded Manolo's stress on planting seeds of doubt.

In a statement of purpose, Manolo summed up the principles that he hoped would vertebrate the new exhibits, due to open in time for the Columbian Quincentenary in 1992, in the form of a series of oppositions.

They would be conceptually, not chronologically organized; cultural rather than aesthetic in focus; selective rather than encyclopedic; adaptable through time, not immutable; morally neutral rather than judgmental; reflexive and openended, not authoritarian; multi rather than univocal; participatory, not passive; challenging and playful, not reinforcing of visitors' "received wisdom." In discussing these goals with us, Manolo, ever the (post?)structuralist, excitedly rephrased these binary oppositions in the form of a triangle. On the bottom left, he said, was the traditional archaeological museum, organized by time and space. On the bottom right was the anthropology museum, organized conceptually, like a textbook. And at the apex sat his dream museum: provocative, interactive, antipedagogic, and contestational.

From the first, the remaking of the Museo was a highstakes gamble, wholly dependent on the patronage of Jaime Brihuega. It was he, and later Estrella de Diego, who nurtured and protected Manolo's team and permitted them to operate outside the structures of the already established museum bureaucracy. During the twoyear gestation of the project, the lobbying and pressures of the museum's longtime curators were kept under control, though barely. When Brihuega and de Diego became part of "The Eighteen" from the Ministry of Culture who signed the public protest against Spain's entry into the Gulf War and were dismissed from their posts, the bureaucracy was more than ready to close ranks. Spain's professional curators saw no need for assistance from carpetbagging academics, especially from the other side of the Atlantic. Manolo had little choice but to relinquish his project and return to his professorial chair.

We were privileged witnesses to these events (and published an article about them in the *American Anthropologist* in 1995) because of Manolo's generosity in including us in the several week-long seminars he organized at the end of the 1980s and early 1990s in Trujillo (and once in Olivenza de la Frontera), where he brought together an always-stimulating international group under the rubric of "De palabra y obra en el Nuevo Mundo". It was at those seminars that we first met Manolo and experienced his critical acumen and quiet sense of humor. At those seminars, we saw Manolo's friend Jorge Klor de Alva spinning out on the blackboard with great ambition the details of books he was in the course of writing (but that would never see the light of day), Mick Taussig, after rehearsing with Manolo's students all night long, putting on a dramatic performance of his "paper," and much more—along with memorable bus trips to such sights as the Real Monasterio de Nuestra Señora de Guadalupe in Cáceres, where Columbus came to give thanks after his "discovery" of the

New World. Most enjoyable days, and lots of wonderful conversation, as well as food and wine, thanks to our attentive host!

So, we salute Manolo on his retirement and wish him many years of productivity and happiness.

Martinica, April 2015

Cuatro regalos: un homenaje a Manolo Gutiérrez Estévez

Stanley Brandes

Manolo ha sido amigo mío durante no sé cuántos años. Serán décadas ya. De hecho, una vez él y yo, sentados en la mesa de su casa al lado de Ina, nos pusimos a pensar en cuándo y cómo nos hemos conocido por primera vez. Ni uno ni otro podíamos recordar el momento. Ina tampoco era capaz de ayudarnos a solucionar el misterio. Lo que es significante para mí es que Manolo y yo hemos mantenido una amistad tan estrecha y firme que parece haber sido una relación de siempre. Es difícil que me acuerde de una vida intelectual en España sin la presencia de Manolo, aunque sé que Manolo pertenece más bien a mi identidad como americanista más que como hispanista.

Mi memoria más temprana de Manolo es de un curso de verano que él organizó en torno al tema de la alimentación en América Latina. El curso tuvo lugar en Segovia, hace veinte años por lo menos. En enero del 2015, cuando sacamos el tema del primer encuentro, le mencioné la posibilidad de que era en Segovia. De repente, Manolo se fue de la mesa y —esto sí lo recuerdo bien— volvió con una carpeta que contenía todos los documentos, folletos, programas y demás documentación perteneciente al curso. Tardó no más de cinco minutos en localizar la carpeta. Manolo es, sin lugar a dudas, un hombre bien organizado. Y sabe organizar congresos, mesas redondas, seminarios. Una vez me confesó que le gusta la mezcla de gentes —participantes de diferentes países, de diferentes orígenes étnicos, de diferentes gustos teóricos, de indígenas con europeos, etcétera—. Yo creo que el éxito que Manolo ha tenido siempre en las varias funciones que ha desarrollado se debe en parte al aspecto multicultural de esos eventos. Por cierto, debo mi participación en varias mesas redondas, seminarios, congresos, cursos y tribunales a las numerosas invitaciones que Manolo me ha brindado a lo largo de los años.

Manolo y yo siempre hemos compartido un interés por determinados temas antropológicos y gustos teóricos, sobre todo en América Latina, y por la etnología y en la etnohistoria de esa región. Pero lo que más me conmueve es que hemos tenido, y seguimos teniendo, en común a personas, a alumnos y a colegas convertidos a lo largo de los años en amistades. En esto hemos mantenido un intercambio no muy recíproco, en el sentido de que pienso que Manolo me ha dado mucho más que yo a él.

Me ha regalado, en concreto, no menos de tres personas que se cuentan entre los individuos más importantes de mi vida. El primero fue Paco Ferrándiz, que estudió al lado de Manolo en la Facultad de Geografía e Historia en la Universidad Complutense de Madrid. A finales de los ochenta, Paco, siguiendo la sugerencia de Manolo, vino a Berkeley para estudiar conmigo. Sacó el doctorado en Antropología en la Universidad de California, Berkeley, en 1996, y desde entonces ha sido una persona fundamental en mi vida. En enero de este año, en un seminario dedicado a la presencia norteamericana en la antropología española, Manolo, Paco y yo nos sentamos juntos, un simple acto que tenía un significado muy emocionante para mí.

El segundo regalo me vino de Manolo en la persona de Julián López García. En 1995, Manolo me invitó a participar en el tribunal de tesis de Julián, dado que se trataba de un tema que los tres tenemos en común: la alimentación popular. Esto fue para mí una experiencia clave. Nunca jamás había sido miembro de un tribunal de tesis en España. Cumplir con este papel me daba la sensación de pertenecer —es decir, de estar completamente integrado— a la comunidad académica del país. A partir de entonces, Julián y yo hemos estado juntos en no sé cuántas mesas —en Cáceres, en Madrid, en Córdoba—. Quizá el encuentro más insólito de todos tuvo lugar en el pueblo extremeño de Deleitosa, en junio del 2000. En esa ocasión celebramos el aniversario de haber estado allí y de haber fotografiado al pueblo, medio siglo después, con el famoso fotoperiodista W. Eugene Smith. Julián y yo hemos mantenido una amistad firme, y él se cuenta entre los individuos más queridos de mi vida. Debo a Manolo haberme regalado a Julián y haber tenido la confianza suficiente en mí como para nombrarme miembro del tribunal.

Un tercer regalo me llegó en la persona de Antoinette Molinié, profesora francesa de Antropología Social del CNRS, en Nanterre. Como es bien sabido, Antoinette trabaja sobre el Perú y España, de manera que tanto ella como Manolo y yo somos a la vez americanistas e hispanistas. Cuando Antoinette y su marido Geoffrey Bodenhausen estaban planeando una estancia de medio año en Berkeley, Manolo les sugirió que se pusieran en contacto conmigo. Durante ese periodo, Antoinette y yo descubrimos lo mucho que tenemos en común, no solo en temas antropológicos —incluso indigenismo, psicoanálisis y religión popular—, sino también en gustos culturales —¡sobre todo, la ópera!—. Antoinette me invitó a ser miembro de un tribunal de tesis en Nanterre (la de Ingrid Hall, actualmente profesora universitaria en Montreal), una experiencia más que me ha abierto nuevas puertas al mundo antropológico francés. A partir de esos encuentros, Antoinette, Geoffrey y yo hemos mantenido una amistad estrecha, algo que se originó debido al espíritu generoso de Manolo.

Llegamos por fin al cuarto regalo: Manolo mismo. Manolo siempre ha tenido confianza en mí, igual que yo en él. Hemos mantenido a lo largo de décadas una relación de profundo respeto y afecto mutuo. Manolo es el único profesor español con quien he dado un curso de Antropología. Entre tantas invitaciones recibidas de él, quizá las más significativas para mí eran las que me llevaron a la Casa de América varias veces para enseñar en el programa de máster asignaturas sobre Etnografía de España y Antropología de la Alimentación. Los alumnos eran españoles y latinoamericanos. Para mí, como norteamericano, fue un privilegio especial poder enseñar a un grupo de "nativos" sobre sus respectivas culturas.

Hace unos diez años tuve la oportunidad de llevar a Manolo a Berkeley, con el fin de dar junto conmigo una asignatura de doctorado. Dimos un seminario de doctorado sobre religión popular en España y América Latina, en español y en inglés. Por lo que yo sé, esta fue la primera, y hasta ahora la única, asignatura bilingüe que se ha dado en las ciencias sociales en Berkeley. Es la única asignatura que yo he dado con un profesor español. Recuerdo que en esta asignatura, igual que en las asignaturas del máster en la Casa de América, Manolo dio un consejo a los alumnos acerca de sus trabajos escritos: no aburrir al lector. Manolo es un etnohistoriador y antropólogo que aprecia la erudición y los métodos formales de redactar. Pero, de igual manera, siempre le he visto buscar en sí y en otros investigadores y alumnos señales de creatividad, de innovación.

Durante los dos meses de estancia en Berkeley, Manolo alquiló un departamento pequeño, ubicado casi directamente en frente de nuestra casa. El departamento tenía una terraza llena de glicinias en flor. Tal como cuenta Jane, mi mujer:

> I met Manolo not long after Stanley and I were married and so at times when we accompanied Stanley, we were both seeing Berkeley and environs with fresh eyes. On a fall day we three traveled to nearby Oakland, to the Mexicano neighborhood of Fruitvale (years later the subject of a popular movie) where a street festival for Día de Los Muertos was in full swing.
>
> Manolo had an easy way of relating to all sorts of people and thoroughly enjoyed the lively scene. It was impossible, however, not to notice

the twinkle in his eye when he, the scholar of Mexican pre-history and ethnohistory, looked on at the muscular pose of a man with body paint and accessories proudly invoking the Aztec of his genetic origin. Manolo took breakfast at a popular neighborhood restaurant where he was a clear favorite of the wait staff. One afternoon, he sat on a bench with me outside the restaurant as I struggled to finish the final essay of my UC Berkeley Spanish 1 course. We unknotted the problems and my satisfaction with that little essay about a child in a New York department store at Christmastime included the experience of his kindness. The man who told us he was probably more suited to living in a past century was nevertheless warm and engaged with students and others in this one.

En Berkeley, Manolo tenía un despacho en la facultad cerca de los colegas de Antropología Social. De vez en cuando salimos de casa a la vez, de pura casualidad, y en estas ocasiones se fue conmigo a la facultad en coche. Pero la gran mayoría de las veces él llegaba y venía cada día a pie, una distancia de siete kilómetros en total. Siempre llevaba consigo el ordenador y varios libros. Nunca se quejaba del plan. Al contrario, por lo que recuerdo salió orgulloso del ejercicio que estos paseos le proporcionaban. Debido a ellos, perdió unos cinco kilos de peso, me dijo. Igual que Arnold Schwarzenegger y otros extranjeros emigrados a California, ¡Manolo se puso en forma!

Le felicito por los buenos y fructíferos encuentros que hemos compartido juntos, dentro y fuera del ámbito académico. De la misma manera, mantengo la ilusión de continuar en el mismo plan durante los años que nos quedan. Y, entre muchas otras cosas que le debo, le agradezco los cuatro regalos que me ha dado. Es posible que me regale aún más, pero, de verdad, con lo que me ha hecho ya está bien.

Berkeley-Aix en Provence, abril 2015

Abierto al mundo, a las muchas perspectivas, fantasías, piedras maravillosas... pero con coherencia

MARK MÜNZEL

Hay muchos mundos...
En ciertos mundos han confirmado la hipótesis de Riemann sobre los números primos.
[...]
En uno de estos mundos, la más profunda oscuridad se ilumina por piedras maravillosas que hablan [...].
LARS GUSTAFSSON 2012[1]

Fig. 1: Viajero volando por fuerza mágica, xilografía (supuestamente de Jörg Breu d. Ä, en: Anónimo 1509: 160)

1. Mi traducción de la traducción alemana del sueco. En matemática pura, la hipótesis de Riemann —"que trata de la relación entre una función sobre los números complejos y la distribución de los números primos"— es un problema abierto que "pese a su apariencia abstracta, de ser resuelta, cambiaría la manera de enviar información a través de Internet" (Manuel de León, CSIC, Real Academia de Ciencias, 2014).

La antropología es un viaje a mundos posibles. Para comprenderlos, hay que despedirse de las teorías sabelotodo que responden a todas las preguntas, hasta a las más maravilladas, por la abstracción árida de la generalización:

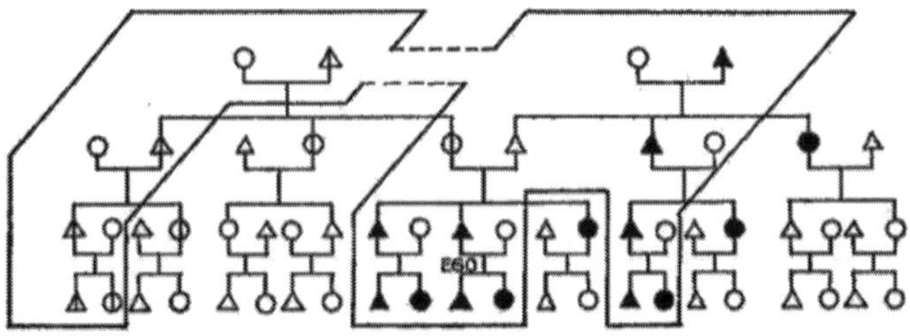

Fig. 2: Parentesco: Allí están para esquematizar y reducir la vida, el amor, los conflictos

Pero debo admitir: el arte indígena también es abstracción de procesos que incluyen odio, furia, amor y tristeza. Hay abstracciones y abstracciones. Una máscara (en el caso de los kamayurá, Alto Xingú, Brasil) evoca miedo y triunfo frente a los monstruos y la tristeza de la muerte, representa la lucha con enemigos que se capturan en una red de pesca. Es la simplificación genial de toda una mitología, sin negar ni a los duendes ni a la fantasía:

Fig. 3: El duende Hyvat. Un genio[2]

2. Plancha de madera, blanco y negro, dentadura de piraña. Ipavú, Brasil. Weltkulturen Museum, Frankfurt am Main. Foto: Petri.

Por el contrario, una abstracción que trasforma amor y alegría a un esquema al estilo de la antropología social del parentesco y del ritual:

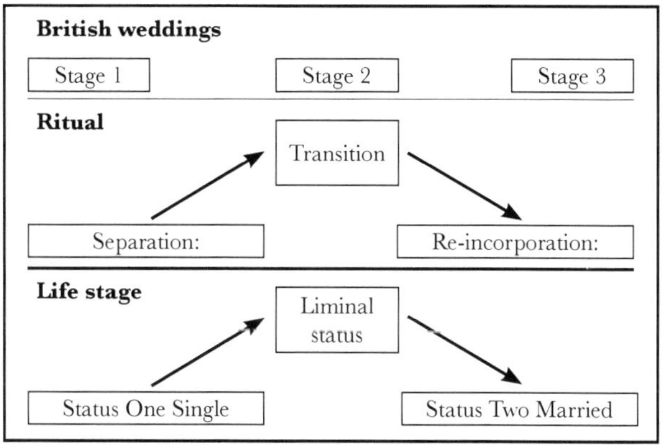

Fig. 4: Status One: Single > Status Two: Married.[3] Una banalidad

Otra manera de perder el sentido de la vida para convertirla en sabiduría de gabinete son aquellas teorías que reducen la inmensa diversidad de ideas y rituales indígenas a un "perspectivismo" o "animismo", que —¡maravilla de una coincidencia!— parece una simplificación de ideas europeas de los años cincuenta. Para algunos, es una manera de salvar el esquematismo estructuralista de esta época, cuya agonía tratan de hacer olvidar cuando reformulan sus postulados (para esta crítica, v. p. ej. Turner 2009). Y crean "una nueva especie etnográfica: un indígena genérico que intercambia eternamente con los animales sustancias y puntos de vista, en una orgia cosmológica de predación y canibalismo", reduciendo así la "enorme diversidad indígena" a "una retórica filosófica más apropiada a generalizaciones que a la comprensión de mundos específicos de significaciones" (Ramos 2012: 483).

Manuel Gutiérrez Estévez, un hombre muy educado, no piensa en insultar a los héroes académicos de esta corriente. Su respuesta es otra. Sin ni mencionar al perspectivismo del estructuralismo tardío (que naturalmente conoce), recuerda el sentido que la palabra "perspectiva" tiene fuera de la antropología y de la filosofía: es la perspectiva del artista. Al aplicar este sentido a la interpretación de textos indígenas, pone al descubierto la autonomía y singularidad de los autores de los mismos: cada uno es "un sujeto autónomo" y afirma a cada momento la "pluralidad del sujeto, derivada de la variedad de sus roles y de la diversidad de sus deseos"

3. Vincent 2009, B: Lecture 8, Slide 13.

(Gutiérrez 2001: 89). Quiere decir que un individuo puede adoptar perspectivas diferentes, pero también significa que cada individuo es un caso específico con su perspectiva autónoma. Eso lo sabemos, pero no es nada banal cuando se aplica a indígenas que, como lo formula Rita Ramos en la citación de arriba, son tratados, en el perspectivismo posestructuralista, como un "indígena genérico". La perspectiva de Manuel Gutiérrez es contraria a una vieja creencia occidental que se autoclasifica como autónoma e individual y desclasifica a los primitivos y arcaicos como un colectivo genérico.

No es solamente en este caso que Manuel Gutiérrez defienda tanto la dignidad del individuo autónomo como la singularidad de cada caso. Hace algunos años, tuve la idea de dar a conocer en una revista alemana las perspectivas teóricas que están renovando la antropología americanista en España. Debo admitir que pensé en teorías y no en realidades. Pedí ayuda a Manuel Gutiérrez, y este me ayudó mucho, dirigiéndome a autores interesantes. El resultado fue una miscelánea de textos (algunos de alumnos de Manolo) con nuevas perspectivas, sí, pero (como escribió Manolo en el prefacio programático) frente a la

> [...] oposición existente entre la necesidad de un conocimiento universal, por un lado, y la particularidad real de las cosas sensibles del mundo, por otro, optan por la solución propuesta por el nominalismo medieval. Lo cual significa, en este caso, optar por la realidad no de la teoría antropológica general, sino por el conocimiento intuitivo y sensible, la valorización de lo individual y singular y la conciencia de que los conceptos generales nacen en mentes individuales.[4]

La vida real que entra en la teoría general para que esta se pierda en el mundo. En otro texto de Manuel Gutiérrez que, aparentemente, aborda un tema muy diferente (a saber, las murallas del cuerpo que encierran el alma), encontramos esta imagen: "Y, sin embargo, cuando el alma se diluye en el cuerpo las murallas se resquebrajan y dejan que el interior se inunde de los sonidos, rostros, risas y temblores que llegan de fuera; las cosas del mundo". Y cita a Vicente Huidobro:

> El mundo me entra por los ojos
> Se me entra por las manos se me entra por los pies...
> (Gutiérrez 2002: 141)

---

4. Cita de un texto escrito con un coautor (Gutiérrez / Münzel 2003: 10), pero este párrafo salió de la pluma de Gutiérrez.

Pero es un mundo entre muchos. La antropología descubre algunos y, así, abre perspectivas sobre otros posibles. En ciertos mundos, hay…

el ornitorrincolaringólogo,
el octopus Dei,
el perejilguero,
la ballena clueca,
el orangusano,
la sardina mensajera,
el tibhurón,
la mariprosa,
el muyseñor,
el escararriba,
la mantis agnóstica,
la lardilla,
el eMefante,
el hidromedario,
el águila republicana,
la piaraña,
el esposo hormiguero,
el champagncé,
el rinocelote,
la langostra,
el más mexicano de los pájaros cantores,
que indudablemente es el jilgüero,
el flamencoyote,
el sandinosaurio,
el pavo renal,
y hasta una especie rarísima y en vías de
extinción: el gato de agua dulce, que se
alimenta exclusivamente de meloma-
nocotones (Ricardo Bada 2006).

Y en ciertos mundos, a veces en la tarde…

Tres conejos bailan al claro de la luna
en el cantillo de las praderas en orillas del lago:
Uno es león,
el otro una gaviota,
un corzo el tercero… (Christian Morgenstern)[5].

5. "Drei Hasen. Eine groteske Ballade" [1905], en Morgenstern (1957: 113). Mi traducción del alemán.

Quedar abierto a otros mundos posibles… En su diálogo entre Mercurio (dios de los viajeros) y Carón (el barquero de nuestro último viaje), el clásico Luciano de Samosata —un sirio del siglo II de nuestra era que escribió en griego— anticipa al sueño metodológico del antropólogo de poder situarse en una perspectiva universal, objetiva, más allá de las perspectivas. Amontan cerro sobre cerro para poder contemplar y comprender el mundo desde arriba. Pero, cuando Carón llega a verlo todo, es de tan lejos que ya ni reconoce los detalles ni oye más lo que dice la gente allí abajo, le hace falta la vida plena. En esta altura, Mercurio enseña a Carón cómo llegar a combinar la vista objetiva desde muy lejos con el oído tan fino que lo capta todo: "Es muy sencillo", hay que recitar cierta fórmula homérica e "imaginar firmemente haber vencido la miopía" (Lukian 1984: 28-29, mi traducción del alemán), y ¡pronto! Ay, quién me diera en el desierto la facilidad de este método de reconciliar la distancia y la proximidad por la firme convicción de poseer la fórmula mágica. Ay, quién me diera el poder de viajar y comprenderlo todo. Muchos científicos imaginan firmemente haber vencido la realidad bajo los cerros de las teorías, pero les falta el escepticismo que hiciera que Carón terminara por reírse.

El perspectivismo sabio, escéptico, de Luciano de Samosata de cierto modo lo encontramos, bajo otro plumaje, en el perspectivismo indígena del que nos habla la antropología brasilera y que (absurdo que le hubiera gustado al Carón de Luciano por ser otra ocasión para reírse) fue transformada en una nueva fórmula mágica autosugestionada con la que algunos piensan poder comprenderlo todo sin tener que escuchar lo que dicen allá abajo en el campo.

Aprendí mucho con el escepticismo, maravillado del mundo, del antropólogo Manuel Gutiérrez, opuesto a cualquier teorización presumida cuando esta, en vez de tomarse la molestia de escuchar lo que nos dicen los indígenas, los integra luego en su seudofilosofía. Escuchemos a los indígenas, quedemos admirados delante de sus monstruos y encantados delante de sus mundos diferentes. Esto significa dejar de lado la razón. Ya en 1934 lo dijo Roger Caillois (1974: 36) en su polémica con los ultras de la antirrazón (y lo hubiera podido decir Manolo, me parece que es su lema hasta hoy):

> L'irrationnel, soit; mais j'y veux d'abord la cohérence […]; combiner en un système ce que jusqu'à présent une raison incomplète élimina avec système.

Marburg, junio 2015

Bibliografía

Anónimo (1509): *Fortunatus. Eyne hystorye.* Augspurg: Johann Otmar, en Münchener Digitalisierungs Zentrum: Digitale Bibliothek, <http://www.daten.digitale-sammlungen.de/0000/bsb00007945/images/> [30/04/2015].

Bada, Ricardo (2006): "Bestiario. Homenaje a Christian Morgenstern", en *Letras Libres*, julio 2006, p. 82, en <http://www.letraslibres.com/sites/default/files/pdfs_articulospdf_art_11416_11097.pdf> [30/05/2015].

Caillois, Roger (1974): *Approches de l'imaginaire.* Paris: Gallimard (Bibliothèque des Sciences Humaines).

Gustafsson, Lars (2012): "Über den Reichtum der bewohnten Welten", en *Frankfurter Allgemeine Zeitung*, 27/7/2012, p. 25.

Gutiérrez Estévez, Manuel (2001): "Pluralidad de perspectivas y sujetos en los géneros literarios de los mayas yucatecos", en Marcelo Dascal / Manuel Gutiérrez / Jaime de Salas (eds.), *La pluralidad y sus atributos: Usos y maneras en la construcción de la persona.* Madrid: Fundación Duques de Soria / Biblioteca Nueva (Colección Razón y Sociedad), pp. 59-90.

(2002): "Interioridades", en Manuel Gutiérrez Estévez / Juan Antonio Flores Martos / María García Alonso / Julián López García / Pedro Pitarch, *Según Cuerpos. Ensayo de diccionario de uso etnográfico.* Cáceres/Trujillo: Cicón Editores/Fundación Xavier de Salas, pp. 83-141.

Gutiérrez Estévez, Manuel / Münzel, Mark (2003): "Introducción al dossier", en *Indiana*, 19 / 20, pp. 912.

León, Manuel de (2014): "¿Es la hipótesis de Riemann un reto social?", en: <https://www.bbvaopenmind.com/es-la-hipotesis-de-riemann-un-reto-social/> [visto 30/04/2015].

Lukian (1984): *Charon oder die Betrachtung der Welt* (ed. Albert von Schirnding). Ebenhausen bei München: Langewiesche-Brandt.

Morgenstern, Christian (1957): *Gedichte.* Frankfurt am Main: S. Fischer (Fischer Bücherei, 152).

Ramos, Alcida Rita (2012): "The Politics of Perspectivism", en *Annual Review of Anthropology*, 41, pp. 481-494.

Turner, Terence S. (2009): "The Crisis of Late Structuralism. Perspectivism and Animism: Rethinking Culture, Nature, Spirit, and Bodiliness", en *Tipití*, vol. 7, nº 3, artículo 1, pp. 340, en <http://www.digitalcommons.trinity.edu/tipiti/vol7/iss1/1> [02/05/2015].

Vincent, John A. (2009): "Introduction to Anthropology", en <http://www.people.exeter.ac.uk/JVincent/SOC1016b> [30/04/2015].

Carta desde Roma

Peter Mason

Querido Manolo:

Después de haberte enviado la foto de la "clínica de la pipa" romana, que te disgustó tanto, espero agradarte más con otra imagen italiana.

Como puedes apreciar, la figura egipcia en el centro del grabado es Ptah, el dios creador de Menfis que inventó la albañilería (*masonry* en inglés) y de cuyo nombre probablemente procede la palabra Egipto. Sus atributos característicos son una barba recta, el casquete en la cabeza y la vara, que combina el pilar *dyed*, el *anj* (jeroglífico que significa 'vida') y el cetro *was*. Aunque el pilar *dyed* en su forma regular tenía al menos tres barras horizontales, nuestro grabado se contenta con una sola, y el *anj* está ausente.

La imagen se encuentra en la "Seconda parte delle imagini de gli dei indiani", un apéndice a la obra *Imagini delli dei de gl'antichi*, de Vicenzo Cartari, publicada por primera vez en 1556. El autor del apéndice sobre los dioses de México y de Japón, que se agregó a la obra de Cartari en 1615 y con que "Olimpo, inundado por todos lados, se volvió mero pandemonio" (Jean Seznec), era el anticuario Lorenzo Pignoria. Pignoria ya había escrito una monografía dedicada a la Tabula Isiaca, una tabla en bronce que apareció después del saqueo de Roma y que representa a varias divinidades egipcias. En 1832 la tabla entró en el Museo Egipcio de Turín, donde se conserva todavía, y de esta tabla depende nuestro grabado.

La Tabula Isiaca no es egipcia. Las discrepancias en la representación de la figura de Ptah del grabado reproducen fielmente las discrepancias de la obra original, que hoy en día se considera producto romano ajeno a la cultura religiosa egipcia con sus precisas reglas iconográficas.

Pero somos americanistas, ¿por qué nos debemos interesar por estos caprichos del mundo rancio de los anticuarios?

En el mismo grabado, Pignoria incluye dos imágenes más: por encima, la representación de una moneda; por debajo, una cabeza exótica, como poco. Corresponde al ítem "Cabeza de un ídolo de Florida" en el inventario del catálogo de la *Kunstkammer* en Múnich, compilado en 1598, pero podemos reconocer el mismo objeto en el grabado "de un ídolo que ese pueblo adora y llama Kiwasa" del primer tomo de la publicación enciclopédica *América*, que la familia De Bry empezó a publicar en Frankfurt en 1590. Sin embargo, mientras que el objeto en Múnich proviene, al menos según el lema del catálogo, de Florida, el primer tomo de América está dedicado a la expedición de los ingleses a Virginia. El autor del texto intenta escabullirse de la confusión con las palabras "la cabeza es igual a la de las gentes que habitan en la Florida", pero hay otros detalles del grabado de De Bry que no encuentran paralelos en las piezas arqueológicas conocidas de las culturas amerindias.

¿Por qué Pignoria yuxtapone una imagen que supone representar el mundo amerindio con una que relaciona con el mundo antiguo de Egipto? Pignoria anticipaba el método de mitología comparativa que practicaron posteriormente Georges Dumézil y Claude Lévi-Strauss. Pero, si la

Tabula Isiaca no es egipcia y el grabado de De Bry tampoco es una representación fiel de alguna cultura amerindia, se viene abajo toda la hipótesis.

Vayamos para adelante con la certeza de que cada vez sabemos menos de lo que pensábamos saber.

Un abrazo fuerte y hasta luego en Trujillo,

Peter

Roma, abril 2015

Durante máster de estudios amerindios

¡Cachimba, cachimba!... Manolo Gutiérrez en el altiplano occidental de Guatemala

Andrés Ciudad Ruiz

"Tchan-tchan-tchan-tchan", un soniquete onomatopéyico seguido de un paso monótono y repetitivo desfilando con descompuesta marcialidad me viene a la cabeza cuando intento recordar mis vivencias con Manolo Gutiérrez Estévez e Ina Carbajo Isla, su mujer, en Quetzaltenago, Guatemala. Estaba en su inicio un proyecto multidisciplinar que resultó en exceso efímero y desafortunado, pero que había sido diseñado con gran esmero por profesores de la Universidad Complutense de Madrid, de la de Barcelona y de la de Sevilla y que tenía por objeto analizar el cambio cultural en el Occidente de Guatemala.

Con ese ejercicio, casi diario y a menudo reduplicado en varias ocasiones, Manolo e Ina, y a veces Pepa Iglesias y yo mismo, nos distraíamos de nuestra intensa y poco variada rutina diaria en la casa del proyecto atendiendo al hijo de los guardeses de nuestra residencia, donde vivíamos, trabajábamos y almacenábamos los materiales resultantes de cada una de nuestros trabajos de campo: los materiales arqueológicos, los arqueólogos; las recopilaciones etnohistóricas, los etnohistoriadores; y los materiales etnográficos, los etnógrafos. Carlos René, de poco más de tres años, colmaba algunos de los momentos que nuestro apasionante trabajo dejaba libres.

Ese acto diario, con elevadas dosis de ternura para quienes no teníamos descendencia, me mostró una faceta distinta del profesor de la Universidad Complutense en la que yo cursaba los estudios; una faceta que a destellos ha aparecido a lo largo de nuestra dilatada coexistencia en el Departamento de Antropología de América de la mencionada universidad.

Con un vasto conocimiento de la etnología del Occidente de Guatemala, y con una clara inclinación por desentrañar aspectos de la mentalidad y de la religiosidad de los grupos que ocupaban la cuenca alta del río

Samalá, Manolo había estructurado la investigación etnológica en el marco del proyecto, el cual se complementaba con aquel otro que llevaban a cabo Claudio Esteva y Mª Jesús Buxó, de la Universidad de Barcelona. Para ello había diseñado una estrategia de trabajo que se distribuía en tres núcleos de población diferentes: en Zunil, una pequeña población al sur de Quetzaltenango de fuerte componente indígena, desplazó a su equipo de colaboradoras, quienes estuvieron en este asentamiento dos largas temporadas; por su parte, Manolo Gutiérrez fijaba su atención en San Andrés Xecul, en el entorno de Totonicapán; y en Almolonga, en las cercanías de Quetzaltenango, con cuyos ocupantes pretendía completar la documentación obtenida en Zunil.

En estos momentos, me estoy refiriendo a los años 1977 a 1980, la sociedad del altiplano occidental de Guatemala, a excepción de los grandes núcleos de población como Quetzaltenango, donde tenía residencia la misión arqueológica de España en Guatemala, era fuertemente indígena, y se encontraba muy compartimentalizada, de modo que la escasa distancia no comprometía de manera exacta la coincidencia total de patrones culturales, sino que las experiencias, si bien complementarias y coherentes, componían un mosaico que permitía ahondar con éxito en la reconstrucción etnológica de esa parte del territorio de la cuenca del río Samalá.

Paralelamente a estos trabajos, Manolo Gutiérrez dedicaba tiempo a una tarea que siempre le ha fascinado y que servía para ayudar a los trabajos que realizaba su mujer, Ina Carbajo: bucear en los archivos parroquiales de los distintos y fascinantes pueblos que rodean Quetzaltenango, aprovechando para trabajar con agentes distintos de aquellos que le estaban proporcionando información en San Andrés Xecul, Zunil y Almolonga, de etnia quiché. La visita conjunta a algunos de esos sitios, a sus mercados y sus artesanías, a sus danzas y fiestas, constituyó para mí, por entonces un recién licenciado en Antropología y Etnología de América, una invaluable ocasión para dar sentido a algunas de las lecturas y enseñanzas que había recibido en la Universidad Complutense de Madrid, y me abrió unas perspectivas diferentes a las que una persona ajena a aquel ambiente podría obtener.

Se paseaba Manolo por ellos fumando en su pipa y los indígenas del mercado le miraban maravillados y, dándose con el codo, le señalaban diciendo "cachimba, cachimba", admirados de la herramienta con la que fumaba.

Ahora, visto en perspectiva y con no mucha reflexión acerca de los avances que alcanzó el efímero proyecto, a excepción de los logrados en arqueología, que sí están contrastados, la elección de los pueblos en los que centró su atención estaba cargada de inteligencia: Zunil era, por una parte, una comunidad bastante cerrada, pero a la vez abierta a agentes internacionales por el culto multitudinario a Maximón; San Andrés Xecul también tenía ese carácter cerrado, con menos contacto de gentes diversas en origen y lengua; y Almolonga era un centro agricultor que nutría de verduras y hortalizas a todo Guatemala, acostumbrado al comercio y al trato y cuna de viajeros impenitentes que llevaban sus productos a poblaciones remotas y diversas: necesariamente la mentalidad y el ritual de estas poblaciones, objetivo central de las investigaciones de Manolo Gutiérrez en Guatemala, tenían que ser diferentes, si bien a la vez complementarias y yuxtapuestas.

Las temporadas de los profesores de las universidades españolas en el proyecto Cambio Cultural en el Occidente de Guatemala, al contrario de los recién licenciados que nos quedábamos allí durante un año completo para de nuevo regresar a los nueve meses, eran cortas, en atención a su dedicación docente, de manera que solíamos convivir entre 30 y 45 días, pero dejaron honda huella en mis perspectivas existenciales y de investigación: las conversaciones, las experiencias, nuestro común intento de aprender lengua quiché, los comentarios del trabajo realizado día a día, las posiciones teóricas y las maneras de ver el mundo —algunas veces expresadas por algunos de nosotros con tanta vehemencia que angustiaban y metían el susto en el cuerpo de los guardeses de la casa, acostumbrados como estaban al protocolo y las maneras de los indígenas de las tierras altas de Guatemala— forjaron mi propia perspectiva sobre los mayas, sobre su pasado y su presente, sobre su forma de ser, sus elaboraciones y su forma de pensar. En definitiva, sobre un mundo que ya no habría de abandonar jamás.

Desafortunadamente, el proyecto Cambio Cultural en el Occidente de Guatemala no duró más allá de dos años y medio. En un ambiente político y social convulso y dramático, la policía guatemalteca asaltó la Embajada de España en Guatemala a finales de enero de 1980 persiguiendo a unos campesinos que se habían refugiado en ella para escenificar sus demandas sociales. El resultado de este asalto fue la quema de la embajada con todo el personal que estaba dentro: murieron 37 personas y solo se salvó el embajador de España y uno de los campesinos refugiados, quien sería un día más tarde secuestrado del hospital en que se encontraba como consecuencia del asalto a la embajada y vilmente asesinado. España rompió sus relaciones con Guatemala y todas las misiones oficiales cesaron en sus responsabilidades y salieron del país, concluyendo también nuestro proyecto.

No he coincidido desde entonces en un trabajo de campo con Manolo Gutiérrez, salvo una muy breve visita que realicé a Villa Madero, en Campeche, México, donde continuó sus trabajos sobre el mundo maya, pero mis dos primeros años como investigador en América, coincidiendo con una serie de consagrados investigadores entre lo que se encontraba Manolo Gutiérrez, consolidaron en mí una dedicación al estudio de la cultura y el pueblo maya que han formado parte esencial desde entonces de mi proyecto vital.

Madrid, marzo 2015

Manuel, director del Departamento de Antropología de América

Jesús Adánez Pavón

No conocía bien a Manuel cuando, recién elegido director del Departamento de Antropología de América en diciembre de 2005, me propuso que fuera el secretario del mismo. Le conocía ya como profesor; recordaba bien —y aún recuerdo bien— sus clases de Etnología de México y América Central, especialmente por los ensayos que los alumnos teníamos que escribir a partir de una serie de lecturas y la calculada ausencia de reglas acerca de cómo escribirlos. Ya le admiraba también como etnólogo; además de consultarle en ocasiones sobre aspectos de la asignatura Teoría y Método de la Antropología, una de las primeras que tuve a mi cargo y que él había impartido antes, había ido adentrándome cada vez más en sus escritos, reconociendo en ellos una pasión por la etnografía —tanto por la antropología como por la etnografía— que por mi parte estaba descubriendo a nivel personal. En verdad, no era consciente entonces de que no conocía bien a Manuel; me di cuenta a lo largo de los ocho años en que fue director del departamento y en los que le acompañé como secretario.

Lo primero que aprendí de Manuel es que es una persona cariñosa. Quizá haya adjetivos más atinados para expresar lo que estoy pensando, pero no he tenido que elegir el que acabo de usar: me saltó a la boca sin más permisos ni mediaciones, allá por enero de 2006, y desde entonces no tengo otro. Que un rasgo así me pudiera haber pasado inadvertido con anterioridad se explica porque en su caso se manifiesta principalmente en la conversación, un arte que requiere un número limitado de participantes y una distancia reducida, y se extiende luego en la comunicación escrita. Los gestos de saludo, la atención con que escucha y pregunta, la riqueza de comentarios y alusiones, el interés personal por su interlocutor; todo ello se hacía presente en nuestros encuentros, aun cuando la conversación versara sobre cuestiones áridas de gestión departamental, y todo ello lo guardo —sin mérito, porque no puedo dejar de tenerlo vivamente grabado— con afecto y admiración.

Un segundo rasgo que fui advirtiendo en Manuel de manera más gradual, a medida que se sucedían situaciones que encaraba como director, se refiere a una actitud de equilibrio y cierto distanciamiento ante los problemas. Un departamento universitario constituye una pequeña sociedad; el desarrollo de sus metas institucionales se entrecruza, en cada profesor y en el grupo, con metas, filias y fobias personales que, mal que bien, todos conocen. El director de un departamento es también su enlace con la facultad, una institución que reproduce características similares, si bien el grado de conocimiento personal tiende a disminuir. En ambos marcos vi a Manuel hacer uso de ese equilibrio y distanciamiento para no distraerse en los enredos de las posiciones de unos y otros —soslayándolos con paciencia o, a veces, apartándolos con impaciencia— y mantener la vista puesta en lo relevante. Aunque en muchas ocasiones es difícil distinguir qué constituye una distracción y qué no, a mi juicio acertó en la mayoría de ellas; pero aquí me interesa señalar una actitud, no ensayar un balance de sus posibles resultados.

Mirando hacia atrás, veo los ocho años que transcurrieron entre 2005 y 2013, aquellos en los que Manuel aplicó en la dirección del departamento los dos rasgos anteriores y otros más, como años de crisis creciente. Temo que en esa percepción influya inevitablemente la situación general actual, en 2015; no me refiero con ello a la crisis económica del país, sino a la crisis de la universidad pública que ha sido propiciada en ese contexto económico, la cual aún está en marcha y tendrá efectos a medio y largo plazo que solo entrevemos. Tal percepción, además, adquiere mayor nitidez en imágenes relacionadas con situaciones locales, que afectan al departamento en particular y en las que intervienen procesos y coyunturas igualmente particulares. Entre 2005 y 2013 se completó el diseño de los nuevos planes de estudio ligados al Plan Bolonia mediante el mapa de titulaciones de máster y se desarrollaron y plasmaron en las aulas las orientaciones de esos nuevos planes, tanto en grados como en másteres; en algún momento entre 2005 y 2013, la aplicación de los nuevos planes, que se había iniciado "a coste cero" —sin ninguna inversión—, empezó a generar "ahorro" —una reducción de la inversión— cuando el número de alumnos por aula se fue ajustando al alza con respecto a las expectativas originales de la planificación, y el número de horas reconocidas por atención al trabajo de los alumnos se fue ajustando a la baja con respecto a las mismas expectativas; hacia el final del periodo, profesores de varios grupos de edad comenzaron a solicitar jubilaciones voluntarias o a alcanzar la edad de la jubilación forzosa, cerrando un ciclo de nuestra historia académica y haciendo duradera, en el escenario de ajuste de las dedicaciones y de dificultad de obtener contratos para nuevos profesores, la reducción de la inversión. El proceso no ha terminado: de manera expresa, desde 2014 el Departamento de Antropología de América está en peligro de desaparecer; las autoridades universitarias quieren gestionar la reducción de sus miembros desde una inexplicable falta de sensibilidad ante los beneficios de la especialización, combinada con una incapacidad de reconocer el papel de los departamentos en esa especialización ya borrosamente captada.

En tal panorama de crisis creciente, a Manuel le tocó dirigir los intentos de resistencia desde el departamento y la oportunidad de llevar a buen término empresas felices. Únicamente voy a recordar dos casos relevantes: la creación del Máster en Historia y Antropología de América y la concesión del Doctorado Honoris Causa por la Universidad Complutense de Madrid a Miguel León-Portilla. El primero puede ilustrar las derrotas y las victorias de la resistencia; el segundo supuso para nosotros, además de un reconocimiento debido, una exaltación festiva del americanismo complutense.

El desarrollo del Plan Bolonia, con su distinción entre los niveles de grado y máster —hasta ahora, con cuatro años de estudio el primero y un año el segundo—, ha otorgado a este último la misión de la enseñanza especializada. En nuestro caso, la antropología americana está presente, mediante distintas materias obligatorias y optativas, en los grados de Historia, Arqueología e Historia del Arte, pero es en el nivel de máster donde el departamento puede transmitir con más profundidad su enfoque antropológico general y sus líneas de trabajo en la arqueología, la etnohistoria y la etnología de América. Consecuentemente, se exploró desde fines de 2008 la posibilidad de contar con un máster propio, elevando un plan docente a las instancias superiores. El Rectorado consideró excesivo, sin embargo, el número de propuestas de máster que le estaba llegando; como parte del proceso de reducción ya descrito, y a mi juicio con una visión completamente errónea, empezamos a recibir presiones para elaborar un máster general que incluyera materias de antropología, historia, sociología, politología, literatura y filosofía americanas; sobra decir que el error no estaba en la elección de las disciplinas y tampoco en su conjunción, sino en la compresión forzada y superficial de todo ese conjunto en un solo año de estudios. Manuel lo recordará, como también lo hará Andrés Ciudad, que asistió atónito a las reuniones que pretendieron desarrollar la propuesta. Afortunadamente, el plan cayó. Se disipó entonces la posibilidad de un máster propio y se continuaron conversaciones ya iniciadas con anterioridad para diseñar, junto con el Departamento de Historia de América, un plan de estudios conjunto. Manuel apostó en esa coyuntura, junto con Andrés Ciudad y Pedro Pitarch —ambos como delegados del departamento y el segundo, después, como coordinador del máster— y el resto de los profesores, por el Máster en Historia y Antropología de América, que logró dotarse de unas asignaturas comunes y dos itinerarios especializados, recibiendo su aprobación oficial en 2011. Aunque quizá parcial, ese máster ha sido una victoria de los dos departamentos. Queda, sin duda, trabajo para mejorarlo sobre la base de la experiencia que ya acumula. Quizá en el futuro pueda abrirse margen para recuperar la ambición de una mayor especialización con un número razonable de alumnos, pero no ayuda en eso la brutal subida de las tasas de matriculación de los másteres, particularmente acusada en el caso de la Comunidad de Madrid.

Se comprenderá, ante la engorrosa sucesión de retrocesos y avances recién resumida, que recuerde el doctorado *honoris causa* de Miguel León-Portilla como una fiesta académica. A iniciativa de Manuel, el departamento elevó a la Junta de Facultad la propuesta en febrero de 2009 y la Junta la hizo suya elevándola al Rectorado. El acto de investidura, que incluyó la *laudatio* a cargo del propio Manuel, tuvo lugar en enero de 2010. Tanto el significado intrínseco de la investidura como las cualidades excepcionales del investido eran ocasión de verdadera celebración; pero, además, asistimos al acto y escuchamos las palabras de la *laudatio* como una reafirmación —no sé si incluso como un desagravio— del americanismo. Entre las aportaciones de la larga trayectoria intelectual de León-Portilla, Manuel escogió comentar tres aspectos: la importancia de la lengua en la transmisión de la memoria de los pueblos y el paso de la oralidad y los códices a la escritura alfabética; la complejidad de los procesos de cambio cultural y la contribución a su estudio de la noción de *nepantlismo* cultural; y, para terminar, la defensa de los derechos y valores de los pueblos indígenas. Los tres forman parte del conjunto de conceptos y aproximaciones de una rica tradición intelectual y académica que, en nuestro contexto, se institucionalizó como departamento hace más de cuarenta y cinco años para alimentarse de su fuerza y darle impulso.

Espero que así pueda seguir siendo. Sé con certeza que así ha sido durante el tiempo en que Manuel lo ha dirigido.

Madrid, mayo 2015

La pipa, la pajarita, la patria y la tribu

Marcio Ferreira da Silva

Aunque las circunstancias personales no sean para nada favorables a la producción de un texto como este —la vida en São Paulo es realmente *hell on wheels*, así la resumió con exactitud un amigo norteamericano que vivió un año aquí—, yo no podría perder la oportunidad que Pedro Pitarch y otros me han concedido de escribir estas breves palabras en plazos tan cortos. Quiero con ellas expresar mi profunda admiración, amistad y gratitud al profesor Manuel Gutiérrez Estévez —"Manolo" para los amigos—, uno de los más brillantes y queridos colegas que tuve en mis andanzas por la península ibérica.

No veo a Manolo desde que su Máster en Estudios Amerindios cerró sus actividades. Tal iniciativa, que a lo largo de unos cuantos años ha capacitado a más de un centenar de estudiantes, reunidos en la aula Machado de Assis de la Casa de América, correspondió probablemente a la aventura educativa más iluminada y quijotesca que el americanismo, como subdisciplina de la antropología social, ha producido. Durante siete años consecutivos, he tenido el honor y la alegría de integrar su equipo de profesores, compuesto por colegas de muchos países, diversas orientaciones teóricas y recortes temáticos distintos ante un objeto de gran complejidad. Mis tres semanas de clases en diciembre siempre coincidieron con las de mi colega peruano Juan Ossio Acuña, con quien tuve el privilegio de compartir las asignaturas sobre el parentesco y la organización social en las culturas contemporáneas de las Américas. Los contrapuntos entre la sierra andina y la selva amazónica iban siendo todo el tiempo capturados por los estudiantes, no solo en términos de los esquemas clasificatorios característicos de cada provincia etnográfica, sino también en el plano de la expresión: las clases andinas eran dictadas, como diría la inolvidable Chabuca Granda, en un español limeño de *fina estampa*, mientras que las clases amazónicas eran en un portuñol bastante precario, que, lo siento, he perfeccionado muy poco desde entonces.

Una vez al año, salíamos con los estudiantes de diferentes partes de España y de países de todo el mundo en lo que ellos llamaban "marchas de Navidad", expediciones etílicas ruidosas por las calles de la vieja Madrid que siempre terminaban mucho después del horario del último metro. En la misma clave bohemia, en cada temporada, otra noche estaba dedicada a unas paellas divinas que degustábamos en un sitio precioso que Manolo conocía en la calle de la Reina. Ocasiones festivas como estas eran momentos especiales para disfrutar de la fineza de su conversación sobre cuestiones españolas complicadas para un extranjero principiante. Algunas de estas charlas se concentraban en temas de la *patria*, como las riñas de gallos en que el PP de Aznar y el PSOE de Zapatero se enfrentaban, bajo los ojos magnánimos de un viejo rey que parecía perdonarlo todo; otras miraban la *tribu* de estos mismos españoles, con sus matanzas de cerdos, en los fríos días de fin de año, congregando parentelas de un viejo pueblo alrededor de sus jamones, salchichas y morcillas. A lo largo de siete años como profesor de su máster, sin falsa modestia tengo que admitir que he aprendido con Manolo mucho más que lo que he podido enseñar a sus alumnos.

El tema de la *patria* y de la *tribu* me lleva a un último punto que no quiero dejar de mencionar aquí. Más o menos en la misma época del máster, era el editor de la *Revista de Antropología* de la Universidad de São Paulo. En una ocasión, por sugerencia de un colega brasileño que había asistido a una presentación de Manolo en una conferencia, si bien me acuerdo, en México, me cayó en las manos una verdadera joya inédita para nuestra revista, titulada "El amor a la patria y a la tribu. Las retóricas de la memoria incómoda". El manuscrito, en resumen, en una treintena de páginas ofrece al lector un análisis estructural brillante de las emociones y actitudes morales generadas por los himnos nacionales y por una cierta clase de poesía nativa. Centrándose en manifestaciones retóricas de naciones hispanoamericanas y de poetas de tribus amerindias ubicadas en esos países, tomadas como un *grupo de transformación* en el sentido dado a esta expresión por Lévi-Strauss, el ejercicio de Manolo, como no podía ser de otra manera, tiene la dignidad de una pajarita, accesorio que pocos hombres pueden ostentar con elegancia. Yo estaba ante un raro ejemplo de análisis estructural impecable que, paradójicamente, se recusaba a cargar palabras pesadas como "estructura", "sistema", "grupo de transformación", etc. Tampoco el texto recurre a esquemas crípticos, cargados con flechas, círculos, triángulos, líneas, puntos y otras figuras geométricas. Desgraciadamente, me falta talento para, en pocas palabras, resumir su argumento sin hacer uso de esta misma parafernalia. Lo único que puedo hacer es recomendar enfáticamente el placer de la lectura de esta perla que tuve el orgullo de publicar. Los interesados la encontrarán en <http://www.revistas.usp.br/ra/article/view/27193>. Pero, si no puedo resumirlo aquí, al menos querría llamar la atención sobre un pasaje discreto del artículo que, a los ojos de un brasileño con *saudade*, evoca la misma sutileza machadiana que emergía de su prosa en nuestras marchas y paellas navideñas. En un momento dado, el texto hace la siguiente digresión: "Sin embargo, el himno nacional español sigue sin tener una letra que permita cantarlo colectivamente". Esto es Manolo.

São Paulo, mayo 2015

Manolo, todo un caballero…

Roberto Campos Navarro

Todo surgió de una manera inesperada. Una tarde de marzo del año 1999, la coordinadora general del posgrado en la Escuela Nacional de Antropología e Historia, la Dra. Margarita Nolasco, me planteó la posibilidad de participar en un seminario iberoamericano que se desarrollaría en la Casa de América, en Madrid, sobre el tema de salud en pueblos amerindios. Como ya tenía algunas experiencias sobre el tema de salud intercultural, por supuesto que acepté la invitación y ahí me enteré de que el Dr. Manuel Gutiérrez Estévez era el principal promotor y organizador del evento. El seminario, intitulado "Medicina alternativas, aflicciones ajenas. Una perspectiva amerindia", convocó en mayo de ese año a expertos de nuestra América con representantes de Chile, Perú, Ecuador, México y otros países. No se me olvida que, cuando llegué al hospedaje, en un céntrico hotel madrileño, ya estaba un pequeño paquetito donde destacaban las obras en que Manolo aparecía como editor.

Asistí a la Casa de América sorprendido por la bella construcción, que está en el paseo de la Castellana, en el sitio emblemático de la glorieta dedicada a la Cibeles. El acto se desarrollaría durante dos días en el salón Simón Bolívar a su máxima capacidad, y en el segundo día fue mi presentación, relacionada con los hospitales americanos con atención a población amerindia. La charla la preparé con mucha anticipación, utilizando alrededor de sesenta diapositivas —en aquellos viejos tiempos anteriores a las presentaciones digitales en Power Point—, y sucedió algo de improviso: por alguna razón, el técnico no aseguró el mecanismo de retención del carrusel y las diapositivas saltaron por los aires y se esparcieron por el suelo. Todo esto, a pocos minutos de mi presentación. Me acuerdo de que Manolo, con suma caballerosidad —pero sonrojado—, me pidió disculpas por el desaguisado, y, por fortuna, hubo tiempo suficiente para volver a reacomodar las diapositivas en el carrusel y hacer una presentación sin contratiempos.

Allí es donde conocí al maestro Manuel Gutiérrez Estévez, y me acerqué a su obra, que, con pena debo aceptarlo, desconocía. Me acuerdo de que leí con mucho agrado su aproximación a la cultura americana a través de su lectura del cuerpo del indio ya conquistado y colonizado que aparece en el libro intitulado *Sustentos, aflicciones y postrimerías de los indios de América,* donde además aparecen una pléyade de reconocidos etnólogos, historiadores, etnohistoriadores, etnobotánicos, filósofos, etc. —algunos de ellos, participantes del Máster en Estudios Amerindios que el propio Manolo dirigía con el patrocinio de la Universidad Complutense de Madrid en las instalaciones de la propia Casa de América—.

Enorme fue mi asombro cuando en el transcurso del año 2000 recibo la invitación de Manolo para participar del máster con el tema de salud indígena en América. Preparé con ahínco los contenidos que respondieran a las principales interrogantes sobre morbimortalidad indígena, epidemiología sociocultural diferenciada, modelos de atención al proceso salud / enfermedad / atención, características de los modelos médicos en las regiones indígenas, el papel de la biomedicina (o modelo médico hegemónico), las medicinas indígenas tradicionales, el modelo de autoatención, etc. Y a Manolo le pareció pertinente el contenido general y específico sobre el temario, así como la bibliografía de apoyo.

Entonces el curso se impartió por primera vez en el 2001 y se repitió (con sus consabidas actualizaciones y adecuaciones) en años posteriores, hasta que se canceló la presentación del máster en la Casa de América y en 2008 fue el último, que se realizó en las instalaciones de la Universidad Complutense de Madrid.

En todos estos cursos anuales, el apoyo de Manolo fue constante e invariable. Incluso en algún conflicto que tuvimos con un estudiante —de esos que no faltan, que creen saber más que los maestros especialistas— que en todo momento estaba interrogando al profesor, no con el fin de aprender más, sino con la finalidad de mostrar que sabe más que el docente, me vi en la penosa necesidad de expulsarlo del salón de clase, un hecho inédito en mi carrera profesional, y —por cierto— dicha expulsión fue aplaudida por el resto de alumnos presentes en la clase, que estaban ya cansados de esa actitud prepotente que se repetía con cada profesor del máster. Ante mi malestar, Manolo me tranquilizó diciéndome que conocía de antemano las actitudes de dicho estudiante, pues otros profesores habían sufrido (y aguantado) sus desplantes y groserías.

Al recordar las cortas estancias anuales en España, quiero agradecer a Manolo que, fuera del horario dedicado a las clases y su preparación, tuviera el tiempo suficiente para investigar en las principales bibliotecas de Madrid. Así pude asistir a la Biblioteca Nacional, la Biblioteca de la Real Academia Nacional de Medicina, la de la Facultad de Medicina de la Universidad Complutense, al Ateneo Científico, Literario y Artístico, a la

Residencia de Estudiantes, y también aprovechar los fines de semana para visitar archivos y bibliotecas del interior, en Zaragoza, Santander, Valencia, Oviedo, A Coruña, Barcelona, Logroño, Cáceres, Murcia, Bilbao y Granada. ¡O sea, casi toda España! Todo esto me serviría más adelante para terminar textos sobre el empacho en Iberoamérica.

Por otra parte, todo este conocimiento sobre España, su música y teatro, su pintura y literatura, me permitieron ampliar mi visión sobre la cultura ibérica, además de haber estado hospedado en un lugar tan significativo como lo fue la Residencia de Estudiantes, establecimiento histórico donde compartiría algunos momentos con la gran Chavela Vargas, quien también se hospedaba allí cada vez que tenía presentaciones en Madrid.

Jamás se me olvidará la extrema caballerosidad de Manolo en todas las reuniones que tuvimos con los estudiantes al finalizar el curso (y, además, en el propio máster), y recuerdo de manera muy especial la ocasión en que nos invitó a mi esposa Adriana, a mi hija Liliana y a mí a un céntrico restaurante, donde sus finos y agradables modales serían siempre recordados por ellas y también por mí.

Muchas gracias, Manolo, por este inmenso regalo anual, pero, sobre todo, por tu bondad, generosidad, sabiduría e intensa vida bohemia.

Coyoacán, abril 2015

Manolo y las retóricas de la empatía

Jacques Galinier

El comercio que he tenido con Manolo se resume en algunos días, año tras año, en el corto lapso de una década. Bien poco tiempo, en verdad, de tal modo que ignoro si no sería un abuso afiliarme al gremio de sus seguidores, discípulos y otros interlocutores privilegiados. Lo que quiero decir es que cada uno de nuestros encuentros me pareció una bendición, voy a explicar por qué. A Manolo lo conocí primero de reputación, como un intelectual humanista y una figura proa del americanismo español. No sé por qué ni cómo decidió incorporarme a la agenda del Máster de Estudios Amerindios, pero fue uno de los eventos más destacados de mi vida. En aquel entonces, el máster hacía las veces de reunión de un simpático vivero de talentos de los dos lados del Atlántico que Manolo había elegido para organizar un panel de asignaturas sobre las distintas facetas del americanismo. Al ver la lista de los cursos, me imaginaba cincuenta años atrás, cuando me estaba iniciando en la antropología, y con qué afán hubiera atendido esas clases para orientarme en la selva tupida de tribus y comunidades indígenas y acceder al grial del conocimiento nativo.

Llegado a Madrid, de inmediato reconocí en Manolo a un hombre afable, cariñoso, con un sentido del humor excepcional. No he tenido la oportunidad de ser un colega durante una larga temporada en el mismo departamento —como Pedro Pitarch—, sin embargo, nuestras conversaciones en Madrid, El Escorial, Trujillo, Roma, París y México han sido ejercicios peripatéticos durante los cuales podíamos circular por la mente a través de los territorios americanos. En otras circunstancias, me hubiera encantado acompañar a Manolo al Perú de la selva o en sus andanzas guatemaltecas.

Sin lugar a dudas, Manolo es el modelo del pensador comparatista, cuya incansable curiosidad le permite rebasar las fronteras, las disciplinas, los distintos campos de la cultura. Hombre leído, invadido de libros y aglutinador de conocimientos almacenados como en la biblioteca universal de Borges, Manolo se estaba acercando cuando lo conocí a lo que desde niño había sido mi máxima ilusión: todo saber sobre todo. El mundo como una enorme enciclopedia es lo que Manolo había intentado capturar en su computadora, con la puesta en abismo de textos, imágenes y músicas, oriundos de todos los horizontes culturales del planeta, y no dudo en que lo haya logrado hoy…

De la misma obra de Manolo hay mucho que decir, tanto en su dimensión reflexiva como etnográfica. Simplemente, quiero hacer hincapié aquí en el substrato físico, casi carnal, de sus inquietudes teóricas, y que tiene que ver con su actitud con la gente, es decir, el abordaje de cómo se manejan los cuerpos para conformar lo que llama "un estilo cultural", y cómo a través de qué retóricas, según Manolo, se ajustan los afectos entre los individuos. Esta manera de revisar sus notas de campo y de recorrer las literaturas, occidentales o nativas, pasadas o presentes, para hacer eco a la formulación de problemas antropológicos, raramente se expresa con tal precisión. Los autores convocados por Manolo no figuran como simples adornos para enriquecer el análisis áspero, severo, del observador, sino como interlocutores decisivos para desenredar los enigmas de la discusión, como si hicieran parte de la obra que se está desarrollando, en la cual actúan en diálogo el "nosotros" y el "ellos". En particular, cosas tan abstractas, y que personalmente nunca supe considerar como tales, los "susodichos" mitos, reza Manolo, "no contienen ni verdades, ni mentiras, ni secretos… No están en ningún relato escrito o contado, sino en la acción, en la vida social", de tal manera que la interlocución, bajo todas sus formas, se presenta como una pieza fundamental del rompecabezas que es la materia prima a partir de la cual se ejerce la razón etnográfica.

Un ejemplo: hace poco, regresé a una comunidad otomí de la Sierra Madre oriental (México), donde había radicado durante seis interminables meses en 1971, interminables debido al trato de mis interlocutores nativos, los cuales me habían contaminado, durante esos largos cónclaves etílicos de la noche, con sus inquietudes cosmológicas: tras una larga sequía, ¿por qué el chamán mayor de la comunidad no se decidía, para pedir la lluvia, a emprender la larga peregrinación a Mayonikha, el antiguo santuario de los otomíes orientales, el más secreto, el más venerado, escondido en la cumbre de un acantilado bordeando el río Chiflón? Sabía, por las confidencias de los ancianos que sí existía; desgraciadamente, ningún viajero había tenido la dicha de conocer tal sitio, y yo desesperaba cada día más por lograr esta recompensa suprema. A partir de febrero, sentado en una piedra, empecé a contar los días, espiando ansiosamente las idas y venidas del chamán, y me despertada bruscamente en las noches, convencido de que me iba a dejar plantado con mis ilusiones, y en la posición del pensador de Rodin reflexionaba sobre un futuro artículo titulado "La experiencia del fracaso en antropología". Finalmente, a mediados de mayo, el chamán se animó y durante tres días tuvo lugar el evento. Fue la oportunidad de experiencias dialógicas nutridas, caminando, trepando en el monte, de día como de noche. Durante esta larga jornada se develaron narraciones, recuerdos, sueños, relatos cosmogónicos, que tenían su lugar en el quehacer, en el viajar, la fatiga de los cuerpos, en el susto de las mujeres al atravesar los ríos, en el cuchicheo nocturno al borde de una verdadera epéctasis, en la dinámica emocional de una modesta comunidad de indios en estado de efervescencia para lograr su sobrevivencia. Regresando al pueblo, el año pasado, encontré la piedra donde había grabado mi nombre y la fecha cuarenta y tres años antes, teniendo en la mente este texto, "Representaciones míticas y juegos de lenguaje", que Manolo me había regalado en Madrid, y pensé a partir de tal evento que, si los mitos "no están en ningún relato escrito o contado, sino en la acción, en la vida social", esta lección podría servir de base para desenclavar las mitologías de su panteón celeste e incitar a los jóvenes investigadores a no considerar esos relatos con ansiedad, como un mundo intocable, canonizado para siempre en la prosa lévi-straussiana.

Las propuestas de Manolo son probablemente válidas para numerosas tradiciones culturales amerindias; lo son de seguro para México, un país que Manolo conoció de joven, con Ina, su esposa, historiadora de los intersticios del poder y de la justicia, una persona fina y cariñosa. En cuanto a Manolo, sigue siendo hombre de entusiasmos y proyectos. Entre esos, espero que algún día encuentre un intersticio para que de nuevo nos veamos en México, cargando una ambición más consistente que la de una simple charla en la terraza del Hotel Majestic: se trataria de seguir el Camino Real de Tierra Adentro, del Distrito Federal a Santa Fe. Vale.

París, abril 2015

Al Máster Maestro Manolo (las tres M)

Jean-Pierre Chaumeil

Mi placer es inmenso al sumarme al homenaje dedicado a Manolo, como se suele llamar amistosamente al maestro, junto al grupo de amigos que inician este reconocimiento.

A decir verdad, el placer es triple. De un lado, por la amistad que tuvimos —un poco menos seguida estos últimos años—; de otro, por la pasión y el cariño que cada uno guarda en el corazón para América Latina, tierra donde pasamos largo tiempo y a la que dedicamos gran parte de nuestra vida (sea en Mesoamérica o en la Amazonia); y también por la oportunidad de recordar el tiempo del famoso Máster en Estudios Amerindios de la Universidad Complutense. Manolo ha sido el alma máter o la pieza maestra, si se prefiere, en la organización de este máster patrocinado durante varios años por la Casa de América. Muchos colegas antropólogos de América y de Europa participaron en este curso revelante y apasionado, y todos lo recordamos con mucha emoción y nostalgia.

Mi primer encuentro con Manolo fue hace más de quince años (a inicios de los años 2000), cuando precisamente me llegó una invitación de su parte para participar como docente en este máster. Fue un gran honor recibirla, y mi participación se volvió una experiencia estupenda e inolvidable. A decir verdad, no me explico la razón por la cual Manolo pensó en mí para tal encargo, a menos que sea, quizás, por mi interés en el estudio comparado del chamanismo en las tierras bajas de América del Sur (o de lo que hemos convenido llamar así). Una de las cosas notables en la personalidad del Maestro ha sido su constante interés en hacer dialogar las disciplinas y las regiones de América del Sur, entre Mesoamérica, los Andes y la Amazonia, como lo atestigua, entre otras, la obra *Retóricas del cuerpo amerindio,* que coeditó en 2010 y donde nos hizo compartir también su inmensa cultura.

La primera vez que nos vimos con Manolo fue en un bar —como debe ser en semejantes circunstancias, en Madrid o en América Latina—, cercano a la Casa de América, o quizás fue en la cafetería de la misma Casa de América, en cuyos salones suntuosos y dorados se dictaban los cursos. Tenía frente a mí un *gentleman* muy elegante, con su *noeud papillon* y su legendaria pipa difundiendo un espeso humo con olor a miel. Su acogida fue muy amable y con bastante humor, como para ponerme cómodo de inmediato, la del curso y la de los alumnos, la mayoría latinoamericanos. Esta experiencia fue tan fuerte y enriquecedora para mí que la repetí cada año con el mismo entusiasmo y placer, hasta 2008, año de la última promoción del máster. De tal modo que cada año esperábamos (digo "esperábamos" porque pienso que era lo mismo para todos los colegas) con mucha ansiedad la famosa carta de invitación de Manolo para las tres semanas que duraba el curso. Se volvió parte integrante de mi agenda, de tal manera que tenía siempre libre de todo compromiso el mes de enero, que era el que me tocaba ejercer como docente.

Al principio nos alojábamos en el hotel Mediodía, frente a la estación Atocha; luego, en la Residencia de los Estudiantes, sita en las alturas del Museo de Historia Natural, donde teníamos, cada año, la visita "episcopal" de Manolo para conversar sobre el curso, la promoción del año y tantos otros temas, compartiendo el almuerzo casero. Era un tiempo de respiración muy agradable e instructivo. Hasta hoy lamento mucho el cierre del curso, la ausencia y estos momentos de discusiones y de intercambios con Manolo, los colegas y los estudiantes.

Sin embargo, con Manolo tenemos otra experiencia compartida: el Perú, aunque las regiones donde trabajamos se encuentran muy distantes, desde Moquegua hasta la Amazonia, que es como decir de Madrid a Moscú. No obstante —como suele ocurrir en semejante situación de perpetuos viajes—, nuestros caminos se cruzaron a los pocos años en Lima, en el departamento de un amigo común de la avenida Pardo en Miraflores, donde Manolo permanecía en cada estadía en la capital. Me acuerdo de esta visita como si fuera un acontecimiento reciente: Manolo se encontraba fulminado por una de estas gripes que florecen en estos lugares y que lo tenía literalmente clavado al fondo de un sillón dispuesto en el salón, el cuerpo envuelto en una frazada gruesa, casi sin poder hablar ni moverse. En la sala charlaban unas cuantas personas, que lo iban a visitar como si fuera el inca. Lo interesante es que, unos años después, me alojé en el mismo departamento de la Pardo y tenía la costumbre de leer a horas avanzadas de la noche en el famoso sillón donde Manolo superó los asaltos de la gripe. Era imposible dejar de pensar en él en semejantes momentos, hasta que, de tanto pensar, un día me agarró también una gripe fuerte que me clavó en el mismo sillón, que desde entonces se perfiló como el sillón de los "agripados".

Madrid, 2013: volví nuevamente a la Universidad Complutense, siempre invitado por Manolo en calidad de miembro del jurado para la defensa de la tesis de una alumna suya sobre los chawi de la Amazonia peruana. Según la costumbre en la tradición académica española, Manolo estaba presente en la sala, pero no en el jurado. Cuando lo vi, me dije a mí mismo que el tiempo había pasado como si nada hubiera ocurrido: tenía como de costumbre su pipa, que botaba humo como una chimenea, su inevitable *noeud papillon* y, por supuesto, el mismo humor y perspicacia de siempre. En nuestra discusión entre dos bufadas de pipa, noté mucha sesudez y tomada de distancia detrás de las palabras de Manolo. Me habló incluso de que pensaba seriamente entrar en tiempos más tranquilos, que era pues el tiempo de jubilarse, declaración que me dejó un tanto perplejo. Ojalá disfrute con serenidad y tranquilidad este nuevo tiempo de su vida.

París, junio 2015

Residencia de estudiantes

José Bengoa

Me pasé una buena parte de mi vida en la Residencia de Estudiantes. Llegué un día, cuando al parecer recién la habían remodelado, y me aterré de verme encerrado en una cartuja laica. "Para conventos —me dije— los verdaderos". No sé si Pepe del Val u otro contertulio me fue explicando que la gracia estaba en que lo que parecía plástico era madera, y, por cierto, vice y versa. Y que eso era muy "post" de algo y se llevaba mucho en esa España "post" de casi todo. Poco a poco me fui acostumbrando a esos pasillos vacíos, a esas camas turcas, a los edificios gemelos que con sus ladrillos cada vez me fueron pareciendo más hermosos, a mi escritorio, en el que fueron saliendo páginas y páginas sin cesar en todos esos años. Lo único que no puedo agradecer a Manuel Gutiérrez es que el régimen de comidas era de tal intensidad y calidad que debo haber subido unos ingratos kilos, que nunca más se pudieron disolver, en esos años de residencialismo. Porque lo que va quedando en el camino de esas invitaciones anuales, que por años el Maestro me hacía, eran esas soberbias tortillas de patatas, que uno se prometía no comer al día siguiente al desayuno; unos pucheros, como decía mi abuela, o cocidos, como le dicen allí, fuera de todo colesterol; unos callos que más parecían juanetes; en fin…

Y todo eso, adobado de las compañías más curiosas. Porque Estévez me llevaba a veces tres y alguna, cinco semanas, en pleno mes de mayo madrileño, aunque nunca fui, a Las Ventas. En una de tantas, todo el mes cenaba Chabela Vargas, y noche por medio me sentaba con ella a escuchar sus historias. Con Guatanabe, el dulce poeta peruano, asistí a sus crisis, que lo llevaron meses después a su oriente eterno; nos reímos de cuando junto a Hildebrando, otro gran poeta, se presentaron a los juegos florales de la colonia japonesa del Perú, que era y es de mucho dinero. Inventaron a un poeta del que se enamoraron todas las niñas *nisei*, herederas del Sol Naciente. Hubo que hacer algo, y el Guata, como le decíamos, paseando por París con Hilde, agarraron a un chino que pasaba por la calle y le pidieron sacarse una fotografía, la que circuló como prueba de la existencia del poeta y les permitió recibir el dinero del premio; luego, con unos amigos estábamos en Guayaquil y publicamos un obituario en el diario *El Universal* donde dábamos por fallecido en trágicas circunstancias a Yukiro Yamamoto, el poeta en cuestión. Y, para seguir con el Perú, Vargas Llosa presentó su *Niña mala* en el salón de la Residencia, al lado del piano que dicen que era de Federico, pero que al parecer no lo es, y fue tanta la impresión de varios residentes que nos fuimos a la mesa 13 del Barbieri, a terminar de leer el capítulo en que dice el nobel que escribió el final de esa novela alucinante. Cada año en que se aproximaban los premios literarios, se llenaba la Residencia de escritores, de presentaciones de libros, en fin, de asuntos que para un profesor porteño, esto es, nacido en Valparaíso, no son ni fáciles de encontrar ni de conocer.

Esas semanas se iban llenando de rutinas. Al comienzo las clases se hacían en la Casa de América, en unas salas llenas de dorados, y luego nos trasladamos con el Magíster a la ciudad universitaria, más sobria y quizá con menos encantos. Ahí, en la conversación con los estudiantes, algunos ya muy formados, fueron saliendo ideas. El curso que daba se fue armando en un libro que ya lleva tres ediciones en el Fondo de Cultura Económica, escrito, como el lector ya puede suponer, en la *cartuja golosa*. Ya con eso me debería sentir agradecido.

Pero la cosa fue de menos a más. Después de la lucha matutina del desayuno, entre mi voluntad ascética y las tortillas, huevos revueltos, panes dulces y salados, cual pecador arrepentido me encaminaba a la Biblioteca Nacional. El primer día que entré, me caí casi de la impresión. Saqué mi credencial correspondiente y comencé a visitar cada uno de sus rincones. Creo conocerla hasta por los pasillos secundarios. La sala de mapas me ha dejado *lelo* más de una vez, y he gastado una fortuna solicitando fotografías de las costas de mi país antes que fuéramos siquiera un lugar. Creo haber conversado con Manuel más de una vez acerca de una no curiosidad, por qué los primeros mapas de Chile eran horizontales: el viajero llegaba por mar, me lo imagino, y veía al fondo la cordillera de los Andes, luego observaba que de allí bajaban ríos y que esos formaban puertos o posibles ingresos por la costa. Entonces dibujaban primero el mar, luego los ríos bajando de la cordillera y, arriba de todo, el cielo. El mapa del jesuita Ovalle es un ejemplo hermoso de *teogeografía*. En el cielo, Nuestro Señor preside todo; luego, la Majestuosa, como le decía una amiga a la de los Andes, ("Majestuosa es la blanca montaña que te dio por baluarte el Señor" dice la canción nacional chilena, una de las tantas que analizó Manuel en uno de sus escritos más luminosos); y los ríos que bañan los valles hasta llegar al mar ("que es el morir") y, por cierto, que las olas encrespadas muchas veces llevaron a esos aventureros al fondo del averno. Y un buen día, vaya a saber por qué, esos mapas se dieron vuelta, se pusieron verticales y nos asignaron el lugar más bajo de la tierra, el *finis terrae*. ¿Magallanes sería el culpable? En vez de ser una suerte de playa que bajaba del cielo a través de la cordillera de los Andes, nos transformamos en un gusano que se cae al mar con los terremotos. Quizá, si la geopolítica se hubiese guiado por esos primeros mapas marineros, no habríamos tenido guerras ni hacia el Norte ni hacia el Sur, nos habríamos quedado tranquilos en una fría playa que miraba tranquila al Pacífico. No tengo hipótesis, pero sí sé cuáles son las consecuencias: "lejos de Dios y del mundo", se ha dicho siempre en mi país. Un trauma nacional sin reparación posible. Los aviones llegan a Pudahuel y hay una flecha que dice "tránsito" que se la ha puesto solamente por pudor y vergüenza, ya que no hay para dónde siquiera transitar. Debería existir un cartel más explícito: "Ud. ha llegado al fin del camino, o avanza o se devuelve, de Ud. depende".

Y así fue. Quizá esa mapoteca me llevó a la búsqueda más importante de mi vida de aprendiz de ratón de bibliotecas. Porque, efectivamente, los castellanos, y, sobre todo, extremeños, que bajaban (a esa altura ya se hablaba de subir y bajar) desde Panamá al Perú llegaron a un río, el Bio Bio, donde encontraron un letrero que decía: "Fin del camino, no pasar". No lo comprendieron bien porque no sabían la lengua de los naturales. Lo cruzaron por ignorantes, intrépidos y desvergonzados. En Tucapel le dieron un macanazo al primer gobernador los "agentes de aduanas". Y en Curalaba, al segundo, nada más y nada menos que sobrino del jesuita Loyola y casado con la nieta del Inca, doña Beatriz, carne mestiza de las realezas máximas de España y América. Un historiador del siglo XIX había encontrado en alguna biblioteca o archivo de España estas historias, y, sobre todo, una que eran las paces que había dado el rey con los araucanos en un lugar que se denominaba Quilín, como consecuencia de estos triunfos y "cansados de guerras". Y me puse a buscarlo. Fui a Sevilla, donde perdí el tiempo y probablemente gané algún kilo; y me volví derrotado a la Castellana. En la sala de los libros antiguos, había una señora grande, como dicen en ese país (a lo que nosotros, más brutos, llamamos "vieja"), que no me dejaba entrar a los armarios mismos. En los catálogos no aparecía nada. Una transición maldita entre sistemas manuales y computacionales impedía saber nada de lo que esconde esa maravillosa biblioteca. Funcionó la caja de chocolates. Todas las mañanas llegaba con una sonrisa boba y una cajita de chocolates. Le pedía que me fuese trayendo los libros a la borgiana, de la A a la Z. Me miraba con cara de sorpresa, suavizada por el cacao, bendita semilla azteca. Hasta que, una mañana soleada y aún fría de mayo, apareció en el compendio de los tratados que la Corona ha suscrito con los reyes, príncipes de Europa, etc. el tratado que el marqués de Baydes, en representación del rey de España, suscribió con los araucanos en los llanos de Quilín. Junto a los príncipes de Francia, Venecia y Flandes que firmaban tratados y más tratados de paz incumplidos, aparecían los nombre de Buta Pichón, la Gran Torcaza, Lonco Pichón, el Cabeza de Torcaza y los caciques máximos de la Araucanía de esos años, mitad del siglo XVII. El libraco es hermoso, empastado, de tapas duras. La impresión tiene rojos relucientes, doradas las letras capitales. En fin, la emoción me vuelve al escribir estos recuerdos agradecidos. Lo publiqué en un libro dedicado solamente al asunto. Mandé a sacar las fotos, imprimir a todo color esas páginas. Es el único tratado que hizo la Corona española con un grupo indígena en América Latina. Para el actual mapuche es un instrumento de un valor incalculable. Quizá en esos instantes se produce el milagro del trabajo intelectual. Meses de búsqueda que uno sabe que serán apreciados por gente que está muy lejos, que servirán para sus futuras peleas, en fin, para reivindicar sus derechos. Si no hubiera estado tantas semanas en la Residencia, no lo habría podido encontrar, o quizá ni siquiera se me hubiese ocurrido la aventura de buscarlos.

De la plaza Colón a la Residencia me fui llevando poco a poco los archivos fotografiados, fotocopias, cuadernos en que transcribía lo no fotocopiable y materiales que allí están esperando para la jubilación efectiva que deberá venir prontamente: los folletos que el padre Luis de Valdivia le escribía al rey; las cartas que le llegaban de América, que se las imprimía algún secretario para favorecer su lectura y tener varias copias; edictos benignos con los indígenas y algunos malditos en que permitía su esclavización. Los papeles se van terminando al fin del siglo XVIII, con la invasión francesa, y se retoman un tiempo después, especialmente cuando los frailes de Chillán le escriben de lo mal que andaban las cosas de lo que sería la Independencia americana.

Quizá la residencia en la Residencia me hizo historiador, *amateur*, por cierto. No puedo estar más agradecido de Manuel, quien, vaya a saber por qué motivos, me invitó año tras año al curso de Madrid hasta que se acabó, muy lamentablemente tanto para él como para los estudiantes y, por cierto, para mi humilde persona, que gozó por más de 10 años esos días de mayo.

Santiago de Chile, marzo 2015

Tras cuerpos y emociones amerindios

El placer del conocimiento; del conocimiento de lo fundamental

Alexandre Surrallés

Conocí a Manuel en Lima, hace de esto más de tres lustros. Debía ser el año 1998, quizá en septiembre. Estaba pasando medio año en el Perú después de entregar el manuscrito de mi tesis y en espera del día de la defensa de la misma. Por razones de agenda de los miembros del tribunal, medio año separó el final de la redacción de la tesis de su defensa y decidí pasar este limbo académico visitando la selva peruana donde había vivido durante el trabajo de campo años antes. Al regreso, pasé por Lima para tomar el avión de vuelta a París y supe que Manuel estaba dictando un curso en la PUCP. Conocía sus trabajos, pero no la persona, de manera que durante las tres sesiones magistrales de Antropología de Mesoamérica que ofreció pude observarle sin que él me conociera. Una cosa me fascinó en seguida de Manuel dictando cursos: el placer que experimentaba en contacto con el conocimiento en general y la antropología en particular y cómo lo transmitía a la audiencia, que se deleitaba no solo de los contenidos que describía, sino también de la amenidad con que los trataba. Al final de la última sesión me acerqué para presentarme y le dije que le enviaría algunas de mis publicaciones.

En el año 2000 me encontraba en la Universidad de Chicago realizando una estadía postdoctoral. El invierno era rudo en la ciudad; mi vida, rutinaria y austera. En bicicleta, de la biblioteca a mi casa, atravesaba cada día el campus nevado y hacía frente a los vientos gélidos que se deslizaban por la superficie del lago Michigan para barrer de helor Hyde Park. Debía ser febrero cuando recibí un *e-mail* de Manuel invitándome a participar a un taller en la Casa de América de Madrid. No lo dudé ni un segundo. Pocas semanas después cambié la hibernación estudiosa del norte de América por el bullicio del centro madrileño. Fue en este taller sobre el humor ritual donde tuve mi segundo encuentro con Manuel y donde empecé a conocerlo verdaderamente. Mis primeras impresiones sobre su talante se confirmaron. Manuel es una persona afable que convierte los encuentros académicos en momentos para el intercambio franco, sincero y placentero, sabiendo ahuyentar la competencia, la presión y la vanidad, tan presentes por desgracia en el mundo académico. De la misma manera que prepara la pipa, dejando pasar el tiempo para saborear con más intensidad las primeras bocanadas de humo, propone ideas, discute conceptos, argumenta tesis y explica anécdotas. Sabe hablar y, sobre todo, escuchar, siempre dispuesto a enfrentar nuevos desafíos intelectuales, nuevos proyectos, y solo por la felicidad que le produce conocer, aprender, enseñar y compartir. Después de aquel seminario del año 2000 se sucedieron las ocasiones en las que coincidí con Manuel. Sobre todo en Trujillo, donde reúne a un grupo de investigación internacional al que me invitó a participar. Hace de estas reuniones de trabajo algo tan agradable que he esperado, en estos últimos años, las convocatorias con impaciencia para encontrarme de nuevo con su humanidad, en el convento de la Coria, al calor del hogar chispeante, frente a la balconada donde los llanos ondulantes de Extremadura se pierden en un horizonte inalcanzable a la vista, entre cielo y tierra.

Un nuevo episodio de mi relación con Manuel que me gustaría recordar sucedió en Nueva York, donde me encontraba pasando un año sabático en 2012. Recibí su visita y estuvimos un par de días deambulando por esta ciudad, por la que compartimos entusiasmo. Un día por la mañana, caminando por el bajo Manhattan, llegamos a Columbus Park, donde empieza Chinatown. Allí, sin casi darte cuenta, pasas del desangelado centro administrativo a este parque donde se concentran centenares de pobladores de origen asiático jugando a cartas y al ajedrez chino, especialmente en los fines de semana. Alrededor de las mesas de juego, se reúnen otros vecinos del barrio, transeúntes y curiosos, antiguos vecinos de Chinatown, que ahora habitan los inmensos barrios con población oriental de Brooklyn o New Jersey y que visitan nostálgicos el lugar donde han vivido. Unos practican tai-chi; otros, exóticas artes marciales, o simplemente conversan. Todo esto entre analistas de Wall Street o grupos de abogados con su *lunch box*, porque el edifico de la Corte Criminal se encuentra al lado. A veces, se pueden ver ancianas ataviadas con vestidos tradicionales protegidas del sol por sombrillas multicolores o grupos de músicos con instrumentos de cuerda y percusión que acompañan a cantantes de ópera china, también de avanzada edad. Sabía que este lugar le encantaría a Manuel. En efecto, se sintió en seguida atraído por una de estas orquestas. La primera media hora se quedó de pie, mirando embelesado todos los detalles. La segunda media hora, sentado, porque alguien de la orquesta le ofreció un taburete. Cuando entramos en la segunda hora, yo le dije que me daba una vuelta y que lo recogía mas tarde. Al cabo de no sé cuántas horas todavía estaba allí, con su pipa, observando, escuchando con la misma concentración las melodías heterofónicas y el canto gutural agudo de las intérpretes, siguiendo unas partituras con una notación indescifrable. No quería irse porque estaba ya ido. Nada le parecía más interesante, más fascinante.

Pero, ¿de qué conocimiento disfruta Manuel y nos hace disfrutar? Para empezar, decir que no se conforma con lo superficial ni con la moda de turno ni con cumplir con lo que la Administración exige. Lo que le importa a Manuel es el conocimiento de lo fundamental, lo que cuenta verdaderamente. En la antropología de los pueblos de la América indígena, lo fundamental no es su coyuntura. Lo importante es lo que permite explicarla de verdad, con todos sus matices. Lo fundamental es para Manuel el conjunto de elementos de metafísica con los que estos pueblos se enraciman en el mundo y transitan por la historia. Pero, sobre todo, cómo expresan este entramado complejo, hasta barroco, en Mesoamérica entre el ser, el mundo y la historia. Una expresión que en la pluma y la palabra de Manuel aparece como una mezcla de una gran melancolía con una rabia contenida. También la dignidad y una cierta resignación de parte de estas gentes, en el Yucatán, barridas por la modernidad pero inmunes a sus efectos. Una modernidad que no tiene nada que escuchar de ellos ni nada que ofrecerles. Los textos de Manuel, su conocimiento, persiguen atrapar esta melancolía amerindia, este grito sordo; un mundo presente y, sin embargo, pretérito; una violencia extrema y, sin embargo, etérea. Una melancolía punzante que, seguramente, es la suya también. El interés por una dimensión sentimental de la antropología nos ha unido ahora en una coedición de un volumen sobre la antropología de la afectividad amerindia, dos decenios después de habernos cruzado por azar la primera vez en Lima, después de reencontrarnos en distintos lugares y momentos, de conversar durante horas, días, sobre nada y sobre todo.

Lima-París, abril 2015

Explorador de las almas

Montserrat Ventura i Oller

En mis estudios de antropología social aprendí pronto que debíamos descartar del lenguaje disciplinario una serie de nociones surgidas de la tradición occidental y que el buen hacer etnográfico consistía precisamente en saber traducir universos culturales ajenos. Junto a otros aprendizajes, uno más mundano consistió en desnudarnos del romanticismo exotista que sin querer nos había acercado a la disciplina. Mi primera impresión al leer a Manuel Gutiérrez Estévez y sus reflexiones agudas sobre los mayas de Yucatán fue la de encontrarme ante un pensador antiguo. Antiguo por su erudición; por su capacidad de conectar filosofías lejanas con la teología cristiana medieval; por su lenguaje exuberante; por el uso de términos irreverentes, prohibidos, sin acotaciones. Esta sensación no me abandonó mientras me adentraba en sus variados escritos, que iluminaban todas y cada una de mis inquietudes teóricas, desde las impurezas amerindias a la colonización de los cuerpos, pasando por una mirada lúcida sobre las ambivalencias. La vida académica, como la literaria, nos conduce a menudo a sorpresas: leemos durante años a autores sin rostro y un buen día descubrimos que su imagen no merece nuestro culto a sus palabras, o al revés. Cuando vi por primera vez a Manuel, en una tarima de San Lorenzo del Escorial, me alegré de no haberme equivocado: Manuel, su imagen, era exactamente lo que sus palabras emanaban: un hombre de aspecto antiguo y que, además, contradecía la estética que nos habían inculcado superar: parecía un explorador; un explorador noble, carácter que quedó definitivamente demostrado cuando empezó a hablar, con su mismo lenguaje, el de sus textos, y con unos ojos de felicidad intelectual, de satisfacción y avidez por conocer, sin olvidar la poesía del descubrimiento. Y, por si me quedara la menor duda sobre el personaje, al salir, bajo el sol de la meseta, Manuel se cubrió con un sombrero de Panamá, cual explorador de las Américas, no dejándome ya la menor duda de que me encontraba ante un pensador antiguo.

Su antigüedad era una apariencia perfecta, capaz de reflejar su placer por la belleza ancestral. Una imagen que escondía una de las virtudes perdidas de los pensadores primigenios: la apertura a la modernidad. De hecho, toda su investigación está repleta de referencias, cual precursor permanente, a temas o enfoques que acabarían resonando con fuerza más tarde en la antropología, particularmente en la americanista: la agencia de las personas en los mitos, la cualidad perspectiva de tantas manifestaciones indígenas… Un explorador antiguo abierto a las nuevas corrientes, preludiándolas. De la misma manera que, en el sinfín de encuentros que gusta de organizar, no desdeña la entrada a nuevas gentes: se les acerca, las invita a pasar en su universo, las escudriña con su mirada atenta, cual etnólogo penetrando las almas… y les descubre una anécdota rompedora que él mismo ríe con la distensión de los buenos amigos, de los buenos momentos.

Barcelona, mayo 2015

El tótem –o una trilogía de caracoles– y epílogo

Maria Voutova

I.

Dibujado con tiza encima del asfalto reposa el caracol. Una concha enrollada y segmentada que da unas cinco o seis vueltas, formando una espiral ancha. El juego consiste en recorrer toda la espiral hasta llegar al centro mismo, saltando a la pata coja y sin pisar los bordes. Los que se salgan de las líneas abandonan el camino perdiendo turno. Para los que logren vencer el desequilibrio y el mareo y lleguen al corazón de ese laberinto de tiza, habrá un premio: al recorrer el camino de vuelta (y siempre a la pata coja), tendrán derecho a pintar su inicial o su nombre entero en el interior de uno de los segmentos de la concha a elegir, convirtiéndolo así en su casa. De ahora en adelante, las casas serán ese lugar de reposo donde, aunque sea por un solo instante, el pequeño saltador cojo podrá poner los dos pies en la tierra, recuperar el equilibrio y cambiar de pierna. El caracol, que al inicio del juego es del todo *aletrado*, se va llenando de nombres e iniciales hasta convertirse en una ristra de letras hecha a fuerza de tropiezos, golpes y caídas. Una suerte de alfabeto íntimo que los pequeños Teseos van asentando a medida que penetran ese laberinto que sus propios ded(al)os han trazado con polvo blanco encima del asfalto. Cada jugador va tejiendo su peculiar hilo de letras, que, más que indicarle el camino de vuelta, le sirve de apoyo y le da fuerzas para poder rehacerlo una y otra y otra vez, pisando con seguridad, hasta llenar de letras el último vacío de la concha del caracol. Así, el laberinto queda conquistado mediante las letras. Domesticación y alfabetización se funden en ese juego de caracol, en el camino tortuoso del aprendizaje. Y, como cada aprendizaje, este también da vértigo. Cuanto más avanzas por los túneles hacia el centro, más se va estrechando el caracol, las curvas se vuelven cada vez más cerradas, las vueltas más vertiginosas, el último giro de la espiral te obliga a dar un salto alrededor de tu propio pie, pero ya ni siquiera este te cabe dentro del pasillo de tiza. Un último giro de tirabuzón y el niño se convierte, por un instante, en el Minotauro: solo y jadeante en el centro de su laberinto. Ser a la vez el que construye el laberinto, el que lo recorre y el que está encerrado dentro.

II.

Las enciclopedias cuentan que la cóclea (del latín *cochlea*, también conocida como *caracol*) es una estructura en forma de tubo enrollado en espiral, situada en el oído interno. Forma parte del sistema auditivo de los mamíferos. En su interior, se encuentra el órgano de Corti, que es el órgano del sentido de la audición. En este se encuentran tres túneles capaces de transformar las vibraciones del sonido en impulsos nerviosos que son enviados hasta el cerebro. El laberinto es un sistema de pasillos fluidos en el oído interno, incluyendo tanto la cóclea como el sistema vestibular, que provee el sentido del equilibrio. Se denomina así por analogía de su apariencia con el laberinto mítico en el que estaba encerrado el Minotauro. La infección del laberinto puede desembocar en un síndrome crónico llamado "laberintitis". Los síntomas de la laberintitis incluyen náuseas ocasionales, desorientación, vértigo y mareo. Una de las causas posibles de laberintitis es la ingesta excesiva de sal.

El caracol ama la humedad, ya lo señala Ponge. La sal, que absorbe fácilmente lo húmedo, amenaza al caracol con beberse todos sus jugos vitales y hacerle encoger hasta desaparecer. El laberinto de sal es su mayor pesadilla. Se desconocen los efectos de la tiza sobre el caracol. Es sabido que el agua marina mata fácilmente a los caracoles terrestres. Sin embargo, los hay quienes logran resistir. Darwin describe los *Hélix pomatia* (caracol romano, de viña o de Borgoña), que consiguen sobrevivir en el mar más de una semana gracias a su diafragma membranoso en la boca de la concha. Taponan la puerta de su laberinto y se echan a dormir, no antes de haberse tomado una copa de buen vino de Borgoña. Quizás el murmullo de oleaje que todavía podemos percibir si pegamos la concha del caracol contra la concha de nuestro propio oído sea un recuerdo de los sueños marinos de los caracoles. Los guardianes de sonidos. Voces de otros tiempos y otros lugares (cualquiera menos este) que han tenido que hacer un largo camino hasta llegar a ser atesorados en el centro del laberinto: han pasado rozando el *hélix* (el *hélix* de los *pomatia*) que corona nuestro pabellón auricular, se han hundido en la fosa o depresión que se extiende justo debajo y han alcanzado la concha desde la que han sido vertidos, como en un embudo, hacia los túneles, pasillos, tubos y espirales que rodean al caracol que llevamos dentro. Flotando, por fin las palabras llegan al vestíbulo: esa antesala donde se incorporan, acicalan y arreglan, por último, antes de penetrar en el salón principal. Allí, en el centro de su laberinto, cual un Minotauro diminuto, está recostado el caracol. Ese tesorero de sonidos. El guardián de voces, ecos, susurros, zumbidos, tintineos y olas remotas. Quizás en algún pasillo lateral esté todavía almacenada aquella canción de niños cantada a los caracoles, invitándoles a salir, a asomar la punta de la cabeza desde el refugio de su laberinto: "Caracol, miricol, saca tus cuernos al sol". La punta del caracol, "la punta del hombre. El ludibrio pequeño de encogerse". El ludibrio lúdico del niño que canta. "¡Oh, no cantar, apenas escribir y escribir con un palito o con el filo de la oreja inquieta!". ¿Hablaba de caracoles Vallejo?

III.

La cura del limaco. El remedio vivo contra la úlcera, en palabras de Gospodinov. Se coge el caracol (sacado del laberinto de su concha) y se introduce lentamente y con cuidado en el interior de la boca, muy adentro, cerca de la garganta. Así lo hacía su abuelo, siguiendo la receta que aprendió en el frente. Luego se traga. El caracol entra, se desliza por el esófago y llega a la cueva húmeda y caliente del estómago. Allí, en la superficie de la mucosa estomacal, está la úlcera, una herida roja y punzante. El caracol va reptando lentamente encima segregando su baba, que forma una película protectora, una capa fina y curadora que sella la herida, calma el ardor, alivia el dolor.

Epílogo

Saltando a la pata coja, me sigo tropezando por el camino tortuoso del aprendizaje. Pero tus palabras, tan amado y admirado Maestro, me sirven de apoyo y me enseñan a mantener el equilibrio en medio del vértigo. Y dentro de ese laberinto, que a veces se torna lóbrego, me llegan oleajes de palabras que me has enseñado a escuchar, *con el filo de la oreja inquieta.* El rastro plateado que deja tras de sí ese animal noble, sabio y humilde que has elegido de tótem —¿o te eligió él a ti?— resulta sanador para las úlceras. La estela plateada que dejan tus palabras puede que nunca cure ninguna úlcera. Pero sí cura el alma.

Madrid, abril 2015

Diálogos de uno a dos

Luisa González Saavedra

El primer "viaje de exploración" que realicé junto a Manuel Gutiérrez Estévez fue al desierto de Atacama (Chile). Era la primera vez que yo iba a América y nos dirigíamos, en realidad, al que sería nuestro primer trabajo de campo conjunto y al mío propio inaugural, Moquegua (Perú)[1]. El deseo de Manuel por conocer el que es, a día de hoy, uno de los lugares más mágicos y extraordinarios que he visitado, nos llevó empero hasta este área de Antofagasta alejada de prácticamente todo. La noche de nuestra llegada a San Pedro de Atacama, puerta de entrada al desierto, visitamos la pequeña iglesia del pueblo, la iglesia de San Pedro. Allí me topé con mi primer rostro indio. Esto fue lo que apunté en mi diario: "El desierto de Atacama me ha impresionado lo que un desierto no pensé que lograra. La inmensidad contenida en su dureza, en el estruendo y su grandeza, el miedo que provoca el poder de su vacío que todo lo llena, como su silencio, proveniente siempre de la lejanía. En San Pedro de Atacama he visto, por primera vez, el rostro indio. Allí sentado, en una iglesia pequeña hecha de retazos de adobe, de madera hilada con lianas de cuero y un retablo blanco y azul que resplandecía dentro de la oscuridad que la noche daba al templo. Algunos de estos rostros estaban tumbados, dejados sus cuerpos sobre unos bancos de madera rojiza. Me han parecido bellos, sin saber aún muy bien por qué. Quemados, trabajados por el tiempo, sumisos en el espacio".

Permanecimos en la iglesia un buen rato, ambos en silencio, y en silencio salimos también de ella. Cuando hubimos abandonado el perímetro del santuario y cruzado un pequeño arco que le servía de entrada, Manuel rompió el silencio para hacerme partícipe de cuánto le "impactaban" las *composturas* de esos cuerpos, algunos borrachos, muchos durmiendo, en un lugar "ajeno" —en verdad o en apariencia— a la naturaleza de

1. Sucedía esto por el año 2000. En Moquegua realizamos trabajo de campo con indígenas aymaras y hablantes de quechua y con población criolla en el marco de un proyecto I+D sobre marginalidad y globalización y su incidencia en los procesos de integración social en el sur andino.

estos mismos. Mi reflexión, ante una idea que Manuel me expresaba de manera "sentida", derivó entonces en una mera exaltación de la belleza que me transmitían, sin embargo, aquellos rostros oscuros y arrugados que tan diferentes me parecían a cualquier otro rostro que antes hubiera visto. Desconocía yo, por entonces, que el hacerse cargo de la naturaleza "ajena" de los cuerpos —como aquellos que poseían a su antojo el templo— pudiera producir "desasosiego". (No eran rostros angelicales los que habíamos visto. Si acaso, hijos de Pitón ocupando el lugar de una madre creada para devorar los desmanes del gran dios).[2] Ignoraba también que esa noche de desierto pudiera abrirme a algo que no acierto a identificar más que con la "sobreconsciencia". Quizás un desvelamiento de la trascendencia que, fuera de los muros de aquella iglesia, nos condujo a Manuel y a mí a un perpetuo estado de "perspicacia cognitiva" que dura, sin duda, hasta el día de hoy. Ese estado de diálogo penetrante y agudo de entendimiento en el que, cuántas veces, rompiendo ese dogma orsiano "ser dos, por lo menos, en la inteligencia" (D'Ors 1987, p. 19),[3] hemos dejado de ser dualidad.

Entre cuerpos

Después de llevar algunos meses ya viviendo entre los shawi, de haber caminado mucho por las sendas que unen sus comunidades y estas con sus huertas o los lugares de pesca o caza, descubrí que era capaz de perder la consciencia sobre mi cuerpo para no sentir su cansancio. Los shawi, mientras caminan, no son muy dados al diálogo así que, en muchas ocasiones, lograba abstraerme tanto que, efectivamente, lo conseguía. Me ensimismaba hasta tal punto que me olvidaba de mi propio cuerpo. Luego, cuando el bosque se habría y el espesor de ese manto verde tan penetrante se hacía un claro, volvía a él, a mi cuerpo, que, libre de una mente fatigada por la dificultad del camino, se dejaba llevar por las buenas maneras que tienen los shawi de recibir a quien viene a visitarles. Un asiento limpio, un buen tazón de masato, algo de comida si lo hubiera, conversación y un lu-

2. Recuerdo aquí que Pitón, según la *Metamorfosis* de Ovidio, fue creada por Gea —nacida del barro que quedó después del diluvio— para devorar a los hijos que Leto, hija de los titanes Febe y Ceo, tuviera con el dios Zeus, Apolo y Artemisa. Finalmente, Apolo, que se hizo hombre en cuatro días, mató a Pitón con sus flechas en su propio hogar, el oráculo de Delfos, y en honor a su victoria se organizan los Juegos Pitios.

3. Eugenio D'Ors, *Introducción a la vida angélica. Cartas a una soledad.* Madrid, Tecnos, 1987.

gar donde poner el mosquitero para esperar una nueva salida del sol y seguir caminando.

Tardé mucho en darme cuenta de que era capaz de lograr esta desconexión, la de mi cuerpo. Los primeros paseos, como llaman los shawi a estas, para mí largas caminatas, eran de una tensión terrible; mis botas se anclaban en las raíces de los árboles como si estos quisieran agarrarme; la carga, que aún llevaba sobre mis hombros y no sobre la frente como la llevan ellos, me encorvaba hasta besar el suelo, destrozando mi espalda y obligando a mi sentido de la localización a reducirse a un mero metro cuadrado; el temor a encontrar alguna víbora en el camino no me dejaba mirar al cielo, que, por otra parte, estaba solo, por entonces, compuesto de un enorme entramado de color verde. El silencio y su ruido propio me hacía enmudecer y apenas oía al otro; a veces, cuando parecía escucharles, los sonidos no provenían de quienes junto a mí iban caminando. Aquí solo sentía mi cuerpo. Poco a poco, aprendí a caminar: es decir, aprendí a escapar de las raíces, a alzar la vista sin tropezarme, a sentir la cercanía de los peligros, a vivir entre el silencio sonoro de la selva. Y fue, cuando logré esto, cuando fui capaz de abandonar mi cuerpo a su suerte. No lo había conseguido sola. Los shawi me habían descubierto, con sus simples formas y contexturas, cómo hacerlo.

Una de las primeras cosas que me preguntó Manuel Gutiérrez Estévez cuando hablamos sobre mi deseo de hacer trabajo de campo en la Amazonía fue que si era consciente de que, después de hacerlo, mi cuerpo no volvería jamás a ser el mismo. Le contesté que así podría ser, pero reconozco que entonces, como en la iglesia de San Pedro de Atacama, no era consciente verdaderamente de todo lo que contenía su pregunta. Hoy, diez años después, creo saber cuál era el fondo al que Manuel quería acercarse —y quería que me acercara, supongo— al formulármela. Mi cuerpo no es el mismo, no. Mi cuerpo dejó de ser un *simple* cuerpo para, en uno, ser *otros* cuerpos posibles.

Y más allá

Durante, prácticamente, quince años (este es el tiempo que hace que conozco a Manuel Gutiérrez) he sido parte de un fenómeno realmente apasionante y que, ahora que reflexiono en voz alta sobre él, me ha llevado tanto al desierto de Atacama como a mis largas caminatas entre los shawi, ambos, en verdad, contextos de "desconexión" que me abrieron a la "sobreconsciencia". El fenómeno al que me refiero, y que siento haber compartido desde lo más íntimo de nuestro gusto por el conocimiento, el de Manuel y el mío, podría llamarlo también *diálogo de uno a dos*, un fenómeno que tiene que ver con cuerpos, por supuesto, pero también con una trascendencia a la que pienso y siento que Manuel y yo nos unimos en el momento en el que cruzamos el arco andino de la iglesia de San Pedro.

Subraya Sonia Schiavo (2005)[4] sobre Eugenio D'Ors —a quien saco a colación a raíz de su tratamiento de la sobreconsciencia— la riqueza que este ensayista, filósofo y periodista (con un seudónimo tan goethediano como Xénius) otorgaba al "diálogo": "El diálogo es de una filosofía con otra, de un ser con otros, diálogo de la conciencia con la sobreconsciencia, del humano con el ángel; pensar filosóficamente es dialogar con el Ángel Custodio" (Schiavo 2005, p. 100). Añade Schiavo a esta explicación que bien hubiese suscrito D'Ors el enunciado que José Luis Aranguren lanzó sobre su propia concepción de la personalidad: "Yo soy mi diálogo, diálogo con mi Ángel, hipóstasis dialogal angélica" (Aranguren 1981, p. 172. Cita Schiavo 2005, p. 100):

> (La) sobreconsciencia es invisible por deslumbramiento. Al igual que en la visión, un objeto puede resultar invisible al ojo humano por escasez o por exceso de luz; la misma situación puede producirse en la visión interior de los actos espirituales provocada por oscuridad o por alumbramiento. La consciencia humana tiene dos límites: por un lado, una zona inferior y oscura donde el humano se acerca a lo bestial, que se define como subconsciencia y, por otro, una zona superior y luminosa, la sobreconsciencia (D'Ors 1987, p. 23).

Cuando, en el proceso de escritura de este texto, utilicé el término "sobreconsciencia" en relación a mi experiencia de caminante en la selva, lo hice pensando, en realidad, en una especie de "consciencia plus" de mi propia corporalidad. Poco que ver este sentido, muy probablemente, con ese Ángel Custodio del que hablaba D'Ors y del que no ha lugar a hablar aquí, [5] pero al que llegué, dicho sea de paso, buscando una explicación a ese fenómeno que se da entre los seres humanos, en ocasiones, de "completo entendimiento": dicho más vulgarmente, cuando dos personas se entienden tan bien que la claridad de las palabras es algo secundario; se

4. Sonia Schiavo, "La filosofía del ángel en Eugenio D'Ors", en Carlos X. Ardarín, Eloy E. Merino y Xavier Pla (eds), *Oceanografía de Xénius: estudios críticos en torno a Eugenio d'Ors*. Barcelona, Estudis Catalans 6, Ed. Reichemberger, 2005.

5. Un interesante estudio acerca de la filosofía angelical de Eugenio D'Ors es el de Mercé Rius "Ángeles y no dragones. Apuntes sobre la filosofía de Xènius", en *Revista de Hispanismo Filosófico*. Núm. 10, 2005.

comparte un universo de ideas de manera tan fina que los diálogos se dan casi sin necesidad de "dialogar", sino, simplemente, dejando descender sobre el otro una parte de ese universo común. Es, por ello, un diálogo de uno a dos.

Sé que el fenómeno al que aludo tendrá para muchos bastante de vulgar, suele casarse con esa irritante idea del "se lo que estás pensando" y, por eso, huyendo de esta banalidad, llegué a la hipóstasis dialogal angélica. Tratándose este de un texto dedicado a Manuel Gutiérrez Estévez, hablar de ángeles, desde luego, no me resultaba nada superficial. Aunque lejos quedo yo de decir aquí que trato de descubrirles a mi guardián angelical.

He crecido al lado de Manuel, permitiéndoseme siempre acceder a un universo de ideas del que me enorgullezco alumbrarme. Muchos lugares, muchas extrañas situaciones y algunas no siempre gratas. Pero siempre con un entendimiento mutuo que, como bien puede comprobarse, no logro hacerlo descender al mundo de la palabra. Su pipa, una pajarita o el reloj de bolsillo de ayer. Todos estos son elementos sempiternos de Manuel Gutiérrez. Pero, para mí, la perspicacia y su agudeza en el entendimiento serán lo que siempre me una a él. Salimos de la iglesia de San Pedro de Atacama, creí yo entonces, él, compungido por los cuerpos, y yo, deslumbrada por la belleza de lo desconocido. Lo desconocido fue luego lo que me hizo tener un cuerpo, ascender a la sobreconsciencia, saltar de la bestia al Ángel. Manuel Gutiérrez, muy seguramente, ya sabría que ese ángel estaba ahí para mí desde el momento en que me fijé en los rostros de aquellos andinos tumbados en la iglesia de San Pedro. Estaba ahí para mí, para los dos.

Madrid, abril 2015

Placeres, urgencias y disidencias del conocer por conocer. Notas y apuntes de una década de breves encuentros

Lorenzo Mariano Juárez

En algún sitio que no recuerdo leí el relato de la historia, probablemente incierta. Durante una visita a China, Valéry Giscard d'Estaing le pidió al primer ministro chino, Zhouen-Lai, que valorara desde su perspectiva el impacto histórico de la Revolución Francesa de 1789. La supuesta respuesta del mandatario chino ha servido en alguna ocasión para recrear el desconcierto, pero también para resaltar el etnocentrismo occidental: "Es pronto aún. Nos falta perspectiva histórica". No sé si aún es pronto y falta perspectiva histórica para calibrar el impacto del trabajo de Manolo Gutiérrez, uno de los clásicos patrios de la disciplina. De eso hablan y hablarán sus textos y la crítica de su obra, como hablan y escriben también aquellos a los que transmitió una particular forma de entender la antropología. Las páginas que siguen pretenden ofrecer un retrato más personalista, no tanto suyo, sino suyo desde el mío —la apropiación generacional que para Frank Kermode era la esencia misma de los clásicos—, a través de diversas conversaciones esparcidas en casi una década de encuentros esporádicos que me permiten trazar una forma particular de entender el oficio, de personificar el concepto de intelectual en este siglo e, incluso, una idea de universidad. También puede ser que las letras que siguen no sean más que un ditirambo ñoño. Advertido queda el lector.

Sí que recuerdo dónde leí la idea de que, a pesar de estar sometida a reglas, es posible apreciar los modos caprichosos en que viaja la información genética. Siempre queda lugar a la excepción, con genes que duermen en aquella generación y despiertan en otra, en aquel momento y no en este. Quizás sea la particular mezcla de reglas y caprichos lo que permite recrear la diferencia que alberga modos y maneras compartidos. La herencia académica, la intelectual, si el uso del término no hace que uno se adentre en el esnobismo, es aún más caprichosa. Las reglas son más complejas, entretejidas entre textos escritos, conferencias magistrales, confesiones en rincones de bares o trocitos de ironía o humor regalados en el momento adecuado. No he tenido el placer de asistir a sus clases, entendidas en un sentido formal. Algunas de las cosas que he aprendido de él han sido a través de lo que enseñó a otros: Manolo fue el director de la tesis del director de mi tesis. Y he compartido con él sesiones de un grupo de investigación que han contribuido a la expresión particular de esa herencia. Los siguientes párrafos son, también, una contribución a cincelar esos modos y maneras del genotipo Gutiérrez Estévez.

Aún recuerdo la primera vez que compartí una conversación pausada con él, siendo yo más joven, imprudente y aún más estúpido que ahora. La imagen que tenía de él era la que cierto cine —el cine que uno veía cuando es joven y estúpido— había retratado: la del profesor de Literatura Medieval Henry Jones, la del licenciado por Oxford que luce pajaritas antes de que fueran *cool* o la del misterioso ganador del Pulitzer William Forrester. Conrad podría haber escrito una novela con aquella imagen como protagonista: la de un intelectual sacado de otro siglo que desprecia como basura los *souvenirs* y que se mueve con marcada soltura en los tiempos de Internet sin vivir pegado a la pantalla de un móvil.

La primera vez que hablamos de manera pausada digo, porque la primera vez que le escuché fue en uno de los cursos de verano que había dirigido junto a Julián López en El Escorial. Si uno dedica tiempo a leer el título de los cursos de verano de aquella edición, no tendrá dificultad en encontrar el de los antropólogos: cuestiones extrañas de retóricas y amerindios "y vaya usted a saber qué otras maldades", que diría cualquiera ajeno a los asuntos que de tanto en tanto nos ocupan. De aquello han pasado más de diez años, pero las sensaciones se han mantenido a lo largo de estos tiempos: siempre esperas que de su hablar pausado salga algo particularmente brillante. Pero volvamos a la intimidad de aquella primera charla. El contexto era el distendido de las cervezas que se toman al terminar algún que otro acto académico. No recuerdo con exactitud qué fue de lo que hablé en aquella ocasión que nos reunió a los dos como ponentes, pero recuerdo bien la preocupación por tener entre la audiencia al catedrático. La admiración y el temor son emociones que se conjugan también en el mundo académico. Temor a hacer el ridículo, a caer en la tautología. No he podido olvidar la frase que deslizó unas horas más tarde en aquella noche de un invierno cordobés, allá por el año 2006: "Alguien con tu capacidad debería poner esfuerzos en cosas más interesantes". Hasta en la crítica podía ser tan elegante como cáustico y mordaz. Definitivamente, no le había gustado lo que fuera que conté en aquella ocasión. Quizás sea ese uno de esos rasgos que Manolo trasmite o la idea de académico que me trasmite: la necesidad de relevancia. Pareciera como si el ritmo acompasado de silencios con el que desliza cada palabra estuviera precedido por un pensamiento mesurado para escoger la más adecuada.

Por supuesto, la necesidad de relevancia de Manolo nada tiene que ver con las formas y demandas de una universidad repleta de pertrechos neoliberales. Se trata, claro está, de una relevancia intelectual, de la capacidad de las humanidades, hoy tan denostadas, para enarbolar el pensamiento crítico, del interrogar[se] con acierto. Como me confesó en otra de esas conversaciones —de esta hace menos inviernos—, él había hecho siempre lo que había querido, y eso debía hacer un profesor universitario que se preciara de serlo. Se pregunta por necesidad, ese "porque está ahí" que respondía Mallory cuando le preguntaban por las razones de ese anhelo, entonces incomprensible, por ascender el Everest. Porque el conocimiento está ahí. Aquel día me relató que él había ingresado en la universidad con una edad parecida a la que tengo yo en estos días. En algo más de un suspiro era catedrático de universidad. Entonces me advirtió de otro de los males del oficio: a la universidad no se va a hacer pasillos ni a deambular por la cafetería. Y, entre medias, me confesó que no llegaba a entender que un universitario que se tuviera por tal leyese el *Marca*. Aún me siento culpable cuando hojeo rápido las páginas de ese diario, hoy propio de presidentes de Gobierno, pero no de académicos ni de profesores universitarios.

Entre ese aire de familia, decía, se encuentra la necesidad de andar preguntándose, de interrogarse por cuestiones variadas y obtener un placer en el proceso, en lo aprendido. Algunas personas saben de lo devastador de las respuestas, y algunas menos llegan a conocer el asolamiento que encierran las preguntas pertinentes. El hombre es un animal que pregunta, que decía Cortázar, alguien que halla placer en el viaje y no solo en el descubrimiento. O las palabras de Pizarnik, cuando demandaba buscar "la magia y extrañeza de este mundo que habito. Que me sean dados los deseos de vivir y conocer el mundo. Que me sea dado el interesarme por este mundo". Creo que Manolo pensaría que no se puede vivir de otra manera. El placer por encontrar el orden en la explicación o la certeza de que hay cosas que no pueden conocerse. Un conocimiento que no debe regirse por conceptos hoy tan de moda como "aplicabilidad" o "trasferencia a la empresa". Le he visto gozoso al comentar lo mucho que había aprendido buceando entre centenares de documentos de los archivos del Vaticano, trasteando, por ejemplo, entre debates teológicos sobre la eucaristía y el gluten. Ello habla también, a mi parecer, de su forma de entender la universidad, que ahora es también la mía, a pesar de que mi formación inicial fuera biomédica y, por lo tanto, angosta de miras y poco dada a salir de las reglas del empirismo. En más de una ocasión lo resumía de manera certera con la ironía que le caracteriza: a la universidad le irá bien si le va bien al departamento de Arameo. La relevancia de preguntas y respuestas se aprecia por el valor otorgado a la densidad teórica, pero también a la etnografía. Nabokov escogió las siguientes palabras para el comienzo de *Risa en la oscuridad*: "Érase una vez un hombre que se llamaba Albinus y vivía en Berlín, Alemania. Era rico, respetable, feliz. Pero un día abandonó a su esposa por causa de una amante joven; amó, no fue amado y su vida acabó en el desastre. Esta es toda la historia y en eso podríamos haberla dejado de no reportarnos provecho y placer el relatarla; y aunque hay suficiente espacio en una lápida para verter, sintetizada y encuadernada en musgo, la glosa de la vida de un hombre, a todo el mundo le gusta conocer los pormenores". No estoy seguro en eso de que a todo el mundo le gusta conocer los pormenores. Pero, para la forma de entender la antropología que aquí se discute, el asunto de los detalles se resuelve como algo crucial. La etnografía, entendida —así lo aprendí yo— como un recolector minucioso de pormenores. La etnografía, como método y como conocimiento, le habrá servido en mil ocasiones, capaz de rastrear en la memoria el apunte que sirve para alumbrar nuevos caminos en una discusión. Como decía Muriel Rukeyser, situando aún sin saberlo a los etnógrafos en la cima evolutiva de las profesiones: "The universe is made of stories, not of atoms". En las historias, y no los átomos, está el origen de todo.

El paso de las preguntas a la minuciosidad de la etnografía solo puede acabar —no podría ser de otra manera— en la atención cuidadosa al proceso de escribir. Alguna vez Manolo citó al propio Nabokov, que sostenía que para escribir buena literatura —para escribir buena antropología– se requería aunar la pasión del científico y la precisión de la poesía. La idea de Manolo se acercaría también a lo que Borges pensaba que significaba escribir un poema, esto es, "ensayar una magia menor. El instrumento de esta magia, el lenguaje, es asaz misterioso". Uno puede acercarse a esa idea leyendo un libro delicioso —*Según cuerpos*—, que, a pesar de pasar de puntillas para las agencias de evaluación, rezuma esa *ethos* por escribir con pasión y precisión. "La palabra escogida, incluso —nos advertía Fitzgerald— con el fin de ofrecer una caricia". Creo que Manolo aceptaría para la antropología lo que Enric González defendía para el periodista, quien tenía "que leer como si le fuera la vida en ello, porque le va la vida en ello". Leer y escribir como si nos fuera la vida en ello, porque nos va la vida en ello. Quizás sea por todas estas cosas por lo que no he podido olvidar cómo en otra ocasión muy señalada acertó a decirme, pajarita en ristre, "jovencito, cuidado con los adjetivos", haciendo suya y desde entonces también mía la advertencia de Vicente Huidobro para cuidar la palabra, pues "el adjetivo, cuando no da vida, mata".

Siempre me ha parecido, en las distancias y contextos donde hemos coincidido, ser el tipo de personas que parecen tener siempre un plan previsto. No parece probable que le hubiera pasado lo que a Henry Ford cuando se vio obligado, maza en mano, a romper la pared de ladrillo del garaje alquilado en la calle Bagley de Detroit; había pensado en todo el diseño de su Ford Quadricycle, salvo el ancho de la puerta. No, sin duda a Manolo no le habría pasado cosa semejante. Hablando de Ford, nada más distante que una cadena de montaje a lo que he visto hacer a Manolo. Hay quien ha señalado que la gente dejó de ser humana en 1913, cuando los coches avanzaban sobre rodillos y las personas se convertían en autómatas que debían correr tanto como aquella cadena. No sé en qué punto los profesores de universidad dejaron de ser profesores. Supongo que cuando asumieron que debían ser tan rápidos como los índices de impacto y las agencias de evaluación, cuando el gen hacedores de papers se expresó con virulencia, esquilmando gran parte de su población. También a eso se ha mostrado inmune. En una conversación hace no mucho, al abrigo de una noche trujillana, nos confesó que desde el primer año que ingresó a la universidad todos los primeros días de clase les pedía a los alumnos que le dijeran si estaban allí por aprobar o por aprender. Los primeros tienen un cinco, no hace falta que vengan a clase. El sólo estaba interesado en los que querían aprender. El resto —la universidad del resto, añado yo— le resultaban desdeñosos, indiferentes. Formas peculiares de reivindicar la disidencia.

A pesar de todo ello, o quizás por eso, quiero terminar por otra faceta que siempre me ha chocado por ser quien es o por la imagen que tengo de él, o justamente la imagen sea la consecuencia de estas otras ocasiones. Me refiero a las veces que ha comentado, con lacónica serenidad: "Yo de eso no entiendo mucho" o "De eso no se nada" o "Tú de eso sabes más que yo". Puede parecer algo sencillo. Pero no lo es en realidad. En los tiempos de los debatodólogos, en el tiempo de la tiranía de las tertulias superficiales, el silencio también tiene un aire subversivo. Quizás sea por eso que me resulte tan pedagógico como tranquilizador que el mismo que siempre tiene algo relevante que decir sea capaz de asumir con tranquilidad que ni él puede saber de todo. O quizás sea la emoción que le embarga a uno por saber que se puede saber algo que Manolo no sabe. Aunque sea lo que publica el *Marca*.

Cáceres, abril 2015

El método Trujillo

Gemma Celigueta Comerma

Hace siete años que conocí a Manolo en un seminario de la Universidad de Córdoba. Y, como saben todos los que le conocen, Manolo es de esas personas que dejan una primera impresión. A mí, estudiante en la recta final del doctorado en estado de neurosis casi permanente, me pareció algún escritor de esas generaciones que solían reunirse en los cafés madrileños. Más tarde, en las charlas relajadas de las cenas y los bares, criticó mi conferencia —que al parecer le había aburrido—, me dio algunos consejos y después se dispuso a conocer a la criatura insegura y desordenada que tenía en frente. Me pareció una persona que sabía combinar el rigor académico con la originalidad, la creatividad y la frescura; la crítica mordaz y sincera con una actitud cariñosa y maternal. Definitivamente, aquel no era un profesor como los demás.

Nos fuimos encontrando a lo largo de estos años en otras conferencias y cafés, y su "estilo" continuó seduciéndome con una antropología más humanista que la que yo solía frecuentar. Lo que yo no sabía era que había un lugar en Extremadura en donde ese "estilo" se había convertido en un método de trabajo. Para mí, Manolo y el "método Trujillo" son como una bocanada de aire fresco en un mundo académico encorsetado por los proyectos, los índices de impacto y la captación de recursos.

"¿Y a ti qué te apetece hacer?" —me preguntó la primera vez que presenté los temas que podría trabajar en el proyecto de Modernidades Indígenas—. Y ante mi vacilación por reconocer mis propios deseos, seguramente reprimidos por maliciosas obligaciones universitarias, me sugirió, con su sonrisa y la eterna pipa en los labios, lo que él creía entrever.

Así que entre el psicoanálisis y el ambiente conventual me siento de verdad en la Academia, en el sentido platónico del término. O es que quizás así me imagino la famosa mayéutica de su maestro. Producir conocimiento a partir de lo que uno lleva dentro. Sacar a la luz alguna idea, ordenar los datos y verlos desde otros ángulos y puntos de vista, cuestionar lo sabido y hasta pensar en las estrategias narrativas del texto final. En definitiva, el "método Trujillo" consiste en acompañar el proceso creativo desde el alumbramiento de alguna fugaz idea hasta el punto final del texto. Y funciona. Sin duda, este antiguo y maravilloso convento pone el cuerpo —y Manolo, el alma— de un clima fecundo que te devuelve al tren agotada, pero feliz.

Y, hablando de la Academia, me doy cuenta de que con él apenas hablo de política universitaria: de mis problemas como profesora asociada, de los concursos a los que me tengo que presentar, de las pocas plazas que van a salir este año en la universidad o de las acreditaciones que tengo y también de las que no tengo. Y yo, la verdad, es que se lo agradezco, porque ya hablo bastante de ello con todos los demás. Me parece una enorme pérdida de tiempo no aprovechar las horas con Manolo para conectarme otra vez, de nuevo, con la ilusión de ser antropóloga. Para no aprender de su curiosidad inagotable y, sobre todo, de su capacidad para ver las cosas de otra manera. En un mundo académico demasiado gris, a mí Manolo me parece de color verde. Como lo es el sombrero con el que lo recuerdo.

Barcelona, abril 2015

Una invitación a la etnografía de los pueblos amerindios

Beatriz Pérez Galán

Mi primer encuentro con Manuel Gutiérrez Estévez fue a comienzos de los años 90. Manuel fue mi profesor de la asignatura Religiones Indígenas en la Licenciatura de Historia de América II (subsección de Antropología Americana), en la Facultad de Geografía e Historia de la Universidad Complutense de Madrid (UCM). Los años siguientes he tenido la suerte de reencontrarme con él en varias oportunidades: cuando me invitó a participar como docente en el Máster de Estudios Amerindios en Casa de América que Manolo dirigía, en tribunales de tesis doctorales sobre pueblos indígenas andinos y en las últimas reuniones celebradas en la Fundación Xavier de Salas, en el convento de la Coria (Trujillo), como integrante del mismo equipo de investigación.

En esta oportunidad me gustaría evocar esos primeros encuentros con Manolo como profesor hace 25 años y las impresiones que transmitía entre nosotros, los estudiantes. De alguna forma, aquellas enseñanzas han marcado profundamente mi percepción de él como antropólogo hasta hoy en día, así como mi propio sentido de la profesión, de lo que podemos hacer y aportar como americanistas a la teoría y a la práctica de la antropología.

Motivado por el propio desarrollo del americanismo en España, a finales de la década de 1980 y comienzos de los 90, los estudios de antropología americana en la licenciatura de Geografía e Historia de la UCM tenían una orientación predominante hacia la etnohistoria y la arqueología. Quizás por ello, y porque todavía Internet no era una herramienta de uso frecuente, el mundo indígena pasado y presente que nos relataban en las aulas nuestros profesores, generalmente vinculado a restos materiales, sitios arqueológicos, archivos, códices y crónicas de Indias, parecía más "pequeño" y "compacto" de lo que sin duda era realmente. Paralelamente, en esos años la conmemoración del V Centenario del Descubrimiento de América supuso un nuevo empuje al interés en torno a la antropología americanista y, sobre todo, la posibilidad para los estudiantes de acceder a un conjunto de actividades y recursos (cursos, talleres, conferencias y titulaciones de posgrado) que fortalecieron la curiosidad de muchos compañeros y la mía propia por las culturas de los indígenas contemporáneos.

En ese ambiente académico, Manuel Gutiérrez era un profesor "popular" entre los estudiantes de Antropología de la facultad. De hecho, Religiones Indígenas se impartía solo en el turno de mañana y éramos varios los estudiantes del turno de tarde que acomodábamos trabajo y otras obligaciones familiares para cursar esa materia con Manolo. Su rica experiencia en los Andes (Ecuador, Perú y Mesoamérica, Guatemala y México) y su mirada etnográfica resultaban ciertamente motivadoras.

Aprendí muchas cosas sobre los pueblos amerindios con Manuel en aquel curso, pero sobre todo me empapé del sentido de hacer etnografía, de su valor heurístico, su carácter flexible y dialógico, y de la necesidad de buscar respuestas a los debates de la disciplina a partir de una polifonía de voces locales que eran la expresión del complejo mundo cultural de los pueblos amerindios contemporáneos.

El conocimiento profundo que procede de la experiencia, del "haber estado allí", de inapreciable valor para los estudiantes, convertían cada una de sus clases en un ritual. Este comenzaba cuando Manolo entraba en clase, se sentaba y sacaba con cierta solemnidad de su cartera algún cuaderno, encendía su pipa y, poco a poco, de sus notas surgía esa polifonía de voces, a menudo procedentes de su propio trabajo de campo con indígenas americanos que narraban con sus propias palabras la existencia de varios mundos, más de media docena de almas, personajes no humanos que compartían relaciones sociales y espacio cotidiano con los humanos, mitos y un sinfín de rituales que singularizaban sus vidas cotidianas. Un vistazo al programa de Religiones Indígenas Americanas que Manolo impartía ilustra mejor que cualquier juicio de valor la diversidad cultural amerindia.

De los treinta temas en que dividía el contenido de la asignatura, los primeros ocho introducían las teorías sobre animismo, psicologismo emocional, el llamado "pensamiento salvaje", y sobre ritos, mitos y creencias. Los veintidós restantes siguen siendo el "paseo etnográfico" más completo que conozco por las creencias y prácticas rituales de los pueblos y comunidades indígenas de América. Escojo solo algunos fragmentos de ese temario:

> La religión en los pueblos tzeltal-tzotziles; la visión del mundo a través del nahual, la medicina indígena, rituales y creencias de los maya-yuca-

tecos, la religiosidad de los lacandones, mitos y leyendas quichés, organización religiosa y ceremonial de los mames de Santiago Chimaltenango, la visión del mundo de los kekchíes, el mundo de San Juan y el mundo de San Simón entre los tzutuhiles del lago Atitlán, la jerarquía religiosa en los pueblos tarasco (Cherán y Tzintzuntzan), el culto al oratorio de los otomíes, la práctica mágica de los tuxtlas, las peregrinaciones y el peyote entre los huicholes, vida ceremonial de un pueblo zapoteco, creencias y cultos de los totonacas, el panteón quechua tradicional y los ritos, el ciclo mítico de Inkarrí, las creencias populares en los Andes ecuatorianos, las peregrinaciones andinas, la ideología mesiánica en el mundo andino, el chamanismo en las culturas indígenas norteamericanas, el chamanismo araucano, el peyotismo como movimiento de liberación, la danza del sueño de los menominos, el movimiento mesiánico de los canela, los mesías de la amazonía, los movimientos proféticos brasileños, el vodú haitiano...

El apego a la etnografía del que Manolo hacía gala en sus clases descansaba, como pude comprobar pocos años después en mi propio trabajo de campo, en un conocimiento profundo de la disciplina, de las teorías, de las fuentes, y en el rigor científico.

No es de extrañar, por tanto, la profunda convicción con la que Manolo defendía la existencia de una singularidad propia opacada y superpuesta durante siglos de imposiciones coloniales a través del lenguaje y de la religión católica. Para él, nunca se produjo una "suma amorosa de lo indígena y lo hispánico", presente en mayor o menor medida en cualquiera de las versiones de los procesos de sincretismo, mestizaje o hibridación resultantes del encuentro entre dos mundos.

Esta posición cuasi militante nos obligaba como estudiantes de Antropología a reflexionar sobre uno de los objetivos de la disciplina comúnmente aceptados: aquel que defiende la necesidad de conocer a los otros para conocernos a nosotros mismos. En sus clases Manolo convertía el conocimiento de los otros, de la diversidad cultural en el caso de los pueblos amerindios, en una empresa compleja y emocionante que requería de interpretaciones novedosas, reflexiones constantes y búsquedas de respuestas en otro tipo de fuentes permanentemente sujetas a debate. Empresa compleja en la que normalmente uno se quedaba "enganchado" durante varios años, y en algunos casos se convertía en el motivo de una carrera académica, de una profesión y hasta de una vida.

Recuerdo mi propio caso, cuando después de casi dos años de trabajo de campo en comunidades indígenas quechuas del sur andino peruano tratando de dilucidar la naturaleza y el funcionamiento del sistema de autoridades tradicionales, tema de investigación para mi tesis doctoral, busqué a Manolo para tratar de "ordenar" una masa ingente de entrevistas, observaciones, gráficos imposibles y narrativas contradictorias, que cargué conmigo hasta su despacho. Era incapaz de representar gráficamente la jerarquía de autoridades y de entender su significado cultural, intrínsecamente unido a la cosmovisión del grupo inscrita en el territorio. Después de revisar mi material, me citó para darme varios consejos, algunos bibliográficos y otros no. Lo recuerdo bien: el viejo Bateson, las jerarquías enredadas y los bucles sin fin de M. C. Escher, *Cultura y conquista* de G. Foster y el libro de Caro Baroja sobre los carnavales; y, cómo no, leer mucha literatura. Tras esos consejos, añadió: "Y no te empeñes en traducir este material, Beatriz. Aquí tienes trabajo al menos para los próximos 10 años".

Esa invitación de Manolo a asumir riesgos y a emprender un largo viaje de resultados impredecibles cuando hacemos etnografía en comunidades indígenas —con el objetivo de desentrañar una lógica cultural propia utilizando para ello los materiales que fueran necesarios sin importar su procedencia— me ha acompañado desde entonces. Esa actitud proclive a abrir nuevos caminos es quizás una de las razones por las cuales desde que conozco a Manolo siempre está rodeado de estudiantes, de jóvenes investigadores que no tienen miedo a asumir riesgos y a pensar, ingredientes necesarios para construir nuevas perspectivas y objetos de estudio en antropología americanista. Gracias por tus enseñanzas.

San Lorenzo de El Escorial, mayo 2015

Alaridos en la noche

Óscar Muñoz Morán

Escuché no hace mucho tiempo evocar a Manolo una experiencia de sus comienzos en el trabajo de campo, en concreto en los Andes. Quería transmitir a los presentes que por "anécdotas" como aquella se hizo antropólogo y americanista, que tras vivencias así se convenció de que merecía la pena dedicar su vida al conocimiento de la realidad cultural de los pueblos indígenas de América. El relato era más o menos como sigue:

> En mitad de una fría noche andina, un alarido desgarrador atravesó el paisaje inerte de las alturas donde se encontraba la comunidad. Al preguntar en el momento por el origen del mismo me contestaron, sin dudarlo, que tan solo era un alma en pena perdida entre cerros y chagras.[1]

Recuerdo la emoción con la que lo transmitió y la que me provocó a mí al escucharlo. Esos alaridos penitentes andinos han sido una constante en los que allí trabajamos. Y su atracción emocional y etnográfica es tan grande que en seguida comprendí lo que Manolo estaba diciendo al auditorio: que no podía haber elegido nada más atractivo a lo que dedicar su vida que la investigación (entre otras cosas) del origen de dichos espíritus.

Allí, sentado entre otros profesores y administrativos de nuestra facultad de Geografía e Historia, me reafirmé sobre la importancia que Manuel Gutiérrez Estévez había tenido en mi vida como antropólogo. Durante mis primeros escarceos con el trabajo de campo, cuando la narrativa indígena (en este caso, la de los purépecha de Michoacán, México) respecto al pasado comenzó a obsesionarme, los textos de Manolo sobre el mito y la literatura indígena me marcaron caminos epistemológicos que nunca he abandonado.

Algo parecido me ha sucedido más recientemente, cuando, ya trabajando en los Andes, me he interesado por diferentes formas de eso que de-

1. Espero que Manolo sepa perdonarme la licencia que me he tomado al entrecomillar una evocación.

nominamos "religiosidad amerindia". Las críticas hacia el concepto de sincretismo y las propuestas analíticas sobre una forma particularmente amerindia de entender el catolicismo y sus prácticas, que a él todavía le gusta seguir denominando "paganas", me han procurado formas de entender la mentalidad quechua que ni siquiera había imaginado.

No me atrevo a decir que a él le debo algo de mi forma de hacer antropología, porque esta afirmación pudiera cargarle con un lastre sin duda no merecido. Tal vez nunca alcance a plasmarlo en mis escritos, pero sin duda alguna ha sido su forma tan particular de entender la etnografía la que ha marcado la mía al escribirla. Una etnografía, que en sus textos aparece a pinceladas, para apoyar, por encima de todo, un marcado debate intelectual y una crítica amable, pero siempre pertinente. Crítica a conceptos que son lugares comunes en gran parte de la antropología (ya he hablado del mito o sincretismo, pero también tendrían cabida aquí el de la teología de la liberación o el de intelectual indígena, entre otros).

Cuestionarse el concepto dado y apoyar etnográficamente las propuestas teóricas han sido las cosas que siempre he escuchado en boca de Manolo.

* * *

Condenados [2] hay en todas partes. Espíritus y almas en pena pueblan los paisajes ontológicos de todas las culturas. Pero el campesino quechua de los Andes (igual en Bolivia que en Ecuador) les despoja de ese halo de misterio e inaccesibilidad habitual en Europa. El espíritu andino es tan real y presente, tan cotidiano y visible, que uno como antropólogo no puede por menos que esforzarse por encontrarle un sentido a él y al mundo que *in-habita*.

La etnografía apasionada se convierte así en una forma de vida. La etnografía americanista se muestra como un arrebato, capaz todavía de sorprendernos a diario por los sentimientos que nos provoca. Manolo nos ha transmitido siempre, a los que hemos estado a su alrededor, que *antropólogo americanista* es una maravillosa identidad con la que levantarse todas las mañanas.

Salamanca, marzo 2015

2. Los espíritus culpables de los alaridos en la noche andina pueden tener múltiples representaciones. Tal vez la más común de ellas sea la de los *condenados*. Estos se refieren a una entidad con la que suele ser común cruzarse en los lugares peligrosos o *saxras*. Desde la lejanía aparenta ser un hombre o *runa* sin más, pero, ya de cerca, se puede apreciar que parte de su cuerpo se está descomponiendo o que incluso carece de algún miembro. Se habla de ellos como de las almas en pena de muertos recientes.

De conversaciones indisciplinadas

El sonreír de Manuel

BEATRIZ NATES-CRUZ

Conocí a Manuel Gutiérrez Estévez en una primavera del año 1995. Fui a una de sus clases en calidad de doctoranda en Antropología y bajo la sugerencia de mi maestra y amiga María Cátedra Tomás. Cuando estábamos examinando con ella la posibilidad de tomar cursos en otros departamentos que no sólo fuera el de Antropología Social de la sede Somosaguas, de pronto ella me dijo: "[…], sí, toma el curso de Manolo sobre rituales en América. Es un *tío* muy majo y muy listo, te gustará […]". Salí de su despacho y horas más tarde estaba averiguando por el curso… Así fue como entré al *curso de Manolo.* Lo que me impactó de su clase no era tanto lo que allí se dijera o dejara de decir, lo que me impactó de verdad fue el sonreír de Manolo, como todos lo llamaban (lo llaman, afortunadamente), la forma en que se sonreía. Y la risa fue uno de los temas que, sin pretenderlo él, tomó lugar en una de las clases que más recuerdo. El de Manolo era un sonreír enunciativo, al estilo de "miren aquí estoy, ya he llegado". Me impactaba sobremanera porque me recordaba los cuentos de niña, donde los personajes saludaban al estilo de "ja, ja, ja, jo, jo, ¿quién está allí?". Allí estaba él, con su pipa, con sus trajes impecables, con una mirada que invitaba a contar secretos: aunque nunca se los compartí, sí compartí con él cafés en distintas partes, citas para vernos cuando yo pasaba por Madrid y le anunciaba que estaría allí y quería verlo. Para mí, que río poco, lo admito, ver a alguien que no sé si amará la risa, pero que se disponía a ello cada vez que comenzaba su clase, cada vez que nos encontrábamos, era una especie de humor que creaba solidaridad. Solidaridad con las torpezas que a veces nos salían en clase y sabía manejar con solvencia y acogida, solidaridad al invitarnos siempre a lo que programaba y compartía. Alguien me dijo alguna vez por esos años de mediados de los 90 que Manolo no era tan gentil, como yo decía, que era muy estricto y frío en el fondo. Yo contesté: "Nunca dije que fuera gentil o que no lo fuera, lo que he dicho es que su forma de anunciar su llegada con ese reír de cuentos de infancia me da tranquilidad, me gusta […]". Recuerdo, o quizá olvido, que alrededor del significado de "gentil

/ amable" y "de buen humor" debatimos buena parte de una noche en Trujillo con mis compañeros de ese entonces en el doctorado. Sin embargo, estaba allí por estar, lo único que yo sabía, y no he cambiado de opinión, es que la manera como sonreía Manolo me agradaba, era una invitación constante, ¿a qué?, a algo, siempre a algo.

La forma de sonreír más "castiza", como dicen en el sur de Colombia para referirse a "algo neto", "diáfano", que recuerdo de Manuel Gutiérrez Estévez es cuando me llamó a mi casa en Madrid. Vivía yo en Tetuán, y me dijo: "¿Beatriz?". "Sí…", respondí. "Soy Manolo", y luego ese "ja, ja, jo, jo" que tanto disfrutaba. "Sí, dime, Manolo". "Te llamo para preguntarte sobre tu himno nacional […]". Allí la que iba a reír era yo, lo que me faltaba, estaba yo leyendo y tratando de armar una tesis doctoral por esos días y este hombre me llamaba a casa para preguntarme sobre mi himno nacional. Pero contuve la risa y con el respeto que él me inspiraba le dije: "Sí, dime […]". Continuó: "¿Sabes qué quiere decir tu himno cuando habla de 'Ricaurte en San Mateo en átomos volando' […]?". Sentí como si se partiera en dos el teléfono. Y pensé: "¿De qué habla, qué quiere ahora Manolo con sus temas, que de tan originales me ponen nerviosa […]?". Al final le respondí lo que pude, y él no corrigió nada, me escuchó hasta que terminé y se despidió con su "ja, jo". Yo no atiné, claro, a preguntar bien para qué era. Él, antes de despedirse, me explicó brevemente que estaba trabajando sobre algunos de los himnos nacionales de América.

Cuando llegamos a Trujillo era la entrada del verano, Manolo nos había invitado a todos a su seminario anual. Estaban sus "chicos preferidos" y nosotros, el otro grupo nuevo con él y que con afecto, más que porque creyera o no en nuestro trabajo, nos había incluido en ese viaje. Una vez en la sala donde se realizaba el seminario, intervenía uno a uno, y fue el turno de Manolo. Al comenzar dijo algo así como "[…] de esto no dan cuenta ni siquiera los nativos, fíjense, pregunté a Beatriz", y me señaló, "y no sabía cómo explicarme una estrofa de su himno nacional cuando se la pregunté […]". Yo, sorprendida, me volví a mirarlo y miré avergonzada al auditorio, de entre el cual algunos me miraban. Pero continuó, no sin antes poner su forma de sonreír, lo que me calmó y me quitó un poco la vergüenza de no haber podido responder sobre algo que supuestamente era tan mío como un himno a la patria. Pero, claro, no trataba de ridiculizarme, yo era uno de los ejemplos de lo que él estaba hablando. Y allí aprendí algo más sobre ese Manolo del que me hablaba María, mi maestra, "ese *tío* majo y listo". Entendí que no solo me tranquilizaba esa forma de sonreír, sino que también ese sonreír era premonitorio, que no siempre era para asegurarme que no pasaba nada, sino que la polisemia era tal que cuando lo hizo al teléfono era para asegurarme de alguna manera que no debía forzar una explicación. Claro, si lo sabremos los antropólogos. Sería como pensar a la manera en que lo expresó Laura Martin (1984)[1], que los inuit *sabían* en su idioma un sinnúmero de palabras para denominar la nieve porque vivían sobre ella casi todo el tiempo, era lo suyo.

Así es el Manuel que recuerdo yo como su estudiante, como la evaluada en un tribunal de tesis doctoral, como la colombiana que se tomaba con él un café en Casa de América al pasar por Madrid. Este es de esos hombres —no me pasa con ninguna mujer— a los que uno recuerda por su forma de sonreír. Y no me pasa con las mujeres porque Manolo, sin saberlo, y solo lo sé yo ahora al escribir este texto, me enseñó que ni funcional ni estructuralmente es real que solo las mujeres lloran y ríen o que al menos tienen *per se* el derecho a hacerlo —aunque a menudo, más de lo que uno cree, no lo hagan— y los hombres, ni una cosa ni la otra. Me hizo volver sobre algo que me interpelaba y no había pensado más sino hasta ahora: las mujeres francesas buscan un hombre que las haga reír y las españolas un hombre que esté a su servicio, que las cuide. Al menos esas eran las definiciones que me transmitieron mujeres y hombres de lo que eran en relación ellos, cuando con escasos 21 años llegué a Europa. Ni europea ni quillacinga, así me sentía en mis encuentros con Manolo, no requería yo que él me hiciera reír, porque él no me hacía reír, era su forma de sonreír lo que me producía lo que digo que me producía, ni tampoco, pensándolo bien, me calmaba. Me generaba entradas y salidas que solo he visto en su sonreír a la manera de cuentos de ogros, príncipes y hadas que me leyeron alguna vez.

Simple gusto, divertimento, cinismo o indulgencia, ese es el sonreír que tengo incorporado de Manolo. Por tanto, sonreír no es siempre tener buen humor o producir humor. Solo sé que al reír Manolo me producía complicidad del material que fuera. Y sé también que, mientras los otros alumnos suyos no cesaban de hablar de las bondades, brillanteces o disgustos por encontrarlo a veces indescifrable, a mí todo lo que me producía era ese encuentro con mi infancia. Como a la manera en que lo hacen entre los trumai de Brasil, la manera de sonreír de Manolo era una especie de iniciación desde donde se inculcaba, se me inculcaba sin siquiera yo saberlo, el sentido fino del saber decir y estar en y para las cosas.

Manizales, Colombia, abril 2015

1. Laura Martin (1986), «Eskimo words for snow: A case study in the genesis and decay of an anthropological example», *American Anthropologist*, vol. 88, n.° 2, pp. 418-423.

Manolo se va al pueblo. Esbozo de un soliloquio

Pedro Tomé

A medida que te acercas al pueblo, una sensación placentera te va rodeando. Como de acogida. Ves, intuyes, el silencio por encima de unas tejas del color de un buen vino de reserva. El contraste de las distintas tonalidades del verde con el azul del cielo moteado y con las alas de las golondrinas que vuelan veloces te permite anticipar el placer de la escritura. Entrevés las páginas que vas a escribir. Despacio, disfrutándolas mientras saboreas la pipa. Sabiendo que estás en el entorno apropiado para que la mente fluya. Día de acomodarse.

La quietud merece el respiro. Mañana empiezo. Qué gusto dormir aquí. Hora es ya de escribir sobre esas identidades que desde lejos se ven mejor. Y de esas narraciones cercanas. Enciendes la pipa. Primera frase. Hay que arrancar bien. [Claxon]. Repetido. [Claxon]. Ahora más cerca. Espero. Un momento. Es el de la fruta. O el del pan. ¿Por qué no deja de tocar la bocina? No debe quedar nadie sin oírlo a cien kilómetros a la redonda. ¡Pero si ya está parado en la plaza! ¿Por qué sigue? Ya está. Parece que ya. ¿Por dónde iba? ¡Ah! Sí, sí. Ya lo tengo. Vamos a ver cómo empiezo… No puede ser. Y ¿ahora quién? Pero ¿no se había ido ya? Es otro. Este claxon es más agudo. Debe de ser el pescadero. O vaya usted a saber. Aquí no hay quien escriba. ¿No pueden decir a qué hora llegan? Así, sin más, y que la gente salga. Que sepa todo el mundo cuándo vienen y dejen de molestar. Pero no. Tienen que venir tocando la bocina desde no sé cuántos kilómetros antes. Solo me falta que cuando se vaya este venga otro. ¡Espero que no queden más pitidos! Por fin. Silencio. Menos mal. Nooo. ¡Por Dios! [Un altavoz rodante]: "Se cambian colchoneees. Señora, si tiene usted un colchón viejo, se lo cambiamos por…". ¡La madre que…! Lo dejo. Voy a dar una vuelta, a ver si me relajo.

—Buenos días.

—Buenos días tenga usted. ¿Qué? ¿A dar una vueltecilla?

—Sí, señora.

—Si es que como aquí no se está en ningún sitio, ¿verdad?

—Bueeeno, sí, señora. Tiene usted razón.

—Pues nada, que usted lo pase bien.

—Gracias.

¿Como en ningún sitio? Aquí no hay quien viva. En realidad tenemos una imagen estereotipada del medio rural. Romántica. Bucólica. Como si fuera una imaginaria Arcadia. La culpa es de Virgilio y, sobre todo, de todos esos falsos poetas pseudorrománticos teñidos por la *new age* que hacen como que lo imitan, pero no saben escribir. Ni leer. Porque, claro, lo bucólico, pase en Garcilaso. Aunque aquí quería yo verlo. Ni pastoras ni... Si ya lo decía la Biblia. Uno de eso profetas. ¿Cuál era? Bueno. Uno que decía no sé qué contra los pastores. Sería Ezequiel. O vaya usted a saber. Mira que hay relatos que advierten contra ese tipo de vida. Leyendas. Incontables. Tendría que sistematizar de una vez todo el material que tengo sobre eso. En cuanto saque algo de tiempo. Claro que aquí lo que me sobra es tiempo. Lo que no sé es si lo he traído o me lo he dejado en Madrid. Siempre está en el otro sitio. En el fondo y en la forma, más en la forma, todo esto es bonito. Uno lo sabe. Sabe que esa visión romántica es falsa. Conservadora. Apegada a ciertas ideologías perniciosas. No para quien viene de vez en cuando. Para los de aquí. Mejor... para todos. Pero, aun así, hay que reconocer que es bonito. Esas tejas. Me gustan. Esos tonos envejecidos, esa pátina del tiempo. Tiene algo que no sé yo. No hay más que compararlo con la uralita de ese corral. ¿Dónde va a parar? Y la profundidad del cielo. Del aire limpio. Produce sosiego. Placidez.

Claro que siempre tiene que haber algo que la rompe. Por ejemplo, ese a toda velocidad. ¿Qué prisa tendrá? Pero, además, ¿dónde irá con ese dos caballos? ¡Anda que no hacía que no veía yo un dos caballos! Hasta parado chirría. (Coño, si es el cura).

—Buenos días.

—Buenos días. Que llego tarde a la misa y sin mí no pueden empezar.

—Claro, claro (encima, gracioso).

—¿Y a qué hora es? La misa.

—No. Cuando llego.

—Entonces no es tarde.

—No se crea. Todavía me quedan tres pueblos esta mañana.

—¿Y fieles?

—Algunos más. Todos mayores. Menos mal, los altavoces. Pero disculpe, que tengo que tocar las campanas para que sepan que estoy aquí.

—¿Tiene que subir hasta ahí arriba? Seguro que la escalera del campanario está de cualquier manera.

—No. Son eléctricas. Ve. Le doy al interruptor y ya está. Adiós, hasta luego. Adiós.

(Al menos este sonido es más armónico. Bueno, no tanto. Si fueran cencerros. A lo mejor. Es más repetitivo. Mecánico. Me voy, a ver si empiezo ya de una vez).

Qué bien me ha venido este paseo. Relajante. Es lo que tiene el campo. Te serena. ¡No puede ser! ¡Los altavoces! Así que era eso: la misa para todo el pueblo, que no se escape nadie. Esto es, esto es… Ni cerrando la ventana. Por Dios, que acabe ya de una vez. Ya. Parece que ya acaba. Ya. "Chatarrierooo. Se compra, hierro viejo, metal y cobre. Chatarrierooo".

No puedo más. No aguanto un segundo más. Me vuelvo para Madrid. Está muy poco valorado el silencio del ruido monótono. La calle, los coches, las sirenas. En Madrid, ni se oyen. Pasan desapercibidos. Pero aquí… No es el ruido. Es la estridencia. Ya vendré cuando no tenga nada que hacer.

Ávila, junio 2015

Un maestro con zapatos viejos

Ángel Acuña Delgado

Corría el mes de junio de 1998 y me encontraba en la ciudad de Mérida (Venezuela), donde había sido invitado por la organización del I Congreso Venezolano de Antropología para colaborar en el desarrollo de un taller de Antropología Visual, dentro del citado evento.

En uno de los transportes que amablemente los anfitriones habían preparado para los invitados, coincidí con el otro español allí presente, encargado de una de las conferencias magistrales. Me llamó la atención su temple, su manera de conversar, el interés que mostraba por lo que le contaba y sus viejos zapatos, unos mocasines bastante gastados por el uso que hablaban bien de su propietario. Pero lo más asombroso del encuentro estaba por llegar. El día de su conferencia lo vi sencillo y elegantemente vestido, con pantalón blanco, chaqueta azul, pero sin cambiar de zapatos. Paseaba en solitario concentrado a la entrada del auditorio mientras los congresistas lo llenábamos, calculo que no éramos menos de 500.

Cómodamente sentado, observo a un señor que, tras ser presentado como un ilustre antropólogo, se toma su tiempo para empezar a hablar, ordena sus papeles y comienza su disertación con una lectura tranquila, que con el paso de los minutos iba subiendo su intensidad, acaparando el interés del público. Se trataba de un texto que hablaba sobre las banderas y los himnos nacionales como símbolos patrios en los países latinoamericanos: texto y mensaje de carácter político, en donde el término "política" no apareció una sola vez, escrito con tal sencillez que cualquiera de la calle lo podría entender, pero al mismo tiempo con una sorprendente profundidad de miras.

Como alguno de los temas del maestro Paco de Lucía, "Dimeola", por ejemplo, en donde parece que a la mitad de la actuación el punteo de guitarra ha alcanzado su máxima dificultad y nos sorprende incrementándola más y más hasta el final, con una apoteosis; aquí el orador introducía interrogantes cada vez más sutiles y argumentos más sofisticados, y resultaba espectacular no solo escucharlo, sino también echar una mirada alrededor y ver un auditorio cautivado por la palabra, puesta en escena con énfasis, miradas reflexivas y silencios cargados de comunicación.

Como si de un concierto de música clásica se tratara, donde el público, si la obra ha gustado, acostumbra a extender los aplausos más allá de lo normal, aquí los congresistas puestos en pie aplaudimos durante varios minutos entusiasmados por la obra de arte que habíamos tenido la suerte de escuchar, arte no reñido con el rigor científico en este caso, que reconocíamos en lo escrito y en la manera de expresarlo.

Con evidentes muestras de satisfacción en su rostro, el conferenciante, mientras las palmas no dejaban de sonar, echaba los papeles a un lado y de manera ceremoniosa comenzó a llenar de tabaco su pipa, sin fumarla, tarea en la que estaría ocupado un buen rato mientras escuchaba y respondía las preguntas del público. Definitivamente fue toda una lección de saber estar, de cómo calar hondo con sencillez, de cómo la ciencia y el arte no son incompatibles, aunque lo más difícil es tener dotes para lo segundo, como las tenía el orador con zapatos viejos, Manuel Gutiérrez Estévez (Manolo Gutiérrez para los amigos).

El asombro y la admiración causados en el primer encuentro fueron el principio de una bonita amistad. Cuando tuve ocasión de conocerlo mejor, descubrí también en él su amplia experiencia de campo, su manera de trabajar sobre el terreno, de dialogar, de hacerse preguntas, de producir y compartir conocimiento. Aunque no participé en ninguno de los proyectos de investigación, sí lo hice en alguno de los seminarios y foros de debate por él organizados, donde reunía pequeños y selectos grupos de profesores, investigadores y alumnos para presentar trabajos originales en torno a un tema, siempre sugerente. Como había confianza, "habla de lo que quieras", me decía, una vez dadas las directrices y temática central del encuentro. Y, en efecto, con tal consigna, cada cual hablaba de lo que quería y sabía, en un ejercicio de interdisciplinariedad en donde se reunían personas formadas en el ámbito de la sociología, la filosofía, la educación, la psicología o la antropología. Lejos del anonimato que suele darse en los simposios de los macrocongresos que reúnen a cientos o miles de personas, en estos seminarios, celebrados en lugares tan atractivos como el monasterio de San Francisco el Real de la Coria, en Trujillo (Cáceres), nadie pasaba desapercibido. Durante dos o tres días de intenso debate intelectual en jornadas de mañana y tarde, cada cual mostraba lo que sabía o creía saber, poniendo mucha atención en lo que sabían los demás en base a su experiencia práctica; se hablaba con sinceridad, sin tapujos, pero con todo el respeto por el trabajo del otro, para ofrecer con cada intervención nuevos puntos de vista y preguntas que ampliaban las perspectivas y las expectativas.

Cómo no, las intensas y no menos agradables jornadas de trabajo académico tenían su continuidad con los momentos de comensalismo y copeo prolongado hasta la madrugada, en donde las conversaciones entraban en lo personal, en lo que hablamos las personas normales cuando nos reunimos, no para resolver problemas o cuestiones concretas, sino por el simple y buen gusto de pasar un rato agradable con otras personas que cuentan cosas, semejantes o distintas a las tuyas, con quienes puedes tener mayor o menor afinidad, y con quienes se pueden generar lazos de afecto y amistad para el futuro. Espacio ideal para la empatía, de cuya necesidad mucho hablamos para hacer provechoso el trabajo de campo, pero que está bastante ausente en determinados ámbitos académicos, en donde cada cual acostumbra a encerrarse en sí mismo.

Inmerso en el ambiente competitivo que genera la vida universitaria para la promoción personal, de las numerosas disputas entre colegas movidos más por envidias y diferencias personales que por motivos intelectuales, en aulas con un buen número de alumnos que se entretienen con sus teléfonos móviles y con internet mientras el profesor habla en clase, tal vez porque tampoco él lo esté haciendo lo suficientemente bien; inmerso en todo ello, sin duda la vida académica tiene también muchos momentos atractivos que nos hacen sentir bien con el trabajo que hacemos y con quienes lo hacemos, muchas veces es una cuestión de perspectiva en la que uno tiene mucho que decir y hacer, evitando las dinámicas destructivas e introduciéndose en las constructivas. En tal sentido, participar en seminarios como los que he mencionado y rodearte de colegas sensatos, humildes, respetuosos y de buen nivel intelectual, con los que debatir y mantener relaciones de afecto y amistad, constituye un gran valor, así lo aprecio, reconociendo que Manolo ha contribuido en buen grado a hacerme sentir bien en mi profesión.

También en la formación profesional, de la que nunca se acaba de aprender, de los antropólogos, de ambos sexos, personalmente conocidos, que, por diferentes motivos, uno tiene como ejemplo de buen hacer, Manolo Gutiérrez es uno de ellos. Preocupado especialmente por ampliar los límites del conocimiento, o de la racionalidad, como decía Geertz, es, sin duda, un gran escuchante y preguntador. Atento siempre a lo que escucha, ya sea en foros públicos o en conversaciones privadas, sin interrumpir a sus interlocutores, acierta a señalar de manera amable unas veces la inconsistencia de algunas afirmaciones, otras, aspectos decisivos no tenidos en cuenta, nuevas perspectivas de interpretación u otros caminos a seguir. La tarea de escuchar y observar es esencial como sabemos no solo para producir datos, sino también para ganarse la confianza de la gente: conversar de manera sosegada, sin prisas, sin avasallar, haciendo sentir al otro que no solo te interesa su información, sino que te interesas por él, por su persona, resulta básico para hablar con sinceridad y con profundidad de determinados temas. Esa capacidad de escucha y observación hay quienes la han venido aplicando de manera espontánea e intuitiva, independientemente de lo leído en los manuales metodológicos que tratan de etnografía; como el hecho de no ser impertinente con las observaciones o los interrogatorios, según a qué horas, en qué lugares o en qué situaciones. Al final, en el trabajo de campo etnográfico, del que tanto se ha escrito, no hay más que aplicar el llamado "sentido común", porque todo pasa, en principio, por saber estar, lo que implica escuchar, observar y tratar con la gente; luego, claro está, hay que escribir y reflexionar.

En estas otras tareas, las de escribir y reflexionar, recuerdo bien una frase de Manolo al comentarle que me iba de nuevo al campo, la sierra Tarahumara en aquella ocasión, porque los datos que tenía sobre un tema en particular los había agotado y no me daban más de sí. Él contestó, pensando en los suyos, que nunca los había agotado, que mientras más los revisa más saca de ellos, más novedades encuentra. Palabras de alguien que sabe que un buen registro etnográfico, denso y cargado de matices, constituye un recurso inagotable, si su autor es además un inconformista al que, por muy fino que hile, siempre le quedan tramas sin tejer y reflexión que hacer para continuar "preguntando-se".

Convencido Manuel del valor que tiene la producción de conocimiento en sí misma —por el simple hecho de contribuir a tener una visión más amplia y precisa de las diferentes facetas del comportamiento humano en su diversidad, para luego, si se estima oportuno, ser aplicado en la resolución de problemas—, me interesó de manera especial, por afinidad temática, qué sabía, qué había producido, junto a su grupo de investigación, sobre el cuerpo en pueblos amerindios y, concretamente, entre los mayas yucatecos entre los que él trabajó.

Su reflexión en torno al cuerpo y, por extensión, a la persona en culturas amerindias, ayuda a entender en primer lugar cómo y en qué medida los pueblos originarios de América transformaron sus cuerpos con motivo del choque cultural e imposiciones de la sociedad colonial: desarrollo de un nuevo sistema inmunológico para sobrevivir a los nuevos virus llegados de Europa; consumo de alimentos hasta entonces desconocidos que modificaron la dieta; contactos sexuales que condujeron al mestizaje; o realización de nuevos trabajos productivos y de servidumbre. Todo ello en paralelo a la adopción de lo que dentro de ellos, los cuerpos, han de albergar: el alma, eterna y única para cada persona, cuya pureza entrará en continua confrontación con el peligro que encierra el mundo carnal.

Sobre este esquema de incesante asimilación cristiano-colonial del que nos habla,[2] sabe apreciar además con gran acierto cuatro características esenciales que, en mayor o menor grado, aparecen en las representaciones amerindias del cuerpo: 1. "Substancia porosa", a través de la cual entran "palabras, miradas y vientos" y salen "almas y sombras"; 2. "Espacio residencial" o contenedor donde habitan diversos seres con voluntad propia; 3. "Materia metamórfica", capaz de transformarse en otros seres, de desdoblarse o desplegarse más allá de las fronteras de la piel y cobrar vida en otra entidad y 4. "Conjunto holístico", analógico, a través del cual se entienden las relaciones con el mundo exterior (macrocosmos) e interior (microcosmos) y se justifican las situaciones de equilibrio y desequilibrio producidas dentro y fuera de él.

Todas estas características señaladas por Manolo Gutiérrez puedo constatar que se hallan presentes en la percepción y representación del cuerpo de los pueblos o comunidades amerindias con las que he tenido ocasión de trabajar. Entre los yukpa de la sierra de Perijá (Venezuela) observamos de manera clara ese cuerpo poroso de entradas y salidas, especialmente durante el sueño. Entre los rarámuri de la sierra Tarahumara (México), el cuerpo es entendido como la casa de las almas, las tres del hombre y las cuatro de la mujer, haciendo valer la idea de contenedor. Los yanomami del alto Orinoco (Venezuela) constituyen un ejemplo ideal de metamorfosis corporal en las transformaciones que regularmente realiza el *shapori* (chamán) para acceder al mundo de los *hékuras* (seres espirituales). Y en los kawésqar del archipiélago patagónico chileno, así como en otros muchos pueblos, podemos encontrar justificaciones de la enfermedad como consecuencia de desequilibrios producidos por la dicotomía simbólica calor-frío en relación con lo corporal.

Leer o, mejor aún, hablar con Manolo Gutiérrez, bien de temas académicos o de la vida cotidiana, ha sido y es para mí, además de un placer, un ejercicio de permanente aprendizaje, tanto en las formas, siempre humildes y sencillas, como en los contenidos, reflexivos y cargados de ingenio. Trabajar con él cuando me ha pedido colaboración o cuando yo se la he solicitado ha sido y seguirá siendo un privilegio y motivo de gran satisfacción, como no puede ser de otra manera cuando uno se encuentra con un maestro y un amigo.

Granada, abril 2015

2. Conferencia titulada "La concepción del cuerpo y la persona en las culturas amerindias" impartida el 10 de abril de 2008 dentro del curso Antropología Latinoamericana, perteneciente al máster de Estudios Latinoamericanos: Cultura y Gestión, de la Universidad de Granada.

Un desayuno de etiqueta

A William Kavanagh, *in memoriam*

Luis Díaz Viana

Fue a mediados de los años 80. Manolo había venido a Soria para participar en un seminario de antropología que yo había organizado en el Colegio Universitario. No sé si por la escasez de recursos del mismo o por mi gran sentido de la hospitalidad, tanto él como otro recordado colega nuestro, el ya fallecido Bill Kavanagh, se alojaban en mi casa. Si no recuerdo mal, el evento académico había terminado el día antes y esa mañana íbamos a dedicarla a recorrer una de mis rutas preferidas de la provincia: la que, trazando una imaginaria recta desde la capital, se topa a su salida con los arcos de San Juan de Duero, va luego hacia Almajano, bordea el palacete de Villaseñor y llega hasta Castilfrío de la Sierra. El excursionista que lo desee puede después proseguir viaje por las tierras de más al norte y, atravesando montes y collados, visitar Vinuesa y Duruelo, asomándose al fin a las profundas aguas de la machadiana Laguna Negra.

Pues bien, esa mañana —como digo— nos levantamos tarde y con cierta premura por mi parte, ya que se trataba de que nos diera tiempo a hacer todo el recorrido antes de que Manolo y Bill tuvieran que regresar para Madrid. Propuse tomar rápidamente un café con leche y emprender marcha, posponiendo el necesario refrigerio para alguna parada en el camino; pero hete aquí que me encontré con la cariñosa negativa de Manolo, quien desbarató mis planes de prontitud cerrándose en banda: sin haber tomado antes el mejor desayuno posible, no nos moveríamos. Manolo estaba allí, en medio de la cocina, envuelto en un elegante pijama de esos de señor burgués y con los brazos en jarras, como los ponían tales señores por fastidio o incredulidad. En fin, que su actitud era la de quien apenas se contiene lo que está pensando. Y, si los pensamientos sonaran, hubiera podido oírse rebotar contra los azulejos de aquella habitación algo como lo siguiente: "¿Pero tú qué te has creído? ¿Pretendes que con el frío que hace fuera nos vayamos por las tierras sorianas sin tomar bocado alguno hasta media mañana?".

Con el tiempo, sabría por propia boca de Manolo que el desayuno y la siesta eran tiempos casi sagrados para él. Y que, incluso, solía practicar esta última en su despacho de la facultad con pijama, y no estoy seguro de si también con batín de seda, aunque esto puedo yo haberlo urdido con mi imaginación algo calenturienta. Conceder tamaña importancia a esas actividades, que aún en aquella época me parecían nimias, fue toda una amistosa enseñanza. "Un día que uno va a disfrutar con sus amigos no puede empezar sin un desayuno como es debido, reposado y abundante" —vino a decirme sin necesidad de palabras nuestro personaje—.

Y tenía toda la razón. Así que aviamos el desayuno como pudimos, abriendo una mesa plegable en una cocina que, como la mía de aquella casa de Soria, no era demasiado grande, y quedaron pronto dispuestas en la misma las mejores viandas que había en la despensa. Hablamos, conversamos, reímos, fumamos nuestras pipas los tres —entonces aún los fumadores saciábamos nuestro vicio en cualquier parte y todavía parecía estar de moda que los antropólogos fumáramos en pipa—. Finalmente, emprendimos camino hacia las tierras de más al norte. Tierras de pueblos de piedra y leyendas. Montes misteriosos. Sendas recorridas por antiguos juglares...

A esa Soria volvería Manolo, rehaciendo viejas casas y construyéndose otras nuevas; regresaría y no dejaría de tornar ya a su refugio de Villasayas. Yo, sin embargo, dejé Soria, que durante un tiempo fue mi hogar. No olvidaría ya nunca la discreta lección de mi amigo sobre lo fundamentales que son en nuestras vidas los actos más cotidianos, los modestos momentos de descanso, los remansos de plática y amistad. Es de actos pequeños de que se compone eso que un poco pedantemente se denomina hoy "la excelencia": el empeño por hallar la perfección —dentro de lo posible—, por dar lo mejor de uno en cada intento, por disfrutar del hecho de poder esforzarse en lo que a uno le gusta. Todo esto, además de conducir a la excelencia, imprime un carácter de exquisitez y elegancia, de consistencia y de autenticidad a quien lo practica.

Nadie duda a estas alturas de que Manolo ha andado toda su vida más que sobrado de tales rasgos, por lo cual —y aunque no hubiera dado todavía en llevarla en las ocasiones importantes, como ya siempre haría unos cuantos años después— le recuerdo con pajarita en aquel desayuno, un desayuno con aire y modos de siglos pasados, por lo solemne y parsimonioso, por lo formal y a la vez entrañable e íntimo: un desayuno que era también una ceremonia. Un desayuno de etiqueta.

Valladolid, diciembre 2014

Manolo,...

Jorge de Persia

Aquellos primeros días del exilio

Manolo e Ina hicieron, con su calidez y solidaridad, que recuperase una parte de mi persona. Habíamos llegado desde Buenos Aires a Madrid en un cálido agosto, con un pasaporte (de los que se hacían "especialmente") y un billete de avión, gestos solidarios y cercanos, que no olvidaré, que nos facilitaron en aquel convulsionado comienzo del mes de agosto de 1978. Pudo ser en medio de cierto relajamiento de la dictadura de Videla, cuando su equipo de fútbol había sido campeón del mundo, aunque la barbarie seguía activa en su empeño por exterminar a quienes pensaban...

Llegamos a un Madrid de pocos coches, calles tranquilas, de antiguos autobuses y sus aún celosos conductores, que clausuraban las puertas hasta que acudía un guardia cuando dos jóvenes se besaban. La Constitución debía de ser aprobada y recuerdo, en ese aire veraniego, haber respirado con libertad, casi por vez primera, leyendo *El País* en un autobús con gentes que charlaban de un asiento al otro... Ciudad apacible aquellos tiempos en la pequeña plaza de Barceló, en la que pedíamos té en la tienda de ultramarinos (o pan integral...) y nos enviaban cariñosamente a la farmacia, y con esa cordialidad tan grata nos preguntaban si estábamos "malitos", porque el para nosotros familiar té de la tarde —el domingo con pastitas— no se había vuelto a generalizar.

Muchas imágenes desordenadas quedan de aquellos días; los reencuentros con los cuñados, muy cercanos y ya exiliados, y tantos amigos de allá que habían emprendido antes ese camino. La joven antropóloga Liliana Goldin (Luly) nos habló con entusiasmo a Florencia y a mí, recién llegados, del profesor Manuel Gutiérrez Estévez, entonces un PNN del Departamento de Historia de América de la Complutense.

Al margen de ello, yo había visitado ya ese departamento universitario para entregar a su director una carta de presentación de un reconocido arqueólogo amigo, el profesor Rex González. Recuerdo la cordialidad de la también joven PNN Alicia Alonso, que ejercía de activa secretaria en aquella vieja casa, planta segunda creo recordar, en la que convivían antropólogos, historiadores, arqueólogos, sabios para un recién llegado del Río de la Plata, algunos de los cuales eran —más que personas—... libros. Porque allá, en esos tiempos míos del Departamento de Antropología de la Universidad de Buenos Aires en el que era asistente del profesor Augusto Cortázar y hacía mis primeras prácticas docentes, esos nombres, como el de Alcina Franch, por ejemplo, eran sinónimo de "manuales", de tratados que sintetizaban el conocimiento desde la lejana Europa —paradójicamente quizá— de culturas americanas.

Yo entregué entonces al profesor Manuel Ballesteros, director del departamento, esa carta y don Manuel me dijo: "No le preguntaré por qué está aquí, pero, si podemos hacer algo, y lo hace bien, adelante, está en su casa".[3] Otro destinatario de la carta era el profesor José Alcina Franch, y su cordialidad fue un bálsamo. Alicia me señaló una mesa al pie de una estantería metálica llena de libros; era una sala de biblioteca, algo laberíntica, y a la vez de trabajo. Y en aquella mesa y con esos libros comencé nuevamente a recuperar mi persona. Y en aquellos días fue cuando conocí a Manuel Gutiérrez Estévez y, muy pronto a Ina, que en adelante serán nombres inseparables en este relato y en mi agradecimiento; su apoyo y amistad —nada más y nada menos que eso— fueron sustanciales en aquellos primeros tiempos de tener que comenzar de nuevo. Nosotros éramos los "sin papeles" de entonces. Y esto confirma mi creencia de que quien te da tu identidad, quien te hace persona, es definitivamente "el otro". En esas primeras y muy largas charlas con Manolo e Ina, en aquellas degustaciones de "pruebas de desgaste", como llamaba a sus experiencias en preparar tartas, aprendí mucho. Apacible, Manolo hacía compatible su úlcera de entonces con la persistente pipa, la amabilidad en la puesta a punto del tabaco en la cazoleta, en la paz de una casa circundada por libros y, por qué no, de proyectos e ilusiones que se sucedían a aquellos encuentros en la calle de Arturo Soria.

Auspiciado por una ayuda del Ministerio de Cultura, a través de Jesús Aguirre, pude impartir una serie de clases en aquel departamento de la

3. Se lo agradecí hace años, en un encuentro casual en la Embajada de Italia, y compartimos emoción.

Complutense sobre la música en las festividades religiosas populares e indígenas de Argentina, un tema que había podido trabajar años atrás desde la Universidad de Buenos Aires. Poco después, un amable jurado presidido por el profesor Ballesteros me concedía —sin duda otro ejercicio de solidaridad— el premio a un trabajo sobre cantos populares mapuches que fue entregado en el entonces Día del Indio... ¡Cómo han cambiado las cosas!

En esos tiempos, siempre estuvo presente la experiencia de Manolo como profesor, a cuya clase acudían con entusiasmo los alumnos, y su espíritu crítico fue un espejo para aprender. Nunca había visto alumnos tan entusiastas como los que acudían a esas clases de Manolo.

Desayunos de café con leche y tortilla, algunas navidades para montar un pesebre y poner un árbol en Soria, iban acompañados de su capacidad reflexiva, su interés y el ejercicio de aplicar su conocimiento —de gran lector y estudioso investigador— a este ámbito en común. El tema unía, en el marco de la expresión religiosa popular, las manifestaciones musicales, las literarias, las lecturas antropológicas, en una comunión en cuanto a determinar los elementos simbólicos trascendentes, y por allí comenzó un camino común.

La Menéndez Pelayo y Extremadura...

Un camino que tuvo un momento culminante en los al menos tres años de cursos en la Universidad Menéndez Pelayo, en el Palacio de la Magdalena de Santander, dirigidos por Manolo, que concentraba a varios y destacados profesores de las Américas en torno a temas puntuales y con una mirada interdisciplinaria. Fueron años que —vistos desde fuera— estaban marcados de una profunda ilusión, la de construir un país nuevo, en el que el conocimiento jugaba un papel importante, en el que se profundizaba en las cosas. Y aquellos cursos tenían una luz especial, e incluso se publicaron muchos de aquellos trabajos que seguramente se verán en el apartado bibliográfico de este volumen.

Otra de las experiencias en común, esta nuevamente en el ámbito de la Facultad de Geografía e Historia, fue la creación, así como así, ya diré por qué, de un seminario para trabajar sobre el tema de la religiosidad popular. Concurríamos a él en elocuentes sesiones en torno a una mesa, creo, todos con una gran ansiedad por el conocimiento, por la visión y la reflexión del otro, y a veces las voces se oían desde el pasillo en el entusiasmo por exponer los pensamientos y puntos de vista. Y más de uno se sumó al pasar por allí, alentado por la intensidad de las expresiones expuestas en voces entusiastas que llegaban al pasillo. Y, un día, la Virgen se apareció a una señora en un prado de El Escorial. Y ello fue una de las felices coincidencias "de campo" de aquel seminario. Acudíamos casi con espíritu devoto a esas apariciones milagrosas de la Virgen, del que nos despojábamos (no sé si totalmente) al entrar en el aula de la siguiente sesión del seminario. El respeto con que Manolo establecía sus técnicas de campo lindaba casi con la fe misma, en un ejercicio personal que, en lo profesional, añadía fuertes contenidos teóricos y capacidad de observación y análisis.

"Así como así", decía del seminario, porque eran tiempos en los que no existía aún el mecanismo de los créditos en la universidad. El seminario no daba certificado ni servía nada más que para lo antes enunciado. Con el tiempo, curiosamente tanto los bancos como la universidad hicieron causa común con la idea del "crédito" y, debo decir,... así estamos.

Una tarde, Manolo me presentó a su amigo Jaime de Salas, profesor de Filosofía en la Complutense y otro de los prohombres de esta pequeña historia personal. Y, en medio de estos entusiasmos, surgió ante nosotros el maravilloso oasis de Trujillo y el convento de La Coria de la Fundación Xavier de Salas. Otro flechazo que abrió la puerta a sueños y proyectos. Y uno de ellos, en el que pudimos coincidir gracias al buen hacer de Manolo, fue el trabajo de equipo en Extremadura sobre aspectos de su religiosidad popular. Un proyecto —esta vez— con apoyo oficial, auspiciado por el Centro de Investigaciones Sociológicas de la presidencia del Gobierno (a lo que se sumó la bendición del entonces obispo local), en el que participó en los trabajos de campo todo un grupo joven y brillante que recopiló un importante volumen de información. Recuerdo la dedicación y el trabajo de aquellos alumnos (aunque, en el fondo y a consciencia, eran discípulos) de Manolo.

Otros caminos...

La búsqueda es una constante. Uno nace en un sitio, estudia donde sea, luego llega un trabajo, permaneces o te empujan a marchar... La elección de un lugar en el mundo es difícil, y en el fondo creo que en gran medida el hecho de encontrarlo depende "del otro". Yo pasé de aquellos años de trabajo en el CSIC —que debo fundamentalmente a la sensibilidad de la investigadora Valentina Fernández Vargas y a otras personalidades del Consejo— a dirigir el Archivo Manuel de Falla en Granada, un centro pionero de los años 90, y luego aquí, a Barcelona, y la distancia dejó todo lo que he relatado en un rincón imprescindible de la memoria, que espero compartido; recuerdos de hechos en los que Manolo, Manolo e Ina, ocupan un lugar de los más importantes. Gracias.

Barcelona, mayo 2015

A Manuel

Juan A. García Núñez

El amor es darse sin darse, entregarse y continuar siendo. Juego, en el mejor sentido de la palaba. Encontrarse en otro ser, enlazarse, acabar siendo dos guitas distintas. Un no saber por dónde salir.

Max Aub

Unas pocas páginas me han pedido para hablar de Manuel, de apellidos Estévez Gutiérrez. Un amigo. Y ese es el problema. No me gusta escribir, no lo sé hacer con la fluidez y decoro que la lengua castellana lo requiere. *Toda la desesperación humana radica en la imposibilidad de expresarse con exactitud.* Manuel lo sabe; él dice que es indolencia —yo creo que es producto de que *los españoles somos orgullosos e impacientes, lo que tal vez es lo mismo. La pereza y la impaciencia no se contradicen, al contrario*—, aunque no lo manifiesta expresamente; siempre lo deja en el aire, con alguna pregunta en apariencia ingenua para que seas tú el que le dé respuesta. Pero sé que es algo más: pereza que procede de mi impaciencia. Y eso es terrible, porque esa edad, la de la necesaria tensión para el aprendizaje, ya pasó. Ahora nos encontramos en la de mirar qué dejamos hecho. Aunque justo es decir que Manuel no cree en absoluto en eso de ponerse ahora a mirar atrás. Hacer, dice, es lo único a lo que nos debemos, hasta que ya no sea posible; y eso, la posibilidad o no, no está en nuestras manos.

Ya ves, Manuel. Me dicen que hable algo de ti y lo único que sé hacer es hablar de mí. La pregunta sería si al hablar del otro lo podemos hacer sin hablar de uno. Creo que solo hablando de uno y de los momentos vividos en relación se puede dar fe del otro. Ese va a ser el guion de las pocas palabras que escriba: hablar de los momentos que nos acercaban y de los que nos separaban, y que aún nos separan, gracias a Dios, aunque el giro no sea del agrado de los biempensantes laicos e ilustrados. Lo comprendo. Vaya losa la del dogmatismo religioso a la que se enfrentaron los hombres y mujeres desde el Renacimiento hasta la Ilustración para abrir una rendija por la que entrara un poco de luz. La verdad es que la rendija sigue siendo solo eso: rendija. Sobre todo, en esta España nuestra. Y tú, hoy, en el siglo XXI, sigues siendo un ilustrado empedernido. Y no está mal, aunque eso lleva aparejada su dote de penitencia. Pero piensas que *toda nuestra felicidad reside en la razón*, y ahí no hay rendija. Un añadido paradójico: *No hay nada más cruel que el optimismo ni nada que lleve a hacer mayores barbaridades que la fe.*

Creo que en nuestro primer encuentro, más o menos, te hablaba del inconsciente colectivo, esa cosa que a un antropólogo de campo le produce repelús. ¿Cómo hablar de un universal en este mundo nuestro de la diversidad más absoluta? Yo no me inmutaba. Seguía a lo mío. "Manuel —te decía— si ha habido una filogenia del cuerpo y una psique que se expresa hoy en la diversidad, ayer lo fue menos; a lo sumo, unos pocos primates primigenios de lo humano". Así que no te resistas: hay que aceptar, como Jung decía, que en el pozo profundo de la psique se encuentra aquello que nos es común a todos. *La eternidad está detrás, no delante. Frente a nosotros no hay más que vacío, que llenamos a la medida del tiempo.* Tema aplazado.

Después fue el símbolo el lugar de un nuevo desencuentro. Tú lo llamabas "alegoría". Yo, erre que erre, contraatacaba: "No, Manuel, eso de la alegoría procede de fuera, de la consciencia". El símbolo es una imagen que procede de los ignotos espacios profundos de nuestra mente, de lo inconsciente, los que no alcanzamos a ver ni lo haremos nunca, nos empeñemos como nos empeñemos. Estamos hablando del principio, de la chispa que prendió el fuego en el cerebro para dar paso mucho más tarde a la palabra. La razón, esa razón que con tanto esfuerzo habías alimentado, se negaba a poner a su misma altura a lo inconsciente. Además, me decías, te daba miedo entrar en ese mundo. Algo de ello habías conocido directamente en tus trabajos con los indígenas como para mantener con fuerza los diques que lo separaban de la consciencia. El yo, esa conquista tan extraordinaria del ser humano, habría de ser su cortafuego, decías. ¿Temor realmente? No lo sé; sabiduría, sin duda. Quizás, una vez más, era una estratagema académica de las tuyas para propiciar el que yo me aclarara algo más antes de continuar con un debate de una mayor profundización. Quizás. En cualquier caso, hoy alabo tu paciencia y mi insistencia. Eso fue forjando una relación que se regocijaba de esos "desencuentros" en nuestros viajes a cercanas y lejanas tierras. De ellos, recuerdo que alguna vez me decías: "Juan Antonio, haz el favor, cómprate una máquina de esas modernas, digitales, que registra la voz, y cuando hables, la pones para poder escucharte después, que algo bueno de ello puede salir". Yo te creí. Me compré una y, como no había manera de que la hiciera funcionar adecuadamente, me compré otra. Creo que la puse una sola vez y ni siquiera fui capaz de oírme. Así que lo dejé. Y, como tú no insististe, de nuevo volví a pensar en tu redomado hábito de intentar hacer pensar a las personas por sí mismas. Y ese, creo, es el papel del verdadero maestro: hacer las preguntas pertinentes para que el otro encuentre la respuesta, su respuesta. Pero estoy seguro de que ambos compartíamos eso de *la amistad es... una de las razones de vivir.*

Y, poco a poco, fuimos encontrando un caminar en una paralela más cercana, hablando de los sueños. Parecía, y sin duda lo es, que al hablar de ellos se iban encontrando sentidos de lo vivido en común. *El hombre sin sus sueños, medio hombre; sin sueño, muere de la muerte más atroz; abolir los sueños duele menos, pero el hombre no se reconoce sin ellos. El que no sueña está solo, irremediablemente.* En el fondo, los deseos expresados de las necesidades de cambio, de renacimiento, proceden de lo oscuro de los sueños. Y eso tú ya lo sabes.

Pero creo que tu mayor empeño conmigo ha sido llamar la atención, educadamente, discretamente, como sueles hacer las cosas, sobre el poco control de las emociones que demasiadas veces manifiesto y su influjo negativo en la organización para la expresión de las ideas. Bueno, también te he conocido alguna que otra vez llamadas de atención desbocadas por la ira ante el que no estaba respetando las reglas comúnmente aceptadas. Y eso te hacía daño manifiesto, porque la tolerancia la tienes en alta estima. Y te aferras siempre con todas tus fuerzas a que *no existe otra escuela de tolerancia que la tolerancia. La sangre es mala consejera.*

Y no puedo dejar pasar por alto las mutuas concepciones, esta vez no llego a alcanzar su antagonismo, si lo hay, que sostenemos frente al azar. Las posiciones se me han ido deslavazando con tus interesados silencios. Mi posición es la de que el azar no existe; esta es simplemente la expresión, como lo son a su vez los términos "infinito" o "vacío", una manera de creernos que estamos fuera y, a la vez, dentro del cosmos. Pero pienso que esa concepción del azar es lo que llamamos "dios". Un absoluto irreconocible, porque no estamos fuera, sino dentro de un cascarón. Y la palabra "azar" parece expresar, simplemente, la impotencia del hombre ante lo inconmensurable. Y eso, aunque sí estoy seguro que algo compartes de esto, no es de recibo para la razón científica. Ante ello, la razón científica nada puede. Y puesto que este, el azar, se manifiesta en el interior del caos, hay mucha esperanza, creemos, de llegar a su ordenación progresiva. Y, qué narices, al menos es cierto que de esa organización del caos nace la espiritualidad, que no es más que una forma, entre otras, de expresar la belleza que lo acompaña, que a ti sí te acompaña; y, honestamente, creo que eso te salva sobre cualquier otro valor con los que has construido tu personalidad. Y cogido por los pelos, pero tú sí lo vas a saber interpretar en el marco en el que me he movido: *Se puede ser ateo y profunda-*

mente religioso. Los que no lo son no creen en nada, y menos en la razón. Los que se educaron en una religión y siguen fieles a ella no lo son racionalmente. Y como no podía ser menos: *Lo peor del hombre, la fe, asesina de imaginaciones.* Tema, también, aplazado.

Tras la paradoja de los desencuentros, ahora tocan los encuentros. También habrá que seguir el hilo de las palabras con el mismo espíritu que las anteriores.

De la rigurosidad, consistencia y utilidad o no desde el llamado "profesionalismo", poco puedo decir. Tu gremio ya se encargará de ello. De su substancia, de esa permanente lucha de la razón por encontrar la verdad, sí. Aunque, como es obvio, ni es este lugar ni yo sabría estar a la altura. Pero eso no me exonera de decir lo que esencialmente siento, porque me estoy refiriendo a la substancia. La mirada, desde todos los puntos de vista a su alcance, sería el núcleo, pero esencialmente desde el punto de vista del otro. Tratar de comprender al otro, él lo sabe, no se produce sin abrazar con todo el cuerpo, con todos sus sentidos, con todos. Y eso no es sencillo. Yo diría que no se estila. La distancia del objeto se puede llevar a cabo cuando uno se ha hundido en el fango con él. Otro modo de decirlo: para ello se requiere compromiso. No tanto, como algunos ignorantes creen, con los demás, sino con uno mismo. Porque esa permanente lucha por ser uno, ser individuo, reconocible como tal, es lo que lo hace ser Manuel, el Manuel de entre los Manueles. Y para ello hay que valorar, sobre todas las cosas, la libertad. Difícil decir hoy, por los aires que soplan y por temor a ser mal interpretado, una vez más, que *si el mundo se decide por la igualdad no es posible que exista la libertad, en el sentido corriente de las libertades individuales; y, si se decide por la libertad, no puede existir la igualdad. Ahí reside, en el fondo, la intransigente rivalidad entre cuyos términos —dicen— no nos queda más remedio que escoger.* Pero entre nosotros quizás forme parte de un intermedio encuentro-desencuentro, si así puede decirse.

Y, con esa substancia, se puede valorar y embarcarse a su edad en proyectos como los que compartimos, con la fuerza y alegría que requieren. ¿Acaso el deber, requerimiento social ineludible, puede tener sentido sin ser uno entre los demás? Y ahí se encuentra la confluencia de los valores que nacieron en la Ilustración, que con tanta fuerza alumbraron a los mejores y tanto sufrimiento acarrearon y siguen acarreando a los que no se han rendido —porque no está en su esencia el rendirse— en esta España en la que *su grandeza se debe a la unión de tres culturas, la cristiana, la árabe, la judía, y su decadencia al clero, sea de la procedencia que sea: española, conversa, alemana o francesa. Quien impone la expulsión de moros y judíos es la Iglesia (manejando el pueblo y el gobierno); el odio al poder adquisitivo de los judíos es de idéntica procedencia. Ese anticlericalismo que, como veis, no es cosa del otro mundo.* Y que, con tanta claridad, se abren camino en Manuel.

Y quiero terminar con la misma palabra que el profesor Ángel Gabilondo empleó hace unos días para expresar con su significado el compromiso con los objetivos de trabajo que pacientemente había desgranado en un mitin político, para poner en primer lugar de toda acción a la educación y a la cultura, rememorando a Cervantes con la última palabra escrita en la segunda parte de su Quijote: "Vale".

Cuando te conté esa anécdota en Madrid, como historiador y lector empedernido, afinaste aún más su significado diciendo, sin otro comentario: "Sí, era la fórmula que de uso habitual se empleaba al dar fe del escrito que se presentaba". Yo, por "azar", estoy escribiendo este encargo para ti en el Colegio Miguel de Cervantes de São Paulo y lo quiero terminar con la misma palabra: "Vale".

Posdata: todos los textos en cursiva pertenecen a Max Aub, entresacados de su libro *Aforismos en el laberinto* (Madrid: Edhasa, 2003).

São Paulo, abril 2015

Tres o cuatro cosas que aprendí de Manuel Gutiérrez

Óscar Calavia Sáez

Fue, creo, a principios de 1980, en un aula del segundo piso de la facultad de Filosofía y Letras de la Complutense, donde yo cursaba el cuarto año en el Departamento de Historia de la América Prehispánica y Antropología Americana. Un nutrido grupo de estudiantes recorría los pasillos gritando consignas contra un proyecto del Gobierno y llamando a una manifestación masiva: un clamor ensordecedor, pensado para hacerse oír en medio de las clases sin pedir permiso. Manuel Gutiérrez —un profesor a quien yo conocía de hacía muy poco— interrumpió la suya, tomó unas bocanadas de su pipa y, cuando el ruido se alejó, sonrió y dijo algo así como que le encantaba esa contradicción: ahí, al lado el mundo y sus conflictos, y aquí nosotros tratando de estos temas extraños que no interesan a casi nadie, una verdadera torre de marfil.

Recordándolo se me ocurre ahora que esa *boutade* —una de tantas que le oí, y que nunca eran pronunciadas con ironía seca, más bien con la alegría genuina de quien comete una travesura— debería entenderse como lo que era, un enunciado ambiguo. Pero en aquel momento la oí como una apología de eso que en la universidad ha acabado por convertirse en el pecado sin perdón: la torre de marfil. Yo fui aquella noche a la manifestación, que fue de las grandes, y con muertos. De modo que no deja de ser curioso que aquella ocurrencia del profesor Manuel Gutiérrez, en lugar de provocar mis iras militantes, despertase mis simpatías. Por algún motivo, las barricadas y la torre de marfil no me parecieron incompatibles. Raras veces he hablado con Manuel Gutiérrez de algo de eso que se entiende corrientemente como política, pero hay un hilo que une aquella anécdota con lo que pienso hoy en día sobre las relaciones entre el intelectual y el político: si hay algo que se pueda echar en cara a los intelectuales no es que se excluyan de la política (¿de verdad lo hacen? ¿Y habrá modo de hacerlo de veras?), sino que cuando asumen sus deberes políticos encuentran en ello un motivo para abandonar sus deberes intelectuales.

Manuel Gutiérrez ha hecho, creo, muchísima política, pero creo también que la ha hecho toda desde eso que llamo "los deberes intelectuales", un nombre demasiado gris para referirse a la curiosidad, a la imaginación, a la erudición, a la coherencia lógica y, cómo no, al sentido estético. La ha hecho, por lo que sé, en un campo específico, el de los estudios americanistas. Ese campo parece en España poco menos marginal de lo que puede ser la egiptología o la filología uraloaltaica. Pero hay motivos para asombrarse por ello en un país que, desde que pasó a existir como unidad política, lo hizo vinculado a todo ese otro continente, América: y no dejó de ser así cuando conquistadores o encomenderos fueron substituidos por emigrantes o por exiliados —junto con los misioneros, que siguen siendo misioneros—. Cierto que el viejo imperio dio lugar a naciones independientes, pero eso no ha independizado necesariamente a la antigua metrópolis: pensar la historia o la cultura españolas restringiéndose al perímetro peninsular es, desde que se puede hablar de historia o cultura españolas, casi tan provinciano como lo sería restringirse a unos miles de hectáreas del centro de esa misma península. Hay quien llega a hacer esto último, pero en general no se encuentra óbice para hacer lo primero. Manuel Gutiérrez se ha dedicado durante muchos años a fomentar en España un americanismo ajeno a dos corrientes muy habituales: una, rancia y castiza, que nunca se libra de la reivindicación del imperio perdido, y otra que trata de América como de una tierra lejana que se acaba de conocer, en la que se hace ciencia, política o caridad *in partibus*. Desde los años ochenta, él fue el organizador, el alma y el rostro de una larga y brillante serie de seminarios, cursos y proyectos que creaban foros donde los especialistas españoles se encontraban con todos sus otros: portavoces e intelectuales indígenas, profesores hispanoamericanos, pero también estudiosos estadounidenses o brasileños; pasaban por allí figuras de peso institucional, pero también autores e investigadores excéntricos. Por muchos años, después de instalarme en Brasil —una migración que tiene su origen precisamente en uno de ellos—, los seminarios de Manuel Gutiérrez eran un indicio de que mi país de origen se ocupaba por fin de su propia historia en un sentido más amplio que el que había sido habitual. Durante casi una década, su empeño hizo posible el Máster en Estudios Amerindios celebrado en la Casa de América, donde alumnos de las procedencias y oficios más diversos venían a conocer, de boca de un número de especialistas de varios países que superaba al de los propios alumnos, un universo que es clave en la historia de América y no menos en la de España y toda Europa, pero del que se suele saber solo por algunos apólogos edificantes. El Máster en Estudios Amerindios cerró hace unos años, entre otras cosas porque quizás parecía un derroche extravagante en un país donde si se piensa en política cultural se suele apuntar (cómo no aludir a un ejemplo tan actual) a cosas como la busca de los huesos de Cervantes. Que muchas de las iniciativas de Manuel Gutiérrez se hayan visto interrumpidas, o seriamente recortadas, a medida que España despertaba a golpes de su euforia especulativa es algo más que un dato presupuestario, y quizás tendría más sentido en el campo de las causas que en el de las consecuencias.

Estas páginas están destinadas a uno de esos libros de homenaje en que los organizadores quieren que no se hable tanto de la obra como de la persona. Eso es, con frecuencia, un engorro: obliga a hablar de alguien que se ha vuelto notable por sus escritos o sus teorías, pero a hacerlo recordando lo obvio: que era un ser vivo como otros. Que al margen de sus hazañas científicas era notable contando chistes, jugando al fútbol o haciendo paellas, que era primoroso con sus hijos, con sus alumnos o con sus amigos. No siempre el homenajeado lo agradece: algunos preferirían que se elogiase su obra y que se dejase su vida en paz. Hablar de Manuel Gutiérrez como persona no nos expone, creo, a ese engorro, precisamente porque su persona, su personalidad o su estilo, si se quiere, no esperaban al fin de semana para manifestarse y fueron siempre esenciales en todo lo que hizo.

Estilo, para empezar, en los sentidos más literales del término. Cualquier semblanza de Manuel Gutiérrez sería un poco falsa si obviase sus chaquetas o sus abrigos impecables, sus sombreros de Aguadas y sus trajes veraniegos de lino blanco, sus corbatas, incluso de pajarita, y, desde luego, su pipa —un vicio con un lado metodológico que creo que abandonó, pero que dejó en herencia a unos cuantos discípulos—. Más de un colega brasileño me habló con admiración divertida de aquel profesor español que más que un profesor parecía un arquetipo de profesor. Ni siquiera allá por 1980 ni a los ojos de un estudiante desharrapado se podía confundir eso con un atuendo conformista; muchos años después, la informalidad de la vestimenta se ha tornado a su vez en buena parte de las facultades de cualquier universidad, una especie de hábito (como el hábito franciscano o el hábito cartujo) que indica modestia y voluntad de no discordar, y el traje de Manuel Gutiérrez ya viene a ser un poco como los penachos y el batoque del célebre cacique Raoni: un manifiesto que quiere dejar bien claro que el mundo al que ese estilo remite sigue teniendo algo que decir.

Su travesura fundamental fue siempre tomarse su profesión en serio, sin caer en la pompa. De Manuel Gutiérrez oí por primera vez la palabra *cronocentrismo*, que en rigor (eso me asombra) nunca he vuelto a oír de nadie más en una profesión en que, por el contrario, se vela día y noche por evitar el etnocentrismo. Pero eso es como cerrar la ventana a los prejuicios mientras se les deja la puerta abierta de par en par. Creo que Manuel Gutiérrez trajo a colación el cronocentrismo para disuadirnos de esa idea tan corriente de que la fecha de un texto es el mejor índice de su interés y de que el estado actual de nuestros conocimientos hace empalidecer toda reflexión anterior. Manuel Gutiérrez siempre ha sido un hombre muy al día en cuanto a las novedades intelectuales, y eso en un país donde estas solían tardar en llegar, pero sin que eso le haya convertido nunca en un neófito del último credo. Incluso cuando ha llegado más cerca de ello (en tiempos fue un entusiasta de la semiótica) nunca se ha atrincherado en una de esas vanguardias que a veces persisten ya muy lejos del frente. No hay muchos autores que como él sepan distinguir el hilo que va de supuestas antiguallas como Julio Caro Baroja o Américo Castro a las reflexiones más actuales: algunos escritos de Manuel Gutiérrez sobre los juegos de identidad y alteridad en el mundo amerindio tiraban de ese hilo para encontrar una trama común a un mundo y otro, a un tiempo y otro; a eso ahora suele llamársele "simetría", un concepto de vanguardia.

Los cursos de Manuel Gutiérrez solían tratar, como cita la anécdota inicial de este escrito, de asuntos supuestamente extraños, muy variados, pero reunidos en torno de la religión. Desde esta orilla sur del Atlántico donde escribo, tengo la impresión de que la antropología prefiere cada vez más olvidarse de la religión, como si ocuparse de ella significase continuar preso a tradiciones vetustas de la disciplina y, a través de ellas, preso también a las tradiciones vetustas en general. Pero eso nos llevaría a resignarnos a repetir lugares comunes cuando se trata de decir algo sobre ese siglo XXI que parece cada vez más plagado de residuos del siglo XIII, o del XVI, o del X: guerras santas, cruzadas, para no hablar de una preocupación por el fin del mundo que hoy por hoy tiene mucho más fundamento científico que sus contrarias, las doctrinas salvacionistas del progreso imparable y la tecnología redentora. Evitar el cronocentrismo, en el mundo actual, se ha vuelto bastante más que una precaución intelectual, es una necesidad urgente —que me temo no se va a atender—. Creo que le debo a Manuel Gutiérrez haber concebido un interés por el pensamiento religioso o de haberlo concebido libre del remordimiento de ocuparme de una curiosidad arqueológica para descubrir al final que me decía mucho del mundo actual; pero eso es solo una parte de la abertura a lo impensado que le debo.

Fue por medio de Manuel Gutiérrez que tomé contacto allá a inicios de los ochenta con el mito, o sea, con ese modo de entender el mito como una narración que se cuenta, que se dice y que, mientras se dice, se inventa también en parte. Yo ya había leído no pocas cosas sobre mitos y mitologías, pero siempre en esa acepción de materia legendaria, tradición milenaria ordenada hace mucho por teólogos y poetas, bien editada e impresa. Pero, un día, él apareció en el aula de la Complutense con un manojo de fotocopias: eran narraciones andinas sobre la vida y la muerte de Inkarrí, el hermano menor y siempre desgraciado de Jesucristo, o de Españarrí, asesinado y descuartizado por él. Me fascinaron instantáneamente aquellos híbridos de materia bíblica, tradición andina e historia colonial en que Dios creaba un primer ser humano llamado Adaneva, y la tragedia de la conquista aparecía como un duelo entre hermanos enemigos, que se jugaban la vida en competiciones por ver quién corría más o quién tenía el pene mayor: una demostración muy concreta de cómo podía haber realmente otros modos de entender la historia y de que esos otros modos nada tenían de ingenuos. ¿Temas extravagantes, que interesan a muy pocos? Me temo que quien dicta esa sentencia es de una opinión obtusamente cronocéntrica. Pocas personas, incluso entre las más próximas, sabrán mucho de la tesis doctoral de Manuel Gutiérrez, que versaba sobre otro mito, el romance de Delgadina. Será difícil pensar en un tema más intempestivo, más exquisito y menos actual. Pero, sin pedirle permiso a su autor para extrapolarlo de ese modo, me pregunto por qué, en esta contemporaneidad obsesionada con el abuso sexual de la infancia, cuando especialistas de todas las disciplinas redactan miles de páginas de *dossiers* y diagnósticos, a ninguno se le haya ocurrido pensar si tendrá alguna significación el hecho de que el relato popular más difundido durante siglos en todo el mundo de habla española trate precisamente de un padre que acosa a su hija menor y de lo que ese acoso hace con toda la familia. La gente lleva siglos pensando en ello, pero eso no interesa demasiado, porque en lugar de escribir *dossiers* recitaban romances. Si no me equivoco, esa es una de las potencialidades que se le atribuyen a la antropología, la de enriquecer nuestro pensamiento reconociendo como tal el pensamiento de otros; pero ese pensamiento de otros es siempre, por definición, minoritario, raro. Habría que sospechar de un pensamiento "otro" que repite aquello con lo que todos estamos de acuerdo. Recuerdo el relato que hizo en una clase de sus conversaciones con uno de sus interlocutores yucatecos, que le hablaba de política —de los yanquis, de los cubanos, de Fidel Castro—. Un chamán maya, pues, se interesaba también por la política del continente, pero lo hacía en términos que yo no habría imaginado: los colores del traje de Fidel eran más importantes que ideologías de las que él tal vez tenía ideas más bien vagas. Desde entonces me he acostumbrado a esperar que la política de los otros se formule en términos que para mí tienen en principio muy poco sentido, y sé que no atender a esa diferencia esteriliza cualquier cosa que se pretenda en investigación antropológica; pero eso empecé a aprenderlo de Manuel Gutiérrez. Los asuntos que se cuecen en la torre de marfil —tan parecida a esa torre en la que el padre incestuoso encierra a Delgadina— tienen un potencial muy revelador, precisamente por haberse elaborado al margen de un debate público en el que el sentido común mediano entierra periódicamente lo minoritario y lo raro. Manuel Gutiérrez, seguramente sin pretenderlo, me enseñó que lo que un intelectual puede hacer por ese debate no es ponerlo en palabras doctas, sino añadirle novedades, puntos de vista que suelen pasar desapercibidos.

Decir que aquellas historias de Inkarrí supusieron mi primer contacto con la acepción oral del mito podría ser contradictorio —eran narraciones escritas y fotocopiadas— si no fuese porque Manuel Gutiérrez no se limitaba a traer los mitos fotocopiados: los contaba, y los contaba bien, con un estilo propio que no pretendía mimetizar el del narrador original, pero sin duda adoptaba algunos rasgos de su habla. El interés de Manuel Gutiérrez estaba en la semántica de aquellos relatos y no en su *performance*, pero era ese modo de narrar lo que ponía a esas historias —aparentemente absurdas— en condiciones de tener un sentido. La pipa de la que antes he hablado era, por cierto, esencial en ese estilo narrativo: justificaba la interrupción del discurso en medio de una frase mientras el narrador limpiaba su pipa, la llenaba, la encendía y se deleitaba en las primeras bocanadas; mientras pensaba en lo que vendría después y los oyentes pensaban también: todo eso hacía perceptible el valor del tiempo y el silencio en el pensamiento, porque lo que digo de las narraciones se aplica igualmente a cualquiera de las clases, siempre fascinantes, que impartía. La higienización y la moralización del medio académico han desterrado la nicotina de los claustros, y la niebla del tabaco ha sido substituida por la penumbra del *data-show*, que viene a ser un abuso de autoridad de la cultura visual: lo mismo que se oye está ahí, visible, escrito: un concepto gana mucho si se presenta subrayado y en mayúsculas, en una proyección luminosa en la pared. No creo que Manuel Gutiérrez —que en algún momento relativamente tardío pasó a interesarse por los ordenadores y sus trucos— se haya pasado al uso del Power Point porque el carácter casi exclusivamente verbal de sus clases no era un apego a la costumbre: servía para presentar los conceptos y los análisis como lo que son, expresiones del lenguaje que dicen lo que valen en medio del discurso —del argumento, de la narración— y no fórmulas que se pueden sacar de él y así negociarse o aplicarse. Creo que fue de él de quien aprendí que teorizar no consiste en dominar una jerga y que ninguna discusión de un concepto vale lo que verlo en acción. O sea, en esa acción que, incluso si no es la única, continúa siendo la esencial de un intelectual: discurrir. Manuel Gutiérrez discurre mucho y nunca por caminos que estén previstos al milímetro por las guías al uso, y por ello ha sido siempre un ejemplo para tantos alumnos suyos —entre los que me cuento— que a primera vista se parecen tan poco entre sí o al maestro.

Es bueno decirlo antes de acabar: a Manuel Gutiérrez siempre le he llamado en persona "Manolo", como lo hacía todo el mundo, y casi siempre "Manuel Gutiérrez" cuando hablaba de él con otros: en directo, la persona ofusca al *curriculum*. Cabría esperar que fuese siempre así, pero a veces ocurre exactamente lo contrario. Creo que por haber sido así aprendí muchas cosas de Manolo, muchas. Más de las que enumero aquí, pero puedo resumirlas en tres o cuatro realmente esenciales.

Florianópolis, mayo 2015

Un español en Lima, un peruano en Madrid y unos "moros" en México

Algunos recuerdos y un breve apunte acerca de una inflexión en los trabajos centrales (1983-2003) de Manuel Gutiérrez Estévez[4]

Juan Javier Rivera Andía

> *¿Cómo mantener el asombro ante los cielos vistos por Juan de la Cruz, o por Swedenborg? ¿Cómo admirarse de la descripción hecha por un chamán tukano de su viaje más allá de la Vía Láctea, o del itinerario recorrido por otro kaliña a través del país de los muertos? ¿Cómo hacer que nuestros sentidos recuperen la percepción de lo extraordinario, cuando ya no hay nada más corriente y banal que lo esotérico? Solamente, quizá con aquellas sensaciones sutiles que poblaron los días solitarios de la infancia: el tacto de la arena y de la seda, el sabor de las comidas convertidas en juego y del juego convertido en comida, el olor del mercado, la vista de las sombras en la pared o en el techo de la habitación, los mínimos ruidos involuntarios de quienes se escondían detrás del sillón.*
>
> Manuel Gutiérrez Estévez

Agradezco la posibilidad, inmerecida e inesperada, de poder escribir estas líneas sobre uno de mis dos maestros, Manolo. Diré algo, primero, sobre cómo tuve la fortuna de conocerlo en Lima; seguido de una brevísima nota sobre un cierto (e importante) giro en su escritura. Finalmente, intentaré expresar lo que creo que Manolo me ayudó a comprender como antropólogo.

4. La segunda parte de este texto es una reelaboración de una reseña que, con algunas desafortunadas erratas, fue publicada en Rivera Andía (2005).

A mediados de los noventa, el Perú se acercaba al fin de un auge de violencia política que desde hacía tiempo asolaba, entre otros ámbitos, a sus universidades. Yo tuve entonces la muy improbable ventura de inscribirme en la Pontificia Universidad Católica del Perú, cuyos jardines ofrecían un excepcional refugio para estudiar en medio de aquella guerra que se ensañaba con casi todos (una guerra que, aunque apaciguada, aún no ha terminado). Fue, pues, más improbable y más afortunado que lograra tener como profesor allí a Alejandro Ortiz Rescaniere, quien entonces enseñaba, en unos cursos únicos —acompañados de sumillas libertariamente escuetas y bibliografías expresamente "anticuadas"—, desde el principio y con una sinceridad inesperada, los sutiles vericuetos de la reflexión y las notables cualidades de la ignorancia. Fue en aquella particular época en la que, invitado por Alejandro, Manolo llegó para darnos una serie de conferencias en el departamento de Antropología.

"¡Eso es Antropología!", dijimos. Y es que encontrarnos con Manolo no era sino, para nosotros, una continuación del mismo proyecto: mostrarnos cuán apasionantes eran estas comarcas y aquellos países que nos rodeaban y transitábamos, que nuestros empeños deberían estar, por lo menos, a la altura de sus complejidades y esplendores. Oír las conferencias de Manolo, su retórica instructiva y seductora (¿qué otro antropólogo americanista haría referencia, en sus trabajos, al radicalismo de Max Stirner, al embotamiento de Hölderlin o al "inconfundible perfume del incesto"?) nos alentaban a enfrentar las trampas que deben sortear quienes buscan reflexionar por sí mismos. Los trabajos de Manolo —que además, tan generosamente, compartía con nosotros en aquellos años con medios digitales mucho menos abundantes que los de hoy— constituían, en ese entonces lo mismo que el agua en el desierto. Manantiales en la estepa de los estudios amerindios, en lengua española, eran sus textos, como lo son también los de mi profesor peruano y los de otros colegas sudamericanos, como Verónica Cereceda o Edmundo Magaña.

Así, pues, si fue como discípulo de Alejandro, que decidí ser alumno de Manolo, esto se debe a que, para mí, ambos, a su modo, izaban las mismas banderas y batallaban en el mismo frente.[5] Viajar a Madrid (o más bien a Azuqueca de Henares), entrar así en Europa, fue, por tanto, una suerte de continuación. Como antropólogo —que debe ser una buena

5. Existe, de hecho, un texto, quizá aún inédito, donde Manolo narra, entre otras cosas, su visita, acompañado de Alejandro, a la sección de adivinos del gran mercado indígena de Lima conocido como "La Parada".

parte de lo que aún soy—, la obra, primero, y, luego, el apoyo que encontrara en ambos profesores, me mostraron un camino y me dieron un aliento, dentro y fuera del Perú. Y, a pesar del tiempo, este aliento nunca estuvo exento de esa forma de amistad que Lorenzo Villalonga llama "aquella milagrosa comunidad de criterio que constituye la merced más grande que Dios nuestro señor puede dispensar a dos hombres".

Los moros en América

Sirva, pues, el apartado anterior para presentar mi lectura de una cierta inflexión en la escritura de Manuel Gutiérrez Estévez, una que yo avisté (probablemente, de forma tardía) en el contraste entre los textos que me deleitaron antes de salir del Perú, y aquellos a los que me enfrenté una vez integrado a su seminario en Madrid. No nos referiremos aquí ni a sus trabajos más recientes, ni a sus primeras publicaciones. Nos interesa, en cambio, lo que podríamos llamar la parte central de su considerable lista de trabajos (que comienza justo una década después de sus primeras publicaciones y que termina exactamente hace diez años). Aquella que abarca un período de aproximadamente veinte años, entre, por un lado, el delicado ascetismo de propuestas como "Historia, identidad y mesianismo en la mitología andina" (1984), o "Hipótesis y comentarios sobre la significación de la mamahuaca" (1985); y, por otro lado, la sugerente crítica de textos como "El sueño de los sentidos" (1999) o "Mitos y juegos de lenguaje" (2003). Creemos, pues, que entre ambos extremos existen algunos textos que funcionan como un gozne, no solo en estas dos décadas centrales, sino también quizá en la integridad de sus reflexiones.

Las dos piezas de esta bisagra son, a nuestro juicio: "De la conversación yucateca al diálogo cristiano y viceversa" (1995) —donde un campesino maya-yucateco cuenta al autor una versión inusual de la Pasión de Cristo, como un cristiano (que, en este caso, tiene raíces culturales mayas) se lo contaría a otro (que, en este caso, sufre el escepticismo que inocula la Antropología)— y, más aún, el trabajo que quisiera reseñar a continuación, anterior en dos años al primero.

Escrito a comienzos de los noventa, "Mayas, españoles, moros y judíos en baile de máscaras. Morfología y retórica de la alteridad" (1993), constituye un ejemplo de un cambio de los trabajos previos, decididamente semióticos, por un nuevo grupo de trabajos mucho menos formalistas, marcados por un tono más bien personal y sobre temas que interpelan al antropólogo de una forma bastante más directa. Uno de los operadores de este cambio, y protagonista de este trabajo, es la variante amerindia del moro, estereotipo no solamente del ámbito español, sino también de aquella inmensa región que, quizá hoy más que nunca, cobra una centralidad y una urgencia innegables para aquel mundo, o mundos, llamado Occidente.[6]

Aquí nos conformaremos con sugerir una simple constatación, que quizá más adelante pueda desarrollarse: la que podría ser la evolución más notable de la escritura de Gutiérrez Estévez se realizó bajo la impronta del problema de los juegos de identidad ligados a las "danzas de los moros y cristianos" en los pueblos amerindios.[7] Aquí, Gutiérrez Estévez se enfrenta a unas representaciones del uno y de los otros que están en un continuo proceso de construcción, destrucción y reconstrucción, cuya consistencia es siempre precaria y nunca sustancial, y cuya "realidad" no es sino una mera ilusión óptica, un foco virtual de las representaciones de la alteridad, el lugar donde convergen, refractadas, las imágenes de aquella. Como no hay un "yo" o un "nosotros", tampoco hay un "ellos" o unos "otros" separados, diferenciados. Siendo la identidad "móvil y polimorfa, permanentemente fluida", estos juegos, aunque constituidos de valores y de sentimientos, no son sino apariencias, pues carecen de una naturaleza sustantiva, permanente.

En los casos mesoamericanos, el esquema de significación de las danzas de moros y cristianos parece interesar a los indígenas desde la que podría ser su primera representación en México, en 1524. Algunos años más tarde, luego de observar a los españoles representando "La conquista de Rodas" o "La conquista de Jerusalén" en Tlaxcala, encontramos ya un

6. Gutiérrez Estévez también aborda las representaciones acerca de los judíos en América, que asimismo pueden remontarse a los primeros contactos entre españoles y pueblos amerindios. En primer lugar, y a diferencia de lo que sucedió con las comparaciones entre indios y moros, muchos autores creyeron —por lo menos, desde el siglo XVI y hasta el siglo XIX— que los indios americanos eran, casi literalmente, judíos (Gutiérrez Estévez 1999). En el presente, muchos mitos americanos transforman la Pasión en una persecución cósmica donde Cristo huye de los judíos. En esta asechanza —en la que Cristo produce los elementos benéficos del mundo, y los judíos, los perniciosos—, ambos tienen características paradójicas, pero invertidas. Una de las conclusiones más interesantes que se desprende de la comparación entre judíos y moros en América, es que la alteridad de los primeros parece mayor y más radical que la de los segundos: es decir, para un amerindio, el judío es más "otro" que el moro.

7. Gutiérrez Estévez analiza las transformaciones mesoamericanas de la imagen española del moro, pero, como es sabido, en Sudamérica, también existen numerosas representaciones de las danzas de moros y cristianos, aunque han sido menos estudiadas. Sobre el caso de Perú, por ejemplo, se han editado recientemente dos importantes libros de relativamente poca difusión (Cáceres 2001; Ramírez 2000).

"ejército de Nueva España" conformado por indígenas cristianos donde se establece una simetría estricta entre indios y españoles: ambos son cristianos, dependen del mismo Emperador, respetan al mismo pontífice y tienen el mismo adversario ritual: los moros (sin embargo, al mismo tiempo, el rito marca las diferencias: mientras Santiago, con su caballo blanco, apoya a los españoles; es San Hipólito el que, montado en un caballo morcillo, apoya a los indios tlaxcaltecas). Para fines del siglo XVI, los indios se han apropiado ya completamente del guión y lo representan sin la participación de los españoles. Así, los indios tarascos realizan un combate fingido, en el que un grupo hace de "españoles" y otro grupo, de menospreciados "chichimecas," cuya presencia sugiere a Gutiérrez Estévez una temprana fusión entre los "otros" propios de los indios (los bárbaros de las etnias extranjeras) y los "otros" de los españoles (los moros y los judíos).

Nótese que estamos aquí muy lejos de aquellas visiones románticas (a veces llamadas "indigenistas") que ven en estos rituales indígenas una suerte de memoria de los "vencidos". Por el contrario, Gutiérrez Estévez nos muestra cómo las poblaciones indígenas actuales formulan su identidad en contraste con la imagen de los indios prehispánicos. Si, por un lado, los textos que acompañan estas representaciones populares son, en su origen, una apologética cristiana (pues muestran que los indios pueden dejar de ser los "otros" si se convierten al cristianismo y delegan su poder al rey cristiano), por otro lado, constituyen (y esto es lo que explica su existencia hoy) una exaltación de la identidad frente a una alteridad considerada abyecta. Por tanto, que ambos planos —el de la apologética cristiana y el de la exaltación de la identidad— no sean contradictorios, implica una autorrepresentación particular de los pueblos amerindios:

> Lo que permite que la danza de moros y cristianos sea un ritual de expresión y fortalecimiento de la identidad indígena es, precisamente, el hecho de que los indígenas que lo representan se ven a sí mismos, sin vacilaciones o dudas, como cristianos firmes en su fe.

Son muchas las consecuencias de esta postura, demasiadas como para siquiera glosarlas aquí. Baste, por ahora, con añadir que pocas reflexiones sobre el tema parecen, al mismo tiempo, tan sugerentes y tan valientemente a contracorriente de las voces más autorizadas en el tema. Y que este trabajo constituye, a nuestro juicio, uno de los análisis más claros de las representaciones identitarias en el mundo indígena americano. Esta claridad —uno de los rasgos más constantes en la obra de Gutiérrez Estévez—, sin embargo, no le impide dejarnos algunas preguntas, que esperamos un día ver acometidas, unas preguntas sobre las causas específicas de las transformaciones amerindias del moro y de otros estereotipos españoles trasladados a América y utilizados hoy en las retóricas de la identidad de estos pueblos.

Palabras finales

Si comencé a conocer España gracias a Manolo —y, además, escribo estas líneas ahora que, luego de algunos años, vuelvo a ella—, lo hice con la certeza de que los Andes peruanos y el mundo amerindio que alberga, no eran sino, en muchos aspectos, una variante de aquella. Estoy seguro de que Manolo lo podría expresar de una manera mucho más certera, pero, de cualquier forma, me atrevo a sugerir que una convicción similar subyace no solo a sus propios trabajos —como el que trata de los cultos a las vírgenes en Extremadura (Gutiérrez Estévez 1989)— sino también a los que ha dirigido en mundos tan distintos del Perú como, por ejemplo, el urbano cusqueño (estudiado por Karina Pacheco Medrano) o el rural amazónico (analizado por Luisa González Saavedra).

¿Qué es, finalmente, lo que aquel arisco muchacho de Carabayllo aprendió de un profesor como Manuel Gutiérrez Estévez? Quizá un cierto interés y respeto por la inteligencia, un cierto interés y respeto por la etnografía, y una cierta irreverencia hacia las teorías de moda, hacia, como alguna vez lo llamara nuestro ahora amigo en común, Alejandro, sus "muletas" y "amuletos". Aprendí, finalmente, y también como dijera Alejandro, que lo que no está bien escrito, no está bien pensado. Y estoy muy agradecido por ello.

Bibliografía

Milena Cáceres Valderrama (2001): *La fiesta de moros y cristianos en el Perú.* París: Índigo.

Manuel Gutiérrez Estévez (1985): "Hipótesis y comentarios sobre la significación de la Mama Huaca", en Moreno, Segundo (comp.): *Memorias del Primer Simposio europeo sobre antropología del Ecuador.* Quito: Abya Yala.

Manuel Gutiérrez Estévez (1989): "La Virgen en tres fiestas patronales de Extremadura", en VV.AA.: *Antropología Cultural en Extremadura*, Mérida: Junta de Extremadura, pp. 95-123.

Manuel Gutiérrez Estévez (1993): "Mayas, españoles, moros y judíos en baile de máscaras. Morfología y retórica de la alteridad", en *De palabra y obra en el Nuevo Mundo. Vol. III.* La formación del otro. Madrid: Siglo XXI, pp. 323-377.

Manuel Gutiérrez Estévez (1995): "De la conversación yucateca al diálogo cristiano y viceversa", en J. Klor de Alva, Gary Gossen, León-Portilla y Manuel Gutiérrez Estévez (eds.): *De palabra y obra en el Nuevo Mundo (Vol. 4), Tramas de la identidad.* Madrid: Siglo XXI, pp. 171-234.

Manuel Gutiérrez Estévez (1999): "Al margen del Levítico. Impurezas amerindias", en *Revista de Occidente,* nº 222, pp. 69-91.

Manuel Gutiérrez Estévez (1999): "El sueño de los sentidos". En: *Anthropologica* 17: 7-19.

Manuel Gutiérrez Estévez (2001): "La perspectiva de los súbditos indios del Emperador", en E. Belenguer (coord.), *De la unión de coronas al Imperio de Carlos V (Vol. II).* Madrid: Sociedad Estatal para la Conmemoración de los Centenarios de Felipe II y Carlos V, pp. 497-515

Manuel Gutiérrez Estévez (2001): "Las diferencias contra la mitología", en M. León-Portilla y M. Gutiérrez, (eds.): *Indagaciones en la diferencia. Motivos de la antropología americanista.* México: Fondo de Cultura Económica, pp. 327-366.

Manuel Gutiérrez Estévez (2003): "Mitos y juegos del lenguaje", en *Revista Española de Antropología Americana.* Número extraordinario, pp. 27-34.

Bernardino Ramírez Bautista (2000): *Moros y cristianos en Huamantanga, Canta. Herencia colonial y tradición popular.* Lima: Universidad Nacional Mayor de San Marcos. Facultad de Ciencias Sociales e Instituto de Investigaciones Histórico Sociales.

Juan Javier Rivera Andía (2005): Recensión de Manuel Gutiérrez Estévez: "Mayas, españoles, moros y judíos en baile de máscaras. Morfología y retórica de la alteridad", en G. H. Gossen et al. (eds.), *De palabra y obra en el Nuevo Mundo*, Vol. 3, La formación del otro. Madrid: Siglo XXI, 1993: 323-376. <http://www.gazeta-antropologia.es/?p=2831>.

Trayectoria académica e investigadora de Manuel Gutiérrez Estévez

Julián López García

Prolegómenos

Aunque es difícil saber dónde y cuándo surge una vocación o un interés, el de Manuel Gutiérrez por la Antropología puede nacer de los posos que le dejaron los libros de Salgari que leyó a los 9 años en una edición de Saturnino Calleja. Salgari le descubrió el gusto por la aventura y lo desconocido.

A los 11 años leyó los libros de P. Crewn, donde la aventura extrema se combinaba con los valores victorianos desde el anonimato. Por los mismos años descubrió a Verne y con él, la pasión por la aventura científica que todavía no ha acabado.

1960

Comienza la licenciatura en Ciencias Políticas (Universidad Central de Madrid).

1966

Diploma en la Escuela de Estudios Antropológicos. Comienza su relación como discípulo de Claudio Esteva.

Examen de licenciatura en Ciencias Políticas (Estudios Hispanoamericanos).

Cursos de doctorado en la Facultad de Ciencias Políticas (1966-1967). Servicio militar. Profesor en la Escuela de Antropología.

Ayudante honorario (sin contrato) de Paulino Garagorri, "Fundamentos de Filosofía", en primer curso de Ciencias Políticas (una clase semanal de prácticas de "Introducción a la Antropología"; hasta 1968).

1967

Comienza su relación como discípulo con Julio Caro Baroja.

Traslado de José Alcina Franch desde Sevilla a Madrid y creación del

Departamento de Antropología y Etnología de América, en la Facultad de Filosofía y Letras de la Universidad Complutense de Madrid.

Colaborador del Departamento de Antropología y Etnología de América (hasta 1968).

1968

Profesor encargado de curso "Etnografía de la Península Ibérica" (hasta 1976).

Conoce a Ángel Palerm.

1970

Profesor invitado a la Universidad Iberoamericana de México. Primer viaje a América

1970. Con Ina Carbajo en Morelia.

1973

Viaje de tres meses por México y Guatemala.

Primer trabajo de campo en Guatemala. Seguirían otras campañas en 1976-1977 y 1979. Trabajo centrado en la historia étnica en la zona quiché con incidencia en narrativas sobre la conquista española y la supervivencia oculta de Tecún Umán.

1974-1975

Primer trabajo de campo en Ingapirca, en los Andes ecuatorianos. Continuaría en 1975 con visitas a poblaciones shuar (1974) y tsáchila (1975). Sobre el mismo tema de la historia étnica trabajó en versiones míticas de la conquista española y concepciones de la discontinuidad histórica a partir del concepto de "renaciente".

1975. Trabajo de campo entre los tsáchila.

1976

Comienza a impartir la asignatura "Religiones indígenas americanas". Lo haría a lo largo de 25 cursos, hasta 2001.

1975. Con D. Daniel Naranjo y con unos mascarones en Ingapirca (Ecuador).

1977

Profesor de "Etnología de México y América Central", a lo largo de 36 cursos, hasta 2013.

Trabajo de campo en Almolonga (Quetzalteango, Guatemala) y San Andrés Xecul (Guatemala).

"Un proyecto de investigación etnológica en Guatemala". *Antropología de España y América*. Madrid: Dosbe, pp. 345-375.

1978

"Sobre algunas creencias populares ecuatorianas". *Perspectivas de la Antropología española*. Madrid: Akal, pp. 163-180.

1978. Coeditor (con A. Carrcira, J. A. Cid y R. Rubio), *Homenaje a Julio Caro Baroja*. Madrid: Centro de Investigaciones Sociológicas.

"Sobre el sentido de cuatro romances de incesto". *Homenaje a Julio Caro Baroja*. Madrid: Centro de Investigaciones Sociológicas, pp. 551-579.

Trabajo de campo en Guatemala.

1979

"Sobre el origen de algunas creencias populares ecuatorianas". *Revista de Antropología*, nº 66, Cuenca (Ecuador), pp. 55-78.

Trabajo de campo en San Andrés Xecul (Guatemala).

1979. San Martín Sacatepéquez (danza del Torito) y Nahualá.

1979. San Martín Sacatepéquez (danza del Torito) y Nahualá.

1979. Con Andrés Ciudad en Guatemala.

1980

Viaje de exploración arqueológica con José Alcina, Miguel Rivera e Ina Carbajo por el área maya de México.

Defiende su tesis doctoral con el título *El incesto en el romancero popular hispánico*, Universidad Complutense, Madrid.

1980. En el porche de su casa de Campeche.

1981

Comienza su trabajo de campo en Villa Madero (Yucatán) y Halachó (Campeche), México, que se prolongaría hasta 1987. El tema de la historia étnica se concreta en materiales acerca de la evaluación del pasado y el presente indígena, las expectativas milenaristas y la conciencia de ruptura en la historia, temas que se suscitan y adquieren importancia en buena medida por la presencia constante en las vidas de los indígenas actuales de ruinas de la cultura maya clásica.

1981. En su casa de Campeche.

1982

Comienza a impartir el curso "Teoría y Método de la Antropología".

"Cuento, ejemplo y conversación entre los mayas de Yucatán". *Ethnica*, nº 18, pp. 93-115.

Inaugura el seminario de Antropología Americana en la Facultad de Geografía e Historia de la UCM. Se desarrolló de manera ininterrumpida desde 1982 hasta 2009, en los últimos años vinculado al programa de doctorado del Departamento de Historia de América II-Antropología de América de la UCM. Se celebraba una tarde a la semana, generalmente los martes y se fue trasladando por diversas sedes en función de avatares distintos: Departamento de Antropología de América (Filosofía I) de la UCM, Instituto de Cooperación Iberoamericana, Colegio Mayor Nuestra Señora de Guadalupe, Museo Nacional de Antropología.

Dirección del curso de la UIMP, con José Alcina Franch, "El mito ante la Antropología y la Historia". Se inicia así un ciclo de seis cursos de verano centrados en narrativas, mitos y ritual iberoamericanos[1].

1982. En la UIMP de Santander con Rogelio Rubio, José Alcina y, a su izquierda, Luis Alonso Schökel.

1. A lo largo de esos seis cursos participaron como ponentes los siguientes profesores-investigadores además de Manuel Gutiérrez Estévez: Rogelio Rubio, Carlos García Gual, Francisco Rodríguez Adrados, Luis Alonso Schökel, Rodolfo Gil Grimau, Roberto Da Mata, James Taggart, Jorge de Persia, Gary H. Gossen, Edmundo Magaña, Rubén Barreiro, Georges Baudot, Fidel Sepúlveda, Stanley Brandes, Fernando Giobellina, Igor de Garine, Miguel León-Portilla, Juan Ossio, Jaime de Salas, Jorge Klor de Alva, Pilar Sanchiz, Alfredo Jiménez, Manuel Marzal, Carlos Rodríguez Brandao y Diego Catalán.

Trabajo de campo en Villa Madero y Halachó.

1982. Con Plácido Poot en Villa Madero y con Daniel Akeh en Uxmal.

1983

"Estructuras simbólicas del romance de Delgadina en España y América". *Folklore Americano*, nº 35, pp. 83-115.

"Un método de análisis estructural en la tradición oral". *Aisthesis*, nº 16, Santiago de Chile, pp. 17-26.

Dirección del proyecto de investigación "Estructura, significado y cambio de las devociones populares en Extremadura".

Dirección del curso de verano en la UIMP "Literatura oral en Iberoamérica" (Santander).

1983. Curso de verano en la UIMP "Literatura oral en Iberoamérica".

Trabajo de campo en Halachó y Villa Madero.

1983. Con María, nieta de doña Licha;
a la derecha, con don Isidro Akeh (Villa Madero).

1983. En Halachó con don Plácido, don Valentín y don Pancho.

1984

Profesor titular de universidad en el Área de Antropología Social.

"En torno al estudio comparativo de la pluralidad católica". *Revista Española de Investigaciones Sociológicas*, nº 27, pp. 137-174.

"Historia, identidad y mesianismo en la mitología andina". *Anthropologica*, nº 2, pp. 5-45.

Curso de Verano en la UIMP de Santander: "Mito y sociedad en Iberoamérica".

1984. Profesores del curso de verano de la UIMP. Arriba, de izquierda a derecha: Roberto Da Mata, James Taggart, Jorge de Persia, Gary H. Gossen. Abajo: Edmundo Magaña, Rubén Barreiro, Georges Baudot, Manuel Gutiérrez Estévez y Fidel Sepúlveda.

Trabajo de campo en Campeche.

1985

"Hipótesis y comentarios sobre la significación de la mamahuaca". En Hugo Moreno (comp.): *Antropología del Ecuador*. Quito: Abya Yala, Quito, pp. 335-375.

Curso de verano en la UIMP de Santander: "Religión, hechicería y chamanismo en América".

1986

"Versiones populares hispánicas de un mito clásico". En L. Díaz Viana (coord.): *Etnología de Castilla y León*. Valladolid: Junta de Castilla y León, pp. 227-269.

Codirección (con Igor de Garine) del proyecto de investigación "Hábitos y valores alimenticios en Extremadura" (CAICYT-CNRS). Hasta 1989.

Curso de verano en la UIMP en Segovia "Alimentación y cultura".

1986. En el curso de verano de Segovia. Fotografía de Roberto Da Mata.

Comienza la coordinación del proyecto internacional "De palabra y obra en el Nuevo Mundo" junto a Jorge Klor de Alva, Gary H. Gossen, Miguel León-Portilla y Manuel Marzal. Patrocinado por la Junta de Extremadura, tiene como objeto fundamental repensar lo que fue el encuentro de pueblos, la confrontación imprevisible de dos mundos. El proyecto fomentó una reflexión a coro de cómo el Nuevo Mundo se convirtió en escenario, como ninguno otro antes o después, en el que innumerables actores pronunciaron palabras de asombro y duda, repulsa y condena, acomodo y afirmación. Se desarrolló entre esta fecha y 1993. A lo largo de esos siete años se celebraron cinco seminarios que concentraron en Trujillo a una cantidad importante de destacados americanistas, sobre todo antropólogos (véase relación de asistentes en el trabajo de Jorge Klor de Alva en este volumen).

1986. Primera reunión en el convento de la Coria (Trujillo), para diseñar el programa de "De palabra y obra. Encuentros interétnicos y desarrollos culturales en el Nuevo Mundo". De izquierda a derecha Gary H. Gossen, Jorge Klor de Alva, Manuel Gutiérrez Estévez, Miguel León-Portilla y Manuel Marzal.

1987

Curso de verano de la UIMP de Sevilla, "Biografías y confesiones de los indios de América".

1987. Profesores y estudiantes del curso de verano. Entre otros: los profesores M. G .E., Jaime de Salas, Fernando Giobellina, Pilar Sanchiz, Alfredo Jiménez, Manuel Marzal y Gary H. Gossen; y los alumnos Yolanda Guío, Rosario Vera, Carmen Gago, Almudena Gosálvez, Julián López, Gerardo Fernández.

1988

Alimentación iberoamericana. Símbolos y significados. México: Instituto Indigenista Interamericano.

"La oración en la comida yucateca". *América Indígena*, vol. XLVIII, pp. 521-547.

Editor de *Biografías y confesiones de los indios de América, monográfico de Arbor*, nº 515-516, tomo CXXXI.

"Significación de la narrativa biográfica entre los mayas yucatecos". *Arbor*, nº 515-516, tomo CXXXI, pp. 145-175.

"Símbolos rituales en la comida y la medicina de Yucatán". En VV. AA.: *El impacto del encuentro de dos mundos*. México: Universidad de Tel Aviv, pp. 106-125.

"La oración en la comida yucateca". *América Indígena*, Vol. XLVIII (3), pp. 521-547.

Editor de *Mito y ritual en América*. Madrid: Alhambra.

"Lógica social en la mitología maya yucateca: el enano de Uxmal". En *Mito y Ritual en América*. Madrid: Alhambra, pp. 60-110.

Seminario de "De palabra y obra en el Nuevo Mundo. Relaciones interétnicas en el Nuevo Mundo" (Trujillo).

1989

"Carnaval y Cuaresma en la cultura tradicional española". *Folklore Americano*, nº 49, pp. 173-195.

"La Virgen en tres fiestas patronales de Extremadura". En J. Marcos Arévalo. y S. Rodríguez Becerra (eds.): *Antropología cultural en Extremadura*. Mérida: Asamblea de Extremadura, pp. 95-122.

Director del Programa de Reestructuración del Museo de América de Madrid hasta 1991, fecha en que abandona tras la destitución del Director General de Cultura, Jaime Brihuega, y la dimisión de Estrella de Diego, directora de Museos Nacionales.

Nombrado catedrático de Antropología Americana en la UCM.

1989. Celebración por la obtención de la cátedra. Entre otros: José María Caller, Almudena Gosálvez, Jaime de Salas, Maricer, Rogelio Rubio, Jorge de Persia, Ina Carbajo, Julián López y José Manuel Puras.

1990

"Carnaval, Quaresma e Vida Cotidiana na Tradiçào Hispànica". *Religiâo e Sociedade*, n° 15, pp. 60-80.

Estancia en la University of New York at Albany.

1990. Primera reunión del Comité Científico para la reestructuración del Museo de América: Miguel León-Portilla, Alfredo Jiménez, Jorge Flores, Gary H. Gossen y Johannes Wilbert; abajo Machael Coe, M. G. E. y Jorge Klor de Alva.

1991

"Exotismo y etnografía: las fotos de allí". *Revista de Occidente*, n° 127, pp. 141-155.

Seminario de "De palabra y obra en el Nuevo Mundo. La formación del otro" (Trujillo).

1992

Coeditor (con M. León-Portilla, G. H. Gossen y J. J. Klor de Alva), *Imágenes interétnicas. De palabra y obra en el Nuevo Mundo*, vol. I. Madrid: Siglo XXI.

Coeditor (con M. León-Portilla, G. H. Gossen y J. J. Klor de Alva), *Encuentros interétnicos. De palabra y obra en el Nuevo Mundo*, vol. II. Madrid: Siglo XXI.

"Mayas y mayeros: los antepasados como otros". En *Imágenes interétnicas. De palabra y obra en el Nuevo Mundo*, vol. I, pp. 417-443.

"Alteridad étnica y conciencia moral. El Juicio Final entre los mayas yucatecos". En *Encuentros Interétnicos. De palabra y obra en el Nuevo Mundo*, vol. II, pp. 295-323.

"Todos eran otros. De materia indiana". *Revista de Occidente*, nº 133, pp. 58-77.

Miembro del Comité Ejecutivo de Survival International. Hasta la fecha. Para Manuel: "Lo más característico de Survival es su escrupulosa política de no interferencia, de no paternalismo con los pueblos indígenas. Dicho de otra manera, lo que me gusta de Survival es que no es una ONG. Lo único que hace es facilitar los medios para que nosotros amplifiquemos la voz de ellos, porque si no lo hacemos la voz de ellos no se escucha. Por ejemplo, los métodos que se usan de lanzar cartas de protesta a los responsables de cualquier tipo de desmán, de política, que vaya en contra de sus intereses, o cuestiones que los propios pueblos indígenas consideran vitales para ellos, independientemente de nuestra opinión sobre el tema. Hay muchas campañas en las que ha llegado a tener éxito. En distintas partes de India, en África, en América Latina... Las campañas que Survival promueve llegan a hacer desistir a los gobiernos de determinadas posiciones de agresión o de efectos dañinos para los pueblos en muchos casos".

Director del Aula Bartolomé de las Casas, Casa de América. Hasta 2008. Como tal, se encargó de organizar 11 seminarios internacionales y varias mesas redondas en el contexto de lo que llamó "Seminarios indigenistas", "Diálogos amerindios" o "Seminarios de la Casa de América"[2]. Además, fue secretario, hasta 2008, del jurado que concedió los premios "Bartolomé de las Casas", cuyo fin es distinguir a aquellas personas, instituciones u organizaciones que hayan destacado a lo largo del tiempo en la defensa del entendimiento y concordia con los pueblos indígenas de América, en la protección de sus derechos y el respeto de sus valores. Durante su dirección y actuando como secretario recibieron el premio las siguientes personas e instituciones: Asociación de Cabildos Indígenas del Norte del Cauca, Colombia; Centro de Derechos Humanos "Fray Bartolomé de las Casas", México; Raúl Ilaquiche; CETA (Centro de Estudios Teológicos de la Amazonia), Perú; Otilia Lux de Cotí; ADESCA (Aporte para la Descentralización Cultural) de Guatemala; Ticio Escobar; Coro y Orquesta de Urubichá, Chiquitania (Bolivia); Programa de Formación de Maestros Bilingües de la Amazonia peruana (FORMABIAP); Instituto Caro y Cuervo, Colombia; Capitanía del Alto y Bajo Isoso, Bolivia; Miguel León-Portilla; Confederación de Pueblos Indígenas de Bolivia (CIDOB); Congreso General Kuna de Panamá; Natalio Hernández; Cabildo Mayor del Pueblo U'wa, Colombia; Sidney Ferreira Possuelo; Federación de Comunidades Nativas del Río Madre de Dios y Afluentes de Perú, Guillermo Céspedes del Castillo; Pueblo Tapirapé, de Brasil; Genevieve Boyé; padre José María Suárez; Víctor Hugo Cárdenas; Centro Cultural Abya Yala, Ecuador; Centro Regional Indígena del Cauca, Colombia.

Seminario de "De palabra y obra en el Nuevo Mundo. Entre el acontecimiento y la significación. El discurso sobre la cultura en el nuevo mundo" (Trujillo).

Seminario de "De palabra y obra en el Nuevo Mundo. La antropología americanista ante la antropología general" (Albany, NY).

---

2. A lo largo de esos once seminarios participaron como ponentes: Rodolfo Stavenhagen, Xavier Albó, Eusebio Loreto, Antonio Pérez, Juan Lagua Cuji, José Bengoa, Arcadio Montiel, Joseph O. Palacio, Virgilio Alvarado Ajanel, Jan Szeminski, Jorge Klor de Alva, Plinio Palmerini, Claudio Esteva Fabregat, Carmen Escalante, Margarita Nolasco, Secundina Cumapa, Carlos Marcos Terena, Rito Stewart Morales, Antonio Garrido Aranda, Pastor Arenas, Mario Humberto Ruz, Gerardo Fernández Juárez, Jacqueline Clarac Briceño, Fernando Giobellina, Patrick Johanson, Esther Jean Langdon, Mark Münzel, Luis Millones, Marie Michaelle Asensio, Óscar Calavia, Carlos Garma Navarro, Pilar García Jordán, Manuel Marzal, Pedro Portugal, Carlos Brandao, Pedro Pitarch, Gary H. Gossen, Julián López García, Jorge Flores Ochoa, Jean Pierrre-Chaumeil, Alexandre Surrallés, Thomas Abercrombie, Natalio Hernández, Humberto Akabal, Tarcila Rivera, Rosario Olivar Weston, Mariano Santís, Fanny Pocaterra, Blanca Suárez, Sofia Painequeo, Rosalba Jiménez Amaya, María Eugenia Choque Quispe, Sonía Henríquez.

1993

Coeditor (con M. León-Portilla, G. H. Gossen y J. J. Klor de Alva), *La formación del otro. De palabra y obra en el Nuevo Mundo*, vol. III. Madrid: Siglo XXI.

"Mayas, españoles, moros y judíos en baile de máscaras. Morfología y retórica de la alteridad". En *La formación del otro. De palabra y obra en el Nuevo Mundo*, vol. III, pp. 323-377.

"The Christian Era of the Yucatec Maya". En Gary H. Gossen y Miguel León-Portilla (eds.): *South and Meso-American Native Spirituality*. New York: Crossroads Publishing Company, pp. 251-279.

1994

"La colonisation du corps. L'autre dans les affections dont souffre le Maya de Yucatan". En Jaap Lintvelt, Réal Ouellet y Hub Hermans (dirs.): *Culture et colonisation en Amérique du nord*. Québec: Editions du Septentrion, pp. 181-201.

Seminario Indigenista I. "La identidad étnica en el diálogo intercultural".

Estancia en la Escuela Nacional de Antropología e Historia de México.

1995

Coeditor (con M. León-Portilla, G. H. Gossen y J .J. Klor de Alva), *Tramas de la identidad. De palabra y obra en el Nuevo Mundo*, vol. IV. Madrid: Siglo XXI.

"De la conversación yucateca al diálogo cristiano y viceversa". En *Tramas de la identidad. De palabra y obra en el Nuevo Mundo*, vol. 4.

Seminario Indigenista II. "Las identidades étnicas amerindias en un mundo global".

1996

"Antropología e Historia. Una relación inestable". En Joan Prat y Ángel Martínez (eds.): *Ensayos de Antropología Cultural. Homenaje a Claudio Esteva Fabregat*. Barcelona: Ariel, pp. 70-77.

"Demasiado antiguo, demasiado moderno". *Revista de Occidente (Homenaje a Julio Caro Baroja)*, nº 184, pp. 45-62.

"El corazón inmune". *Anthropos*, monográfico *"Literatura popular. Conceptos, argumentos y temas"*, nº 166-167, pp. 130-132.

Seminario Indigenista III. "Controversia religiosa y el fin del milenio en los pueblos amerindios".

Seminario Indigenista IV. "Medicinas alternativas. Aflicciones ajenas. Una perspectiva amerindia".

Director del programa académico de Filosofía y Antropología de la Fundación Duques de Soria con Jaime de Salas y Marcelo Dascal. El programa académico se desarrolló a lo largo de cuatro seminarios celebrados en Trujillo, Soria y Madrid.[3]

I Seminario Antropología-Filosofía. "Singularidad y pluralidad en la identidad personal. Implicaciones para la noción de perspectiva".

Estancia en la Universidad Nacional de Córdoba (Argentina).

1997

"América Latina: un cadáver exquisito". *Diálogo*, nº 22, pp. 22-23.

"Cosmovisión y sistema ético de los mayeros de Yucatán". En Antonio Garrido (ed.): *Pensar América. Cosmovisión mesoamericana y andina.* Córdoba: Cajasur, pp. 179-196.

"Las culturas de México ante la antropología de fin de siglo". En *Europa in Messico: per una collaborazione tra le scienze sociali.* Torino: Centro Interuniversitario di Storia dell'America Latina, pp. 13-27.

Seminario Indigenista V. "Alimentación y cultura en los pueblos indígenas de América".

II Seminario Filosofía-Antropología. "Lealtad y desafección en las identidades colectivas".

Se constituye, bajo la dirección de Manuel Gutiérrez Estévez, el Seminario de Escritura Etnográfica con el patrocinio de la Fundación Xavier de Salas de Trujillo. El grupo se define 1) por la importancia concedida al trabajo de campo de larga duración y la descripción etnográfica meticulosa, 2) por el valor concedido a la historia colonial (como cesura profunda en el itinerario cultural de los pueblos amerindios (lo que implica considerar poco pertinentes las hipótesis sobre una continuidad prehispánica enmascarada o sobre resistencia cultural indígena durante "quinientos años") y, además, como constitutiva de un repertorio nuclear de huellas ocultas –y diferentes en cada cultura– que afectan, como marcas coloniales, el presente de los cuerpos (y "almas") de los indígenas americanos (lo que implica la desautorización de los conceptos de "mestizaje" y "sincretismo" en cualquiera de sus formulaciones, duras o blandas) y 3) la significación atribuida a los estudios comparativos, tanto respecto a la cultura española en la Edad Moderna, como a otras culturas indígenas americanas actuales. Esto implica rehuir del encasillamiento especializado del Grupo en una sola cultura o área;

3. En estos seminarios participaron: Javier Echevarría, Rubén Oliven, Marcelo Dascal, Antonio Rodríguez de las Heras, Jaime de Salas, Pedro Pitarch, Julián López, Francisco Lisi, Mariano Rodríguez, Pierre-Yves Raccah, Carlos Thiebaut, Varda Dascal, Ignacio Gómez Liaño, Carmen Bernand, Eliséda Ardevol, Artemio Baigorri, Ricardo Hernández Mogollón, Joaquín Aguirre Romero, Agnés Vayreda, Joan Mayans, Margarita Vázquez Campos, Miguel Alfredo Carid Naveira, Mariano Rodríguez, Diego Sánchez Meca.

su especialización es temática y metodológica, pero con una perspectiva continental e hispánica. A partir de 2004 desde el Seminario se formó el Grupo de Estudios de Etnología Americana con personalidad jurídica propia y un sitio web propio (www.etnologiamericana.org).

Miembros del Grupo de Estudios de Etnología Americana. De izquierda a derecha: Pedro Pitarch, Francisco Ferrándiz, Juan Antonio Flores, Julián López, Manuel Gutiérrez y María García.

1998

"Diálogo intercultural en el museo: silencios, malentendidos y encasillados". *Anales del Museo de América*, nº6, pp. 205-215.

"Plurality of Perspectives and Subjects in the Literary Genres of the Yucatec Maya". *American Anthropologist*, nº 100, vol. 2, pp. 309-325.

Seminario Indigenista VI. "Los sentidos de la muerte en los pueblos amerindios".

III Seminario Antropología-Filosofía. "Realidades virtuales y mundos del sujeto".

1999

"Al margen del Levítico. Impurezas amerindias". *Revista de Occidente, (Lo puro y lo impuro)*, nº 222, pp. 69-91.

"El sueño de los sentidos". En *A vueltas con los sentidos, catálogo de la exposición*. Madrid: Casa de América, pp. 27-42.

"Palabras mayores. Dando significado al mundo". En *Dioses humanos, hombres divinos*. Alicante: C.A.M., pp. 23-47.

Comienza a desarrollarse el Diploma en Estudios Amerindios en la Casa de América de Madrid. Diseñado y dirigido por Manuel Gutiérrez Estévez hasta 2008, primero como título de la Casa de América y, después, como título propio de la Universidad Complutense de Madrid como Máster en Estudios Amerindios. El Máster promovía un conocimiento monográfico y especializado en temas culturales, sociales y políticos contemporáneos de los pueblos indígenas americanos y desarrollaba un currículum multidisciplinario con énfasis en la Antropología cultural, de manera que los alumnos adquirían una visión continental, diversificada por temas, regiones y culturas y centrada en los pueblos amerindios contemporáneos[4].

"Perspectivas amerindias ante el multiculturalismo". En José B. Monleón y F. García Selgas (coords.): *Retos de la postmodernidad.* Madrid: Trotta, pp. 303-315.

Estancia en la Universitá Ca'Foscari (Venecia).

Codirección (con Mark Münzel y Gerhard Baer) del Seminario de la Societé Suisse des Americanistes, "Artes indígenas y Antropología".

Ponentes del simposio "Artes indígenas y Antropología": M. G. E, Geneviéve Aurdi, Sabine Kradolfer, Helmut Schindler, Jean Pierre-Goulard, Dimitri Karadimas, Jean Pierre Chaumeil, Severine Durin, Verónica González Laporte, Julián López García, Eva María Garrido Izaguirre, Pedro Pitarch, Juan Antonio Flores Martos, Mark Münzel, Ulrike Prinz, Ulrike Ziegler, Heike, Thote, Michael Kraus, Belén Niñon, Susana María Cipolletti, Stella Long, Gerhard Baer y Alain Monnier.

4. Fueron profesores del diploma y del Máster , además del propio Manuel Gutiérrez: José Bengoa, Carmen Bernand, Stanley Brandes, Concepción Bravo, Luis Díaz Viana, Fernando Bouza, Leoncio Cabrero, Óscar Calavia, Roberto Campos Navarro, Jean-Pierre Chaumeil, Andrés Ciudad, Jacqueline Clarac, Ernesto Díaz Couder, Gerardo Fernández Juárez, Marcio Ferreira da Silva, Juan Antonio Flores, Jacques Galinier, Gary H. Gossen, Jean Langdon, Mª Victoria López-Cordón, Julián López García, Rosalía Martínez, Peter Mason, Antoinette Molinié, Eduardo Muscar, Mark Münzel, Gemma Orobitg, Alejandro Ortiz, Juan Ossio, Guillermo de la Peña, Pedro Pitarch, José Luis de Rojas, Mario Ruz, Alexandre Surrallés, Tristan Platt, Pablo Wright, Miguel Ángel Perera, Miguel Ángel Castillo, Montserrat Ventura, Mª Eugenia Olavarría, Alfonso Arrivillaga, William F. Hanks, Ángel Acuña, Carlos Garma, Jorge Flores Ochoa, Margarita Nolasco, Ticio Escobar, Alicia Barabas, Miguel A. Bartolomé, Guillaume Boccara, José Manuel del Val, Fernando García Serrano, Pedro Tomé, Beatriz Pérez Galán, Honorio Velasco, Jesús Adánez, Emma Sánchez, Andrés Guerrero, Francisco Ferrándiz, Antonio Pérez, Francisco Sánchez Pérez, Mª Ángeles Díaz Ojeda, Manuela Cantón, Daniel Oliva, Mónica.

2000

Seminario Indigenista VII. "Identidades étnicas".

Seminario Indigenista VIII. "Sustentos, aflicciones y postrimerías de los indios de América".

Editor de *Sustentos, aflicciones y postrimerías de los Indios de América.* Madrid: Casa de América.

"La colonización del cuerpo; el otro en las aflicciones maya-yucatecas". En *Sustentos aflicciones y postrimerías de los indios de América*, pp. 87-106.

"Prólogo". En *Sustentos, aflicciones y postrimerías de los indios de América*, pp. 7-14.

Estancia en la Universidad Católica de Chile.

Seminario Indigenista IX. "Carnavales y Humor ritual entre los indios de América".

Trabajo de campo en Moquegua sobre identidad criolla y relaciones interétnicas.

2001

Coeditor (con M. Dascal y J. De Salas), *La pluralidad y sus atributos. Usos y maneras en la construcción de la persona.* Madrid: Biblioteca Nueva.

Coeditor (con M. León-Portilla y G. H. Gossen), *Motivos de la antropología americanista. Indagaciones en la diferencia.* México: Fondo de Cultura Económica.

Coeditor (con Gerhard Baer y Mark Münzel), *Arts indigènes et anthropologie.* Genève: Sociètè Suisse des Americanistes.

"La perspectiva de los súbditos indios del Emperador". En Ernerst Belenguer (ed.): *De la unión de coronas al Imperio de Carlos V*, vol. II. Madrid: Sociedad Estatal para la Conmemoración de los Centenarios de Felipe II y Carlos V, pp. 497-515.

"Las diferencias contra la mitología. Indagaciones en la diferencia". En M. León-Portilla, G. H. Gossen y Manuel Gutiérrez Estévez (eds.): *Motivos de la antropología americanista. Indagaciones en la diferencia*, pp. 327-366.

Seminario Indigenista X. "Poesía indígena".

"Pluralidad de perspectivas y sujetos en los géneros literarios de los mayas yucatecos". En Manuel Gutiérrez Estévez, M. Dascal y J. De Salas (eds.): *La pluralidad y sus atributos*, pp. 59-91.

"Política democrática y pueblos indios en un tiempo poscolonial". *Revista de Occidente*, nº 246, pp. 109-127.

IV Seminario Filosofía y Antropología. "Pensar la cibercultura. Antropología y Filosofía del nuevo mundo (digital)".

Seminario Indigenista XI. "Género y cultura. Mujeres Indígenas de América Latina".

2002

"Cosmovisión dualista de los mayas yucatecos actuales". En *Religión maya, Enciclopedia Iberoamericana de Religiones*, vol. 2. Madrid: Trotta. Madrid, pp. 365-387.

Manuel Gutiérrez Estévez, María García Alonso, Juan Antonio Flores Martos, Julián López García, Pedro Pitarch Ramón: *Según cuerpos. Ensayo de diccionario para uso etnográfico*. Cáceres: Cicón.

"Interioridades". En: *Según cuerpos. Ensayo de diccionario para uso etnográfico*, pp. 83-141.

Trabajo de campo en Iquitos y Ayacucho (Perú) sobre arte indígena contemporáneo.

Estancia en la Universidad Católica de Perú.

2003

"Eine Unterhaltung führen: Eine Untersuchung zur Maya-Ästhetik". En Schmidt, B. E. (ed.), *Wilde Denker. Unordung und Erkenntis auf dem Tellerrand der Ethnologie*. Marburg: Förderverein Völkerkunde in Marburg e.V./ Inst. für Vergleichende Kulturforschung/Fachgebiet Völkerkunde, pp. 179-190.

Estancia en la Universidad de California en Berkeley.

"Mitos y juegos de lenguaje". *Revista Española de Antropología Americana*, número extraordinario en memoria de José Alcina Franch, pp. 27-34.

"Representaciones míticas y Juegos de Lenguaje". *Indiana*, nº. 19-20, pp. 89-98.

2004

Bajo su dirección, el Grupo de Estudios de Etnología Americana crea la revista *Diálogos Amerindios,* con el auspicio de la Casa de América. Después de montado el primer número, el proyecto no salió adelante por falta de financiación.

"El amor a la patria y a la tribu: las retóricas de la memoria incómoda". *Revista de Antropología* vol. 47 (São Paulo), *nº 2*, 32.

Curso de Verano de la UCM. "Retóricas amerindias de representación de los seres humanos. Cuestiones de traducción cultural". Participan como ponentes: Estela Ocampo, Julián López García, Alicia Alonso, Jacques Galinier, Ángel Acuña, Gerardo Fernández Juárez, Tristan Platt, Francisco Ferrándiz, Pablo Wright, Montserrat Ventura, María García Alonso.

2005

"Julio Caro: la equivocidad de los mitos o las ideas de un pagano". *Revista de Occidente*, nº 295, pp. 9-34.

"Cuatro rasgos de la civilización amerindia". En L. Marneli y E. Muntañola (eds.): *América Latina, realidades diversas*. Barcelona: Universitat Autònoma de Barcelona, pp. 371-383.

"Hypertexte et écriture ethnographique". *Diogène*, vol. 211, pp. 100-116.

Director del grupo de investigación "Simbolismo y Cognición en Culturas americanas" de la Universidad Complutense de Madrid. Hasta la actualidad.

Investigador principal del proyecto de investigación "Conceptos de cuerpo y persona en culturas amerindias". Hasta 2007. Participan María García Alonso, Gerardo Fernández Juárez, Carmen Bernand, Pedro Pitarch, Alexandre Surrallés, Juan Antonio Flores, Francisco Ferrándiz, Julián López, Luisa González, Peter Mason, Mark Münzel.

Miembros del grupo de investigación: arriba, de izquierda a derecha María García Alonso, Luisa González Saavedra, Pedro Pitarch, Francisco Ferrándiz y Alexandre Surrallés; abajo: Julián López García, M.G.E., Carmen Bernand, Mark Münzel y Juan Antonio Flores.

Dirección (con Julián López) del programa de visitas de diputados y senadores indígenas en España, dentro del programa de visitantes de la Fundación Carolina. Estas visitas querían ser un canal a través del cual presentar la realidad indígena en la sociedad española, así como servir de instrumento para el desarrollo de las reflexiones y propuestas teóricas de los invitados y un marco útil para el intercambio de ideas sobre la pluralidad cultural en democracia. El programa implicaba la realización de un conjunto de visitas institucionales y de trabajo a algunos de los ámbitos más representativos de la gestión política y de cooperación con Iberoamérica y la organización de una serie de seminarios en la Casa de América llamados "Encuentros con diputados y senadores indígenas iberoamericanos". Entre 2005 y 2009 se celebraron cuatro de estas vistas/encuentros[5].

5. A lo largo de los cuatro encuentros asistieron los siguientes parlamentarios indígenas: Víctor Montejo (Guatemala, UNE), Víctor Manuel Sales (Guatemala, URNG), Patricio Montezuma (Panamá, PRD), José Alfredo Cojtí (Guatemala, PP), Ángel Paulino Anul (México, PRI), Humberto Aldaz (México, PAN), Pedro Churunel (Guatemala, GANA), Julio Felipe Tzul (Guatemala, UNE), Ana Esperanza Lazo (Nicaragua, FSLN) y Sofía Castro Ríos (México, PRI). Asisten los siguientes diputados y senadores: Orsinia Patricia Polanco (Polo Demo-

I Encuentro con diputados y senadores indígenas iberoamericanos.

I Encuentro de parlamentarios indígenas. Manuel Gutiérrez con Ana Esperanza Lazo y Felipe Tzul.

2006

"Contiendas en algunos mitos y rituales amerindios". En Julián López García y Pedro Pitarch (eds.): *Lugares indígenas de la violencia en Iberoamérica.* Madrid: AECI, pp. 13-34.

"Sentido común y sueño de los sentidos". En Beatriz Muñoz y Julián López (eds.): *Cuerpo y medicina. Textos y contextos culturales.* Cáceres: Cicón Ediciones.

II Encuentro de parlamentarios indígenas iberoamericanos.

crático, Colombia), Juana Huancahuari (UPP, Perú), Heriberto Lázaro (MAS, Bolivia), Isabel Ortega (MAS, Bolivia), Jorge Guamán (Pachakutik, Ecuador), Hilaria Supa (UPP, Perú), Ernesto Ramiro Estacio (Movimiento de Autoridades Indígenas de Colombia, Colombia), María Sumire (UPP, Perú) y Salvador Quishpe (Pachakutik, Ecuador). Asisten: Edna Carolina Echeverría Haylock (Honduras), Dalia Herminia del (Conive, Venezuela), Ana Lucía Reis de Beekma (MAS, Bolivia), José Alfonso Maslucan Culqui, (Unión por Perú), Brooklyn Rivera Bryan (FSLN, Nicaragua), Elza Leonora Cu Isem (Guatema, UNE), Beatriz Concepción Canastuj (Guatemala, Partido Progresista), Rosa Elvira Zapeta Osorio (Guatemala, Bloque Independiente Libertad Democrática Renovada), Rodolfo Moisés Castañón Fuentes (UNE, Guatemala,) Héctor Pedraza Olguín (México, PRI), Heriberto Ambrosio Cipriano (México, PRI), Domingo Rodríguez Martell (México, PRD), Leopoldo Angelino Archibold Hooker (Panamá Partido de Cambio Democrático) y Crescencia Prado García (Panamá, PRD).

Manuel Gutiérrez con las diputadas peruanas María Sumire, Hilaria Supa y Juan Huancahuari.

2007

"Muertes a la española. Una arqueología de sentimientos tópicos". En Juan Antonio Flores y Luisa Abad (coords.): *Etnografías de la muerte y las culturas en América Latina.* Cuenca: Universidad de Castilla-La Mancha, pp. 53-74.

"Una altra volta sul sincretismo". En C. Ciampa (ed.): *Antropologia delle Americhe.* Bologna: Edizione Baiesi, pp. 125-145.

Director del Departamento de Historia de América II (Antropología de América) de la Universidad Complutense de Madrid. Hasta 2014.

Estancia en la Universidad de Los Andes (Mérida Venezuela).

2007. Viaje por el Orinoco.

2008

"Recreaciones postcoloniales de la identidad". En Yanet Segovia y Alexander Mansutti (comps.): Uno y diverso. *Diálogos desde la diferencia.* Mérida: Universidad de los Andes.

"Virtudes y pecados del indio colonial. Una mirada desviada del Obispo Palafox". En José Luis Soberantes y Rosa María de Codes (eds.): *Homenaje a Alberto de la Hera.* México: UNAM, pp. 369-342.

III Encuentro de parlamentarios indígenas iberoamericanos.

Investigador principal del proyecto de investigación "Cuerpo y sentimiento. Expresiones culturales amerindias", hasta 2011. Participan Pedro Pitarch, Alexandre Surrallés, Juan Antonio Flores, Francisco Ferrándiz, Julián López, Luisa González, Peter Mason, Mark Münzel, María Voutova y Gemma Orobitg.

Reunión del Grupo de investigación en el convento de la Coria (Trujillo).

2009

Coeditor (con Julián López García) *América indígena ante el siglo XXI.* Madrid: Fundación Carolina/Siglo XXI.

"Políticas democráticas y pueblos indios en un tiempo postcolonial". En *América Indígena ante el siglo XXI.* pp. 3-20.

2010

Coeditor (con Pedro Pitarch) *Retóricas del cuerpo amerindio.* Madrid/ Frankfurt: Iberoamericana/Vervuert.

"Ambivalencias elementales. Representaciones amerindias". *Quaderns de l'Institut Català d'Antropologia,* vol. 25, pp. 141-161.

"Dualismo y mestizaje en la identidad de los mayas de Yucatán". En Montserrat Ventura (ed.): *Fronteras y mestizajes: sistemas de clasificación social en*

Europa, América y Asia. Barcelona: Universidad Autónoma de Barcelona, pp. 115-140.

"Esos cuerpos, esas almas. Una introducción". En *Retóricas del cuerpo amerindio*, pp. 9-56.

"La obsesión identitaria y las relaciones entre culturas diferentes". En A. Mondragón y F. Monroy (eds.): *Interculturalidad. Historias, experiencias y utopías*. México: Plaza y Valdés Editores, pp. 15-38.

Miembro del Patronato de la Fundación CITAP. (Centro de Investigación de Técnicas aplicadas a la Psicomotricidad). La Fundación auspicia un programa de investigación que pretende aproximarse a alguna formulación teórica que reúna, al menos, estos requisitos: 1) Ser explicativa de las causas de los conflictos emocionales que afectan a menores con síntomas diversos de trastornos en el comportamiento y 2) Proporcionar una fundamentación teórica plausible a las técnicas de intervención utilizadas por los centros de atención a menores con la participación convergente de psicoanalistas, médicos, antropólogos, psiquiatras, sociólogos, terapeutas o filósofos. El Programa se articula mediante contribuciones referidas a tres aspectos: la corporalidad, la sensibilidad y la cultura. Cuerpo, emoción y contexto son los tres pilares sobre los que, hipotéticamente, habría de irse elaborando paulatinamente la teorización que se busca reformular. Para ello CITAP, con la dirección de Manuel Gutiérrez, convoca y organiza Simposios Internacionales sobre algún tema relevante en relación a cada uno de los vectores hipotéticamente significativos en una teoría del conflicto emocional.[6]

IV Encuentro de parlamentarios indígenas iberoamericanos.

2011

"Ciudades secretas para cuerpos amerindios". *Metrópolis. Revista de información y pensamiento urbanos*, abril-junio, 2001, Barcelona.

"La antropología y los conflictos interculturales". En Néstor García Canclino (ed.): *Conflictos interculturales*. Barcelona: Gedisa, pp. 90-ss.

I Simposio CITAP. "Cuerpo y disciplina. Apolo y Dionisos".

2012

II Simposio CITAP. "Linaje y afecto. Antígona y Edipo".

---

6. Han participado hasta la fecha en esos simposios, además de Manuel Gutiérrez Estévez, Rafael López Muñoz, Juan Antonio García Núñez, Carlos Thiebaut, María García Alonso, Gemma Orobitg, Julián López García, Ángel Acuña, Rui Martins, Olivia del Castillo, Rebeca Retamales, Franco Boscaini, Gerard Hermant, Enrique Galán, Lorenzo Mariano Juárez, Luisa González Saavedra, Beatriz Muñoz, Rafael López Muñoz, Lorenzo Ortega, Manuela González Saavedra, Olivia del Castillo, Carmen González Marín y Juan Antonio Flores Martos.

2013

III Simposio CITAP. "Violencia y discordia: Ares y Eris".

Nombrado profesor emérito de la Universidad Complutense de Madrid.

2014

"Otra vez sobre el sincretismo", *Éndoxa: Series Filosóficas*, nº 33, pp. 119-141.

Dirección de la última tesis doctoral hasta la fecha.

En la defensa de la tesis doctoral de Luisa González Saavedra.

2015

Coeditor (con Alexandre Surrallés) *Retóricas de los sentimientos. Etnografías amerindias*. Madrid/Frankfurt: Iberoamericana/Vervuert.

"Expresiones de la sentimentalidad en la nueva poesía amerindia". En *Retóricas de los sentimientos. Etnografías amerindias*, pp. 313-366.

IV Simposio CITAP. "El cuidado de sí".